불감증의
심리학

- 성적 순명은 힘이다 -

불감증의 심리학

- 성적 순명은 힘이다 -

Marie N. Robinson, M.D. 지음

홍성화·홍경기 옮김

圖書出版 하나醫學社

The Power of Sexual Surrender

For information address Doubleday & Company, Inc., 245 Park Avenue, New York, New York 10017.

이 책의 저작권 계약을 위하여 The One Agency를 통하여 여러 차례 출판사와 저자에게 계약을 시도하였으나 연락이 되지 않아 1차 한정된 500부를 출판하였으며 차후 연락이 이루어지면 국제 저작권 관례대로 이행할 것입니다.

역자의 말

성적 순명(sexual surrender)은 힘이다. 사람은 그 자신의 모든 것을 인정할 때에 강하다. 사람은 그 자신의 성(sex)을 받아들일 때에 건강하다.

여성은 성적 순명을 받아들이지 않을 때에 불감증을 앓는다.

성숙한 여성은 성적 순명을 함으로써 질(vagina)에서 절정감(orgasm)을 느끼게 된다.

이 책은 여성의 불감증에 관한 역동이 주 내용이지만, 성적 순명을 함으로써 부부가 서로 존경과 사랑으로써 삶을 살게 한다.

우리가 성을 말하는 것이 품위를 떨어뜨린다고 생각할지 모른다. 그러나 성을 앎으로써 우리는 성이 성숙되며, 즐거운 삶을 산다.

이 책은 결혼 생활을 행복하게 만든다.

우리는 건강한 인격을 소유할 때에 행복한 인생을 즐길 수 있다.

이 책은 미국의 수많은 여성이 성의 성숙을 위해 읽은 베스트셀러이다.

2017년 11월 10일

홍성화

서문

여성의 성적 불감증(sexual frigidity)은 우리 시대의 가장 중요한 문제들 중 하나라고 나는 믿는다. 기혼 여성의 40% 이상이 불감증 때문에 고통을 받는 정도와 형태가 다르지만 고통을 받는다. 기혼 여성의 40% 이상이 정서적으로 신체적으로 받는 고통은 대단히 심각하다.

불감증 때문에 고통을 받는 여성의 가장 가까운 사람 - 남편과 자녀 - 도 고통을 받는다. 왜냐하면 불감증은 신경증의 표현이기 때문이고, 개인의 무의식적 삶이 개인의 인간 관계를 파괴하는 것이기 때문이다. 불감증을 앓는 여성은 그녀의 문제가 그녀의 가장 가까운 사람에게 작용하지 않게 하려고 아무리 의식적으로 노력하여도 그녀의 문제가 그녀의 가장 가까운 사람에게 작용하지 않게 할 수 없다. 그러므로 불감증은 결혼 생활의 안정을 무너뜨리는, 가족 구성원의 건강과 행복을 파괴하는 중요한 위험 인자이다.

불감증 때문에 받는 고통은 크고 심각하지만, 불감증 때문에 고통을 받는 여성들은 그녀들의 문제에 관해 일반적으로 잘 모른다. 그녀들은 불감증의 성질 또는 불감증의 원인을 모르고, 불감증을 어떻게 어디에서 치료받는지를 모른다. 일반 독자가 읽을 불감증에 관한 좋은 책이 없고, 이 중대한 문제, 불감증을 벗어나는 방법을 알려 주는 인기 있는 잡지의 기사도 없다. 불감증에 관해 사람들은 침묵한다. 이 사실은 사람들이 불감증을 모르게, 불감증에 관한 정보를 모르게 하였고, 불감증을 앓는 여성이 무력감을 느끼게, 절망하게 하였다.

나는 이 불건강한 침묵을 깨기 위해, 불감증에 관해 과학이 아는 것을 여성에게 알려 주기 위해, 여성이 절망하여도 불감증은 해결될 수 있다는 것을 여성에게 알려 주기 위해 이 책을 썼다.

Marie Robinsin, M.D.

1958년 11월 1일

New York에서

차례

역자의 말 5
서문 6

제1장 | 잃어버린 낙원 11

제1부 | 정상적 여성

제2장 | 정상적 절정감 27
제3장 | 불가능이 없는 여성 41

제2부 | 불감증의 심리학

제4장 | 불감증은 무엇인가? 59
제5장 | 남성과 여성의 투쟁 73
제6장 | 왜 여성은 불감증을 앓게 되는가? 89
제7장 | 해부학적 구조와 운명 105
제8장 | 사랑의 성장 117
제9장 | 여성의 성숙 과정에 있는 위험들 135

제3부 | 사랑의 두려움 - 사례 역사

제10장 | 완전 불감증과 부분 불감증 147
제11장 | 남성 같은 여성 167
제12장 | 정신적 불감증 183

제4부 | 여성이 성숙하기 위해 통과하는 다리

제13장 | 사랑의 힘 201
제14장 | 자유를 얻는 단계 209
제15장 | 남자의 성 : 새 지평 227
제16장 | 순명의 본질 241
제17장 | 성적 순명 251
제18장 | 남성의 역할 273
제19장 | 사랑에 관한 전설 289

부록 I 303
부록 II 307
역자 후기 309

제1장

잃어버린 낙원

남성과 여성의 사이에 행복(happiness)은 과거 10년처럼 그 이전에도 충만하게 있지 않았다. 남성과 여성은 진정한 사랑의 무궁무진한 잠재 가능성(potentialities)을 처음으로 함께 탐색할 수 있는 위치에 자신이 있는 것을 발견한다.

나는 그런 말을 하는 맹목적 낙관주의자(a blind optimist)는 아니다. 나는 정신과 의사로서 직업 활동을 하는 동안에, 남성과 여성의 사이에 일어나는, 비참한, 파괴적인 오해(misery and destructive misunderstanding)를 매일 굉장히 많이 본다. 모든 인간 관계에 관해, 특히 남성과 여성이 그 자신의 존재를 위해 성적 사랑(sexual love)에 부분적으로 의존하는 인간 관계에 관해, 건강한 회의주의(a healthy skepticism)를 나의 마음속에 생생히 유지하기 위해, 나는 정신과 의사의 활동을 하는 동안에 남성과 여성의 사이에서 일어나는, 비참한, 파괴적인 오해를 매일 굉장히 많이 본다.

나는 현대적 사랑의 잠재 가능성(the potentialities of modern love)에 관해 한 이유 때문에 - 오늘날 여성들은 남녀 평등(complete equality with men)을 분명히 얻은 것 때문에 - 말할 수 있다. 우리는 사랑(love), 성적 사랑(sexual love)의 영역에서 이 남녀 평등을 조작적으로(operative)

관찰할 수 있다. 과거 30여년 동안, 특히 지난 10년 동안, 우리의 시야를 흐릿하게 한, 여성의 성(feminine sexuality)에 관해 진정한 지식을 갖지 못하게 한 금기(taboos), 무지(ignorance), 오해(misunderstanding)는 사라졌다.

우리는 많은 성적 혁명(a sexual revolution)을 겪었다. 우리는 진정한 사실을 그 혁명 과정에서 소문(hearsay)에 의해 알지 않았고, 과학에 의해서 알았다. 남성이 가진 정욕(情慾 need for passion), 성적 반응력(capacity for sexual response)과 같은 정욕과 성적 반응력을 여성도 가진 것을 우리는 안다. 자세히 보면, 여성은 남성의 환희를 충족할 수 있는 적합한 반려자(the equal and fitting companion)이고, 그녀 자신의 몸과 마음(her entire body and mind)을 알 수 있고, 최근에 남성의 영역이라고 생각하였던 성적 사랑의 쾌락(the delighted storms of sexual love)에 반려자로서 가담할 수 있다.

그러나 여성에 관한 이 생각이 얼마나 최근의 생각이고 얼마나 혁명적인 생각인지를 아는 사람은 거의 없다. Victoria 시대의 여성의 이미지는 성적으로 얼어붙은, 정서적으로 위축된 순결한 처녀(sexually frozen, emotionally withdrawn vestal virgin)이었다. 그 여성의 이미지는 우리의 마음에서 빨리 사라졌다. 그러나 그 여성을 간단히 회상하는 것은 여러 이유에서 중요하다. 그 여성은 1920년대 초까지 우리의 여성관(whole view of womankind)을 지배하였다. 우리는 그 여성을 빨리 봄으로써, 여성이 짧은 시간 안에 얼마나 멀리 왔는지를 알 수 있다. 그리고 우리는 사랑을 보는 전망(the prospect for love)이 우리 시대에 굉장히 밝아진 이유를 알 수 있다.

19세기를 거쳐 제1차 세계대전이 끝날 때까지 여성을 대하는, 여성의 성을 대하는 지배적 태도는 성이 여성에게 없다는 것이었다. 그때에 여성의 성은, 우리가 오늘날 이해하는 성이 아니었다. 이것을 거의 모든 사람은 믿었다. 그 시대의 의학적 권위자들보다 여성의 성을 더 분명히 말하는 사람이 없었다. 영향력이 큰, 생식 기능의 지도급 의학 전문가, Acton은 "여성의 대다수는 모든 종류의 성적 감정(sexual feeling) 때문에 많은 고통을 받지 않는다."라고 썼다. Acton은 다른 것을 믿는 사람들은 여성에게 "악담"("a vile aspersion")을 한다고도 말하였다. 그 시대의 다른 두 의사는 (그들의 사실을 검토한 뒤에) Acton의 말을 완전히 동의하였다. Fehling은 사랑받는 어린 소녀가 성적 감정(sexual feeling)을 느끼는 것은 "병적"("pathological")이라고 주장하였다. 그리고 만약 여성이 선천적 또는 자발적 성적 속성(sexual attributes)을 보이면, 이상한 것이 있다("there is abnormality")고 Windschied는 말하였다.

이 남성들은 이상한 사람(crackpots)이 아니었다. 이 남성들은 성공한 그래서 존경받는 사람이었다. 이 생각은 "과학적 의견"("scientific view")이었다. 대부분의 사람이, 대부분의 남성과 여성이 이 생각을 공유하였다. 이 생각은 현재의 잠재 가능성(the potentiality of the present)을 분명하게 하였다. 여성의 새 혁신적 자각(woman's new and revolutionary self-awareness)은, 여성이 남성과 동등한 분위기에서, 남성이 여성을 강력히 수용하는 분위기에서 여성이 죄의식 없이 또는 제지 없이(without guilt or inhibition) 기능할 수 있는 지난 30여년 동안에 얻은 지식은 과거를 악몽(nightmare)처럼 만든다. 남성과 여성은, 길고 긴 여행에서, 두려움과 부끄러움이 가득 찬 황량한 정글을 뚫고, 민담에서처럼 영원히 행복하게 살 수 있는 낙원(the verge of a paradisal valley)에 가까이 온 것 같다.

그러나 스스로 문제를 만들고 그 문제 때문에 죽는 비극의 주인공의 약점

(the tragic flaw)을 우리는 지금 자세히 본다. 왜냐하면, 그 가능성이 수억만의 많은 여성들 앞에 있지만, 수억만의 많은 여성들은 낙원의 가장자리에 머물러 있어야 하고 낙원 안에 들어가지 않아야 한다는 것을 알았기 때문이다. 수억만의 많은 여성은 진정한 여성이 높이 평가받는 나이에 성적으로 불감증을 앓는 자신을 발견한다.

성적 불감증(sexual frigidity)은 무엇인가? 나는 성적 불감증을 뒤에서 자세히 설명하겠다. 그러나 나는 작업 가설을 지금 제시할 수 있다. 성적 불감증은 신체적 사랑을 즐길 수 있는 한계까지 즐길 수 없는 것(the inability to enjoy physical love)이다. 불감증을 앓는 여성은 관능적 쾌감을 즐길 수 있는 능력(her sensual capacities)이 봉쇄되어 있다. 일반적으로 불감증을 앓는 여성은 절정감(orgasm)을 경험할 수 없다. 만약 불감증을 앓는 여성이 절정감을 조금이라도 경험하면, 그 절정감은 약하고 불만족스럽다. 많은 불감증을 앓는 여성은 절정감을 느끼지 못할 뿐만 아니라 성적 흥분의 시작도 느낄 수 있는 능력도 부족할 수 있다. 불감증을 앓는 여성에게 성교는 고통스럽다.

불감증을 앓는 여성은 신체적 사랑을 두려워하는 것을, 신체적 사랑을 도피하는 것을 학습하였다. 이 두려움은 그녀의 이성 관계에 심각한 영향을 미친다. 여성이 신체적 사랑을 두려워하는 이유는 여성의 무의식적 마음속에 갇혀 있다. 여성은 남편과 진정으로 친근하기를 의식적으로 바랄 수 있다. 여성은 남성과 여성이 서로 주고받을 수 있는 모든 상호적 기쁨 중 최대의 기쁨인 성적 만족을 서로 주고받기를 바랄 수 있다. 그러나 불감증을 앓는 여성은 이 기쁨을 받을 수 있는 능력이 없다. 이 기쁨을 느낄 수 있는 능력은 여성의 의지와 통제 밖에 있다. 이것은 여성이 100만 달러를 가졌지만 1센트도 쓸 수 없는 것과 같다. 이것은 가장 좋은 음식이 주변에 많이 있지만 여성이 굶어 죽어야 하는 것과 같다. 여성이 얻은 새 동등성(the very fact of the new equality)은 여성이 여성의 문제에 더 굴욕을 느끼게, 더 아픔을 느끼게, 더 욕구좌절을 느끼게 한다.

결혼 생활의 성적 부분을 일부 또는 전부 즐길 수 없기 때문에 절망하고 나를 찾아 온 많은 여성을 나는 정신과 의사로서, 정신분석자로서, 지난 15년 동안 치료하였다. 나와 수많은 정신과 의사는 성적 불감증 때문에 고통받는 여성들이 그녀들의 성적 장애를 극복하게 도왔다. 여성은 진정한 성적 성숙(true sexual maturity)에 도달하기 위해 모든 책임을 져야 하고, 여성은 그 이전에 그녀 자신을, 그녀 자신의 성을, 그녀 자신의 문제를 알아야 한다는 것을 우리는 알았다. 여성은 그녀 자신을 안 뒤에, 이용할 수 있는 자료를 이용하여 여성의 성숙한 모습으로 성장하기 시작한다.

만약 여성은 정신과 의사와 진지하게 상담을 하면, 성적 장애를 극복할 수 있다. 여성이 얻은 정보는, 여성이 진정한 사랑을 경험하면서 유지하는 그녀 자신의 상태를 통찰한 것은, 그녀의 무지를, 그녀의 오해를, 그녀의 비합리적 두려움을 없앤다.

여성이 정신과 의사에게 치료받는 것은 남편을 도울 수 있다. 왜냐하면 의사는 부인의 동의를 얻고 남편과 정기적 토론을 하기 때문이다. 이 토론은 남편이 부인의 문제를 이해할 수 있게 한다. 이 토론은 남편이 부인의 성질을 그리고 모든 여성의 성질을 깊이 볼 수 있게 한다. 남편이 치료자와 정기적 토론에서 얻은 지식은 부인이 불감증에 단단히 사로잡힌 것에서 벗어나게 직접적 도움을 줄 수 있다. 그 지식은 남편이 짜증을 낼 것 같을 때에 짜증을 내지 않게 하고, 부인에게 끈질긴 요구를 받을 때에 부인에게 짜증을 내지 않게 한다. 그 지식은 남편이 부인의 기본 상태 때문에 부인에게 비난받는다고 믿는 착각에서, 그래서 부인에게 방어를 하게 됨으로써 부인과 관계를 복잡하게 만드는 착각에서 벗어나게 한다.

부인이 치료받는 동안에, 부인과 남편이 받을 수 있는 정보가 책으로 세상에 나오는 것이 세상 사람들에게 도움이 될 수 있는지는 의문이다.

나는 이 의문을 많이 생각하였고, 이 의문에 관해 정신과 의사인 나의 동료와 토의하였다. 우리는 이 주제의 책이 성적 불감증을 앓는 모든 여성에게 직접적 이익이 될 것이라고 결론을 내렸다.

내가 여기에 제시한 불감증에 관한 사실들을 - 불감증의 기원(origins), 원인(causes), 치료 방법(cures)을 - 성적 불감증을 앓는 모든 여성은, 치료되고 싶으면, 알아야 한다고 나는 말하고 싶다.

불감증은 아동기와 청소년기에 얻은 불완전한 지식에 언제나 근거한다(Frigidity is always rooted in incomplete knowledge gained in childhood and adolescence). 우리는, 내가 지적한 바와 같이, Victoria 시대에서 많은 시간이 지나지 않았다. 30세 이상의 여성의 부모는 Victoria 시대의 전통에 의해 양육되었다. Victoria 시대의 사람들은 여성의 성을 부정하였고, 여성의 성을 부정하기 위해 모든 이용할 수 있는 힘과 공모하였고(connived), 여성의 성을 억압하였고, 여성의 성을 싹트지 않게 하였다. Victoria 시대의 사람들은 대성공을 하였다. 지금 20대의 여성은 1920년부터 1930년까지 - 우리가 성난 20대(Roaring Twenties) 또는 째즈 시대(Jazz Age)라고 부르는 시대에 이 나라의 특징인 Victoria 시대의 전통을 무분별하게 거칠게 항의한 시대 정신에 크게 영향받은 부모에게 영향받았다.

이 시대는 성과 사랑에 관한 파괴적 틀린 정보가 넘쳤다. 여성을 위한 성적 난교 프로그램(a program of sexual promiscuity for women)은 제1차 세계대전 뒤에 공공연히 지지를 받았고, 젊은 세대의 많은 추종자를 얻었다. 째즈 시대에 만들어진 도덕적 풍조(moral climate)는 진정한 여성의 성질과 크게 달랐다. 째즈 시대에 만들어진 도덕적 풍조는 수많은 개인이 심한 성적 갈등(serious sexual conflicts)을 느끼게 하였다. 이 성적 갈등은 그들의 자손에게 당연히 내려갔다.

어렸을 때에 부적합한 양육(improper upbringing)을 받았기 때문에, 발생한 손상(harm)을 개인이 받지 않게, 이 책은 도울 수 있다고, 나는 확신한다. 이 책을 완전히 읽은 여성이 불감증을 깊이 이해할 수 있게, 그리고 그 이해 때문에 여성이 근본적 내적 변화(a profound inner change)를 일으킬 수 있게, 항상 불감증을 일으키는 이 태도를 완전히 무너뜨릴 수 있게, 나는 이 책을 고안하였다.

불감증을 앓는 여성의 남편이 읽을 수 있게 나는 이 책을 고안하였다. 남편의 결혼 생활의 성공은 부인이 불감증을 해결하는 것에 달려 있다(the success of his marriage is dependent on the resolution of her problem). 남편은 부인의 불감증의 성질을 충분히 앎으로써 그리고 부인이 불감증에서 회복하는 때에 부인을 가장 잘 도울 수 있는 방법을 발견함으로써 부인의 불감증 해결에 크게 기여할 수 있다.

그러나 불감증은 기혼자에게만 해당하는 증상이 아니다. 그러므로 나는 처음 사랑을 시작하려고 하는 젊은 사람들(those young people who are about to enter their first love expereience)에게도 이 책을 맞췄다. 우리는, 첫 애정 경험이 개인의 정서적 성장에 그리고 여성이 시작한 관계의 정서적 성장에 굉장히 중요할 수 있다는 것(this first experience can be of vast importance for the further emotional growth of the individual and of the relationship upon which she has embarked)을 발견하였다. 성적 문제가 있다는 것을 발견한 젊은 여성은 만약 처음에 성적 문제에 관해 진정한 이해를 하면 비참한 여러 해를 보내지 않을 수 있다. 많은 나의 환자는, 만약 그들의 문제의 성질을 처음에 알았으면, 성적 문제 때문에 고통받는 여성의 특징인 피하기 어려운, 수많은 불행한 선택과 파멸을 자주 일으키는 결정을 피할 수 있었을 것이다.

나는 특수한 독자의 욕구에 답하기 위해 이 책을 계획하였기 때문에, 나는 당신에게 이 책을 처음부터 끝까지 읽으라고, 당신에게 또는 당신에게 가까운 사람에게 직접 적용할 것 같은 내용을 찾기 위해 띄엄 띄엄 읽지 말라고 요구하고 싶다. 왜냐하면, 만약 당신이 내가 말한 대로 이 책을 읽으면, 당신은 불감증이 단순한 국부적 증상이 아닌 것(frigidity is not a single, simple, local symptom)을 알게 될 것이기 때문이다. 불감증은 많은 요인을 포함한 그리고 근본적 결과가 있는 복잡한 근본적 문제이다. 우리는 이 문제의 성질을 파악할 수 있고, 이해할 수 있고, 이 문제를 치유할 수 있다. 그러나 당신은 이 문제의 성질을 이해하기 위해 이 문제에 관한 매우 구체적인 그리고 완전한 지식이 있어야 한다. 당신은 이 복잡한 것을 알기 위해 당신의 모든 힘이 필요할 수 있다. 그러나 그렇게 하는 것은 단순한 가치가 아니고, 복잡한 가치이다. 그렇게 하는 것은 진정한 사랑을 향하여 커다란 첫발을 떼는 것이다. 당신은 진정한 사랑을 향하여 커다란 첫발을 떼기 위해 이미 너무 오랫동안 머뭇거렸다.

우리가 주제에 들어가기 전에, 나는 불감증에 관해 널리 퍼져 있는 완전히 틀린 생각을 제거하고 싶다. 불감증을 해결하는 방법을 진지하게 찾는 당신을 방해할 수 있는 덤불을 없애기 위해 나는 불감증에 관해 널리 퍼져 있는 완전히 틀린 생각을 제거하고 싶다.

첫째로, 여성의 성적 책임(a woman's sexual "responsibility")의 문제를 보자. 여성의 성적 책임에 관한 글이 많이 있지만, 내가 읽은 글의 대부분은 사랑이 무엇인가, 사랑의 행위(act of love)가 무엇을 의미하는가에 관한 기계적 개념에 기초한 의미 없는 글이었다. 그런 책이 성적 문제(sexual difficulties)에 깊이 뿌리를 내린 여성이 문제를 틀린 방향에서, 여성의 문제의 진정한 성질을 정확히 이해하기 전에, 문제를 해결하려고 시도할까 봐 나는 두렵다. 문제의 진정한 성질을 정확하게 이해하기 전에 문제를 해결하려고 시도하는 것은 여성이 조산적 "해결"(早産的 解決 abortive "solution")을 시도하게 한다. 조산적 해결은 여성을 더 많이 실망하게 할 수 있고, 환멸을 느끼게 할 수 있다. 여기에서 기본적 오류는, 개개 여성에게 그녀 자신의 상태에 관한 진정한 정보를 제시하게 하지 않고, "책임"을 지게 하려는 것이다(The basic error is in trying to make the individual woman "responsible" without giving her any real information about her condition).

불감증 때문에 고통을 받는 여성은 그 고통을 의식적으로 받고 싶기 때문에 받는 것이 아니다. 불감증 때문에 고통을 받는 여성은 그 고통이 어떻게 발달하였는지를 잠깐도 설명할 수 없다. "비난"("blame")이라는 단어는 상상을 많이 하여도 여성의 문제와 연결될 수 없다. 나는 비난을 당신의 가슴 안에 깊이 넣고, 깊이 숙고하라고 당신에게 강력히 제의한다.

당신이 그 문제에 어떻게 책임이 있을 수 있는가? 이 문제는 항상 아동기에, 심지어 유아기에 발달한다. 이 문제는 당신이 어렸을 때에 당신이 조금도 통제하지 않은 당신의 가족이 만든 것이고, 당신의 가족의 역사적 영향의 결과이다. 그리고 이 문제는 모든 여성의 생물학적 유산의 문제(a matter of biological heritage)이다. 그리고 당신은 그 문제를 책임질 수 없다.

성적 책임의 문제에 가장 도움이 되는 태도는 다음의 것이다. 문제를 발달시킨 것의 책임을 당신은 질 수 없다. 말을 더듬는 사람은 말을 더듬는 것에 책임이 있을 수 있지만, 당신은 불감증을 앓는 것에 책임을 질 수 없다. 그러나 불감증이 문제라는 것을 당신은 알면, 불감증이 당신에게, 당신의 소중한 사람에게 나쁜 영향을 미치는 것을 당신은 알면, 당신은 그 문제에 할 수 있는 모든 것을 찾아내고, 찾아낸 정보 위에서 그 문제에 필요한 행동을 할 수 있다.

나는 불감증에 관한 또 다른 중요한 틀린 개념을 이미 말하였다. 나는 틀린 개념을 조금 더 말하고 싶다. 불감증을 앓는 여성의 남편은 부인의 불감증을 책임질 수 없다고 나는 말하였다. 그렇지만 나는 그것을 충분히 강조할 수 없다. 물론, 만약 여성은 발기부전(impotent)을 앓는 남편과 결혼하였으면, 남편의 발기부전을 책임질 수 없다. 남성의 성적 발기부전은 지극히 희귀하다. 그러나 만약 남성이 발기부전을 앓는 환자이면, 이 특별한 여성이 발기부전을 앓는 환자와 결혼한 것은 우리가 무시할 수 없는 사실이다. - 여성은 남성다운 남자(true male virility)를 많이 두려워하였기 때문에 부적합한 남자와 결혼하였다는 것을 우리는 알았다.

출판된 정보가 넘치지만, 불감증 때문에 남편이 비난받는 정보는 거의 없다. 행복한 결혼 생활은 부인을 성적으로 흥분시키는 남편의 기술에 달려 있다고 책들은, 특히 1930년대에 출판된 책들은 결론을 내렸다. 그 책들은 성감대(erotic zones)를 X분 동안 Y번 자극하라고 남편에게 지시한다. 남편이 그렇게 하면, 부인은 아마 흥분 상태에 도달할 것이다. 진정한 성적 만족을 부인은 할 수 없다. 그 흥분 상태를 부인은 만족하지 않을 것이다. 부인이 부부 침대에서 반응하지 못한 것은 남편의 틀린 기법 때문이라고 항상 생각되었다.

이것은 옳지 않다. 불감증을 앓는 특정 여성의 생식기(genitalia)를 또는 제2의 성감대(secondary erotic zones)를 자극하는 것(caressing or manipulating)은 신경을 과민하게 하거나 내부에서 비명을 지르는 저항

상태를 일으키게 된다. 다른 유형의 여성은 애무가 일시적 만족을 일으킬 수 있지만, 애무가 끝났을 때에, 여성은 해를 입을 수 있고, 성을 만족하는 미숙한 방법을 갖게 될 수 있다.

요약하면, 남편은 부인을 따뜻하게 대하고 부인의 문제를 이해함으로써 부인이 그녀 자신의 문제를 직면하게 부인을 도울 수 있지만, 남편은 부인의 불감증을 책임질 수 없고 모든 기계적 수단에 의해 부인이 불감증을 앓지 않게 할 수 없다(while a husband, through tenderness and understanding, may help a woman face the true nature of her problem, he is never responsible for the *existence* of her frigidity and cannot, through any mechanical means, get her over it).

남편이 아닌 다른 남자도 여성이 불감증을 극복하게 할 수 없다.

불감증에 관한 다른 틀린 개념(misconception)이 있다. 불감증 때문에 고통을 많이든 조금이든 받는 여성은, 불감증이 성호르몬의 분비와 관계 있다고 자주 믿는다. 불감증 때문에 고통을 받는 여성은 읽은 또는 들은 틀린 개념에 의해 불감증을 치료할 수 있는 약이 있다고 생각한다. 내가 아는 부인과 의사는 성적 반응을 올리기 위해 호르몬을 투여하라고 적어도 한 주에 세 환자가 요구한다고 말하였다. 나는 그 부인과 의사(gynecologists)의 말을 여러 다른 부인과 의사에게 그리고 조산원(obstetricians)에게 확인하였다. 그들은 호르몬 주사를 매일 요구받는다고 나에게 말하였다.

불감증은 내분비의 기능 장애의 문제(a problem of glandular malfuntion)가 아니다. 이 분야에서 연구가 많이 진행되었다. 만약 당신의 사례가 비교적 특이하지 않다면, 당신의 문제는 개인적인 심리적인 문제(a personal and psychological one)이다.

바로 위의 말을 나는 어떻게 확인할 수 있는가? 진정한 불감증은 심리적 치료(psychological treatment)에 반응하기 때문에, 불감증은 일반적으로 약을 사용하지 않고 정신과 의사의 치료실에서 치료된다.

만약 당신이 "좋습니다. 아마, 마음이 불감증을 앓는 여성의 내분비를 나오지 않게 하였을 것입니다."라고 응답하면, 우리는 "만약 그것이 사실일지라도, 마음이 '원인'('cause')일 것입니다. 비록 마음이 원인일지라도, 진정한 치료는 원인에 도달함으로써만 될 것입니다."("Even if that were true the mind would still be the 'cause,' and a real cure can be effected only by getting at the cause.")라고 응답할 것이다.

진정한 여성의 성 문제의 성질과 불감증의 성질을 심각하게 오해한 사례가 아래에 있다. 이 사례는 나의 동료, 정신과 의사가 나에게 말한 것이다.

매력 있는 젊은 여성이 나의 동료, 정신과 의사에게 와서, 성교할 때에 성적 만족을 할 수 없다고 말하였다. 그 여성은 그녀의 의사(her physician)에게 그녀의 문제를 2년 전에 이미 말하였다. 그녀의 의사는 그녀를 진찰하였다. 그리고 그녀의 의사는 그녀의 음핵(陰核 clitoris)이 그녀의 질(膣 vagina)에서 너무 멀리 있다고 그녀에게 말하였다. 그녀의 의사는 이 생물학적 사실 때문에 그녀의 남편이 성교할 때에 그의 음경(陰莖 pennis)으로 그녀의 음핵을 접촉할 수 없고, 이것이 그녀의 불감증의 원인이라고 그녀에게 말하였다. 그 의사는 그녀의 음핵과 질을 가깝게 만드는 수술을 하라고, 그러면 그의 음경이 그녀의 음핵을 접촉할 수 있다고 말하였다.

여성은 좋은 부인이 되겠다는 신념과 희망으로 기괴한 외과 수술을 받았다. 수술 뒤, 그녀가 성교할 수 있을 때에 수술은 외관상 성공한 것 같았다. 2개월 동안 그녀는 성교할 때에 절정감을 느꼈다. 그 뒤 천천히 그러나 확실히 그녀의 반응할 수 있는 능력은 사라졌다. 수술 후 3개월 되었을 때에 그녀는 불감증 환자가 완전히 되었다.

여성의 성 문제를 해결하는 그런 방법보다 더 틀린 방법은 있을 수 없다. 첫째로, 이미 성적으로 장애가 된 여성의 생식기를 외과 수술하는 것은 그 여성에게 큰 심리적 충격을 줄 수 있고, 그녀의 장애를 크게 악화시킬 수 있다. - 그것은 나의 동료가 나에게 말한 여성의 사례이었다. 둘째로, 질이 반응하지 않고 음핵이 반응한다는 것은 불감증의 일종이다(the fact that the critoris and not the vagina is responsive is a form of frigidity in itself). 이 터무니없는 수술은 의사가 희망한 대로 성공하였어도, 병리적인 상황을 오직 영속화할 것이다.

정신과 의사는 이 환자를 치료할 때에 문제가 없지 않았다. 수술을 받은 것과 수술의 실패가 만든 외상적 경험은 오랫동안 나쁜 결과를 나타낸다. 환자는 수술의 심리적 효과에서 수개월에 걸쳐 벗어났다. 그러나 환자는 강력한 욕망을 가진 젊은 여성이었다.

문제의 해결은 어렸을 때에 얻은 그러나 잠복한 성에 관한 오해(the hidden misunderstandings about sexuality that had occurred earlier in her life)를 발견하는 것에 있다고 환자는 확신하게 되었을 때에 환자는 오해를 발견하려고 노력하였다. 환자는 비교적 짧은 시간 안에 불감증과 그 의미를 통찰과 이해를 함으로써, 불감증과 그 불감증의 의미를 앎으로써, 외과 의사가 예리한 칼로 자를 수 없었던 Gordius 매듭(Gordian knot)을 풀기 시작하였다. 환자의 문제의 뿌리에 임신의 두려움이 있었다. 환자는 그 두려움을 대면할 수 있었다. 환자는 그 두려움 없이 지낼 수 있었다. 지금 환자는 두 자녀가 있고 나의 동료에 의하면, 성적으로 정상적인, 대단히 행복한 결혼 생활을 한다.

나는 나쁜 결과를 나타내더라도 다시 분명히 말하겠다. 대부분의 사례에서, 불감증은 심리적 문제(a psychological problem)이다. 불감증을 해결할 수 있는 유일한 방법은 마음에 의해, 마음을 이해하는 것(through the mind, by understanding it)이다. 당신에게 다른 말을 하는 사람은, 그의 말이 듣기 쉽고 단순하여도, 옳지 않다. 만약 당신이 진정한 불감증을 앓고 있고, 그 원인을 심리적인 이유 이외에 다른 것이라고 말하면, (예를 들면, 당신의 남편이 원인이라고 말하면,) 당신은 당신이 원인인 것을 다른 것이 원인이라고 말하고 있다. (당신은 문제를 극복할 수 있는 것을 다른 것이 원인이라고 봄으로써 당신의 문제를 극복하지 못하고 있다.)

불감증의 문제는 심리적 문제라고 내가 말하는 때에, 나는 사례를 과장하지 않고 있다. 나는 사례를 이해하고 있다. 지난 60년 동안 정신의학이 가장 크게 기여한 것은 성이 개인의 발달에 중요한 것을 발견한 것이다.

Dr. Therse Benedek는 그녀의 논문 *Psychosexual Functions in Women*에서 모든 것을 간결하게 표현하였다. Dr. Therse Benedek는 "...성적 욕구(sexual drive)는... 인격의 조직(the organization of the personality)이 발생하는 축(axis)이다"라고 말하였다.

여아의 발달이 순조로울 때에, 여아의 인격과 성욕(sexual passions)은 개화(開花)할 것이고, 여아는 모든 것이 통합된 아름다운 성숙에 도달할 것이다. 그러나 만약 인격과 성의 발달은 방해를 받으면, 발달하지 못하고, 근원에서 멈출 것이고, 모든 것이 완전한 공상의 상태(a never-never land)에 머무르고, 성숙하지 않을 것이다. 여아는 그 공상의 상태가 존재하는지를 의심하게 될 것이다.

만약 여아가 성장을 계속 하기를 원하면, 여아는 두려움이 없어야 하고, 그녀의 성장을 방해하는 사건(event)을, 그리고 진정한 여성(true womanhood)이 되지 못하게 하는 오해(misuderstandings)와 무지(ignorance)를 발견하여야 하고, 오해와 무지를 대면하여야 한다. 여아는 여아의 인생에 환영(幻影 simulacrum)이 없는 또는 그 환영의 대치물이 없는 진정한 열정적 관계를 그녀의 남자(true and passional relatedness with her man for which there is neither simulacrum nor substitute in woman's journey through life)와, 그녀 자신의 내심에서 수립하여야 한다.

정서적 성적 성숙(emotional and sexual maturity)을 하기 위해, 많은 사실로, 과학적 사실로, 다리를 건설하여야 한다. 이 과학적 사실을 정복(master)하라. 정서적 성적 성숙에 관한 정보를 얻어라. 그러면 당신은 지독한 박탈의 삶(bitter deprivation)에서 당신이 마땅히 가져야 하는, 당신이 조상에게서 물려 받은 부유한 삶(richness)으로 건너갈 수 있다. 부유한 삶은 당신이 두려워하는 것의 반대편에서 당신을 기다리고 있다.

제1부 | 정상적 여성

제2장

정상적 절정감

당신과 함께 떠나는 여행에서 내가 먼저 할 것은 당신에게 목적지를 말하는 것(to give you a view of your destination)이다. 나는 당신에게 절정감(絶頂感 orgasm)을 설명하겠다. 나는 절정감을 자세히 설명하겠다.

우리 정신과 의사는 불감증을 치료할 때(when dealing with a frigidity problem)에 절정감을 가끔 설명한다. 이 설명은 때때로 놀라운 결과를 보인다. 애정 행동(act of love)에서 무엇이 기대받는지를 권위 있는 그리고 객관적인 사람에게서 완전한 설명을 들은 뒤에 박탈받은 관능적 목표(sensual goal)에 도달하는 여성들을 나는 만났다.

나의 한 환자는 심한 불감증을 여러 달에 걸쳐 노력한 끝에 극복하였다. 나의 그 환자는 당시에 할 수 있던 황홀한 성적 경험을 여동생에게 자세히 말하였다. 여동생은 결혼 생활을 오직 두 달 하였고, 성적 최고조(sexual climax)에 한번도 도달하지 못하였다. 여동생은 그 "성적 문제"(her "problem")를 정신과 의사와 상의(consulting)할 생각을 심각하게 하였다. 언니에게 진정한 절정감(true orgasm)을 들은 그날 밤에 동생은 남편과 함께 완전한 만족을 할 수 있었다.

그러나 정상적 절정감을 서술함으로써 불감증의 문제에 접근하는 나의 주요 동기(my chief motive)는 치유를 갑자기 또는 기적 같이 하려는 것이 아니다. 성숙한 성(mature sexuality)이 갑자기 방출되는 또는 갑자기 온 봄에 만물이 해빙되는 것 같은 사례의 불감증은 인격의 깊은 곳에 자리를 잡은 것처럼 나타나지만, 인격에 깊지 않은, 낮은 곳에 자리를 잡은 피상적 불감증이다.

내가 절정감을 먼저 말하는 이유(the real reason I start with the orgasm)는, 만약 당신이 정상적 성에서 벗어난 성을 분명히 이해하려면, 정상적 성의 그림(a picture of the normal)을 아는 것이 필요하기 때문이다. 신체의 병을 이해하기 위해 건강이 무엇인지를 우리는 가장 먼저 알아야 한다. 모든 의사는 이것을 안다. 의사의 선생도 이것을 안다. 의사는 의과대학 해부학 교실과 생리학 교실(classes in anatomy and physiology)에서 건강한 신체의 구조와 기능(the stucture and functions of the healthy body)을 제일 먼저 배운다.

만약 우리가 같은 기법을 여기에서 추구하면, 여성의 생식기(the genital anatomy of woman)를 처음에 설명하고, 그 다음에 정상적 절정감(the nornal orgasm)을 설명하면, 정상적 절정감이 무엇인지를, 정상적 절정감이 어디에 있는지를, 건강한 남성과 여성의 정상적 절정감의 기능을, 다른 관련 자료를 설명하면, 당신은 불감증을 더 철저히 이해하게 될 것이라고 나는 생각한다.

우리 시대의 성적 정보(sexual information)가 널리 퍼져 있지만, 많은 여성은 그들 자신의 생식기(their own genital region)에 관해, 절정감을 포함한 성적 반응의 특성과 의미(the character and meaning of sexual response, including orgasm)에 관해 놀라운 무지를 보인다. 그들의 생

식기에 음핵(陰核 clitoris)이 있는지를 모르는, 요도(尿道 urethra)와 질(膣 vagina)을 구별 못하는 환자들을 나는 치료하였다. 어떤 환자는 자궁(uterus)이 별개의 기관으로 존재하는 것을 몰랐다. 어떤 환자는 그녀들의 독특한 여성 분비물(femine secretions)을 몰랐다. 그녀들은 남성처럼 사정(射精 seminal ejaculation)을 한다고 믿었다. 아마 이 책을 읽는 독자 대부분은 그런 오해를 하지 않을 것이다. 그러나 여자의 생식기(the feminine genitalia)에 관한 단순한 사실을 검토하는 것이 현명하다고 나는 느낀다.

나는 여성의 성기(women's sexual apparatus)에 관한 자세한 설명을 하기 전에, 예비 관찰(preliminary observation)을 하겠다. 예비 관찰은 당신이 여성의 성적 성질(the sexual nature)을 이해하게 할 것이다. 남성이 진정한 성적 만족(true sexual gratification)을 할 수 있는 정도 만큼 여성도 진정한 성적 만족을 할 수 있지만, 여성의 반응은 남성의 반응과 다른 중요한 것이 있다. 남성은 성적 흥분을 할 때에 성욕(sexual desire)을 생식기에서 직접 느낀다. 여성의 첫 성적 감각(first sexual sensations)은 일반적으로 생식기에서 일어나지 않고, 몸 전체에서, 피부 표면에서, 도처에서 느낀다. 여성은 성적 흥분을 몸 전체에서 느낀 다음에 생식기에서 느낀다. 이 사실은 남성과 여성이 이해하여야 하는 중요한 사실이다. 이 사실을 모르는 것은 남성과 여성 사이에 많은 오해가 일어나게 한다. 왜냐하면, 여성이 남성보다 성교할 수 있는 순간에 늦게 도달하기 때문이다. 성교를 하는 두 당사자는 이 사실을 고려하여야 한다(It *must* be taken into consideration by both parties to an act of love).

여성의 생식기(a woman's genital apparatus)는 내부 생식기(internal genital apparatus)와 외부 생식기(external genital apparatus)로 구성되어 있다. 외부 생식기는 외음문(外陰門 vulva)이라고 불린다. 외음문 중

가장 분명한 부분을 우리는 대음순(大陰脣 major lips) 또는 외음순(外陰脣 outer lips)이라고 부른다. 대음순은 생식기의 대음순 이외의 부분을 둘러싼다(enfold). 만약 우리가 이 대음순을 헤치면, 두 작은 음순(陰脣 lips)이 나타난다. 이 작은 음순을 우리는 소음순(小陰脣 minor lips)이라고 부른다. 이 소음순은 성적 반응(sexual responsiveness)이 대단히 민감하다. 문외한을 위한 책이라도 이 두 기관을 부르는 라틴어 단어 *labia majora*(대음순)와 *labia minora*(소음순)가 있다.

labia majora(대음순)의 주름 안에 여자의 외부 생식기의 나머지 부분이 있다. 우리는 여기에서 음핵(clitoris), 질전정(膣前庭 vestibule), 요도(urethra)를 본다.

음핵(clitoris)은 가장 중요하다. 음핵은 외부 생식기의 오해를 가장 많이 받는 부분이다. 음핵은 소음순의 주름 위에 있다. 음핵은 연필의 두께보다 두껍지 않은 피부 조직이다. 이 기관은 여성의 심리적 성적 발달에 굉장히 중요한 기관이다. 이 기관은 "남성의 성기에 해당하는 여성의 성기"(the "homologue of the male penis")라고 불린다. 배자(胚子 embryo)에서는 남성의 성기를 구성한 세포와 여성의 음핵을 구성한 세포가 같다는 것을 이 말은 단순히 의미한다. 그러므로 남성의 성기와 여성의 음핵에 같은 세포의 파생물(the same cellular derivation)이 있다.

남성의 성기에 해당하는 여성의 음핵은 발기성 조직(勃起性 組織 erectile tissue)으로 되어 있다. 여성이 성적으로 흥분될 때에 남성의 성기가 발기하는 것과 같은 방식으로 여성의 음핵은 발기한다. 여성의 음핵도 음핵두(陰核頭 head)와 음핵두를 덮은 음핵포피(陰核包皮 foreskin)로 되어 있다. 적어도 아동과 청소년의 음핵두는 일반적으로 자극에 대단히 민감하다. 완전히 성숙한 여성의 음핵두는 민감성이 자주 감소하고, 가장 큰 성적 쾌락의 일차적 근원(the primary source of the greatest sexual pleasure)을 질(the vagina)에 양보한다. 그러나 성적으로 충분히 성숙한 많은 여성은 음핵의 원래의 성적 반응 대부분(much of the original sexual responsiveness of the clitoris)을 유지한다.

외부 생식기의 나머지 부분(the remainder of the external genitalia)은 질전정(the vestibule)의 안에 있다. 질전정은 질 안으로 들어가는 입구이고, 성적 흥분에 대단히 민감(very susceptible to sexual exitation)하다. 질전정은 두 소음순 사이에 있고, 음핵 바로 밑에 있다. 질전정에 처녀막(hymen), 요도공(尿道孔 urethral opening), Bartholin선(the opening of the glands of Bartholin)이 있다.

처녀막(hymen)은 일반적으로 처녀막(maidenhead)이다. 처녀막은 질의 입구 일부를 막는 얇은 막(membrane)이다. 처녀막은 직접적 성적 감각(direct sexual sensation)이 없다. 처녀막은 아동기에 사고에 의해, 외과 도구의, 등등의 삽입에 의해 파열될 수 있지만, 처녀막이 뚫릴 때에, 일반적으로 첫 성교를 하는 때에, 여성은 아픔을 느낀다. 처녀막이 뚫릴 때에 아픈 것과 그리고 이 아픔에 관해 여아가 자주 들은 것 때문에 이 아픔은 여아가 불안을 느끼는 근원일 수 있고, 성을 대하는 일반적 태도를 형성할 수 있다.

Bartholin선(the glands of Bartholin)은 성교(act of love)에 매우 중요하다. Bartholin선은 성적 흥분(sexual excitation)을 할 때에 묽은 무색의 점액(a thin colorless mucus)을 방출한다. 이 점액은 성교하는 동안 질입구(vaginal opening)와 질관(vaginal canal)을 미끄럽게 한다. 이 점액의 분비량은 개인마다 크게 다르다. 성적 불감증은 이 점액의 분비에 자주 영향을 미친다. 성적 불감증은 이 점액을 부적절하게 분비하게 하거나 분비하지 않게 한다. 그러나 이 점액의 분비량은 근본적 성적 장애(basic sexual blocking)가 없는 개인이라도 때에 따라 크게 다르다. 그러므로 Bartholin 선을 성적으로 적합한지 적합하지 않은지를 결정하는 최종적 준거(a final criterion of sexual adequacy or inadequacy)로 우리는 볼 수 없다.

우리는 여성의 해부학적 성적 장치의 가장 중요한 부분인, 질(the vagina)에 왔다. 질은 질전정에서 자궁의 밑 끝 경부(頸部)까지 3인치 내지 3.5인치의 통로이다(this is a passageway of some three to three and a half inches which extends from the vestibule on the outside of the cervix, which is the bottom end of the uterus). 질은 물론 음경(the penis)을 받아들이는 관(the canal)이다. 질은 Latin어로 "칼집"("a sheath for a sword")을 의미한다. 가장 순수한 형식의 성교(sexual act)는 여성의 수동성(passivity)과 남성의 공격성(aggressiveness)을, 행위를 하는 자(the actor)의 공격성과 행위를 받는 자(the acted upon)의 수동성을 표현한다. 로마 사람들(Romans)은 이 기본적 차이를 적어도 언어학적으로(linguistically) 이해하였다.

당신은 질의 길이가 짧다는 것을 알고 놀랄 수 있다. 그러나 질의 벽은 굉장히 탄력적(extremely elastic)이다. 질은 모든 굵은 음경을, 모든 긴 음경을 수용할 수 있다. 질은 신생아가 통과할 수 있게 늘어날 수 있다. 음경은 자궁의 경부를 누른다. 자궁의 경부는 음경이 질의 속으로 들어갈 때까지 위로 밀려 올라가 있을 수 있다. 자궁의 경부의 부드러운 조직에 음경이 닿는 것은 남성이 쾌감을 느끼는 원천이다. 자궁의 경부의 부드러운 조직에 음경이 닿을 때에 남성도 여성도 쾌감을 느낄 수 있다.

질의 벽(vaginal walls)은 점막(mucous membrane)이 아닌, 부드러운 피부(a soft skin)로 되어 있다. 질의 벽은 호르몬을 분비하지 않는다. 질의 벽은 점액을 분비하지 않는다. 호르몬이 자궁경부(子宮頸部 the cervix)에서 나온다. 이 호르몬은 성교할 때에 질관(膣管 the vaginal canal)을 미끄럽게 한다.

나는 질(the vagina)이 여성의 성적 장치(a woman's sexual equipment)의 가장 중요한 부분이라고 말하였다. 왜냐하면 진정으로 성숙한 여성의 절정감(the orgasm)은 질 안에서 일어나기 때문이다. 여성은 가장 큰 관능적 쾌감(the greatest sensual pleasure)을 질 안에서 느낀다. 여성이 경험할 수 있는 가장 큰 관능적 쾌감을 여성은 질 안에서 느낀다.

우리 절정감을 다시 보자. 만약 내가 절정감을 성적 경험의 전체에서 설명하면, 당신은 절정감을 충분히 이해할 것이라고 나는 생각한다.

남성과 여성의 성적 본능(the sexual instinct in both men and women)은 굉장히 복잡하다. 성적 본능은 신경증(neurosis)의 방해를 받지 않을 때에 전인격(the entire personality)에 색(color)을, 모양(shape)을, 광도(brightness)를, 매력(charm)을, 선명도(vividness)를, 방향(direction)을 부여한다. 성적 본능을 작용하게 하는 기제는 몸과 마음에 작용한다.

여성의 성적 욕구는 여성이 접촉한 것의 반응이다. 또는 여성의 성욕은 여성이 본 행위, 또는 광경, 또는 생각에 의해 단절될 수 있다. 여성의 반응 중 중요한 것 하나는 말로나 행동으로 표현된 누진적 애정(cumulative tenderness)이다.

그러나 뇌는 자극을 받으면, 신호를 받으면, 신경 조직을 통해 온몸 전체에 예비 반응(preparatory reactions)을 보낸다. 남성은 뇌가 성적 자극을 받으면, 반응을 굉장히 빨리 한다. 어떤 남성은 3초 안에 성교를 할 수 있는 성적 준비 태세(sexual preparedness)가 갖춰진다. 즉 남성의 음경은 완전히 발기하여 3초 안에 질 안으로 들어갈 준비를 갖춘다. 여성은 성교를 할 수 있는 준비가 되었지만, 비교적 천천히 몸 전체로 반응한다. 여성은 상태가 가장 좋은 때에 남성보다 오직 3초, 4초 더 걸려 성교할 수 있는 준비가 된다.

성적 흥분(the sexual exitement)이 증가할 때에, 대단히 많은 변화가 몸 전체에 일어난다. 그 변화는 만약 다른 환경에서 일어나면, 당신을 놀라게 할 수 있다.

맥박(pulse rate)이 굉장히 빨라진다. 개인이 성적 최고조(sexual climax)에 접근할 때에 맥박이 150 이상에 도달한 기록이 있다. 그런 맥박은 건강한 상태에, 오직 굉장히 빠른 속도를 또는 인내력을 요구하는 운동을 한 운동선수에 일반적으로 발생한다.

혈압(blood pressure)도 가파르게 오른다. 혈압이 3초, 4초 안에 갑자기 100을 넘는다. 호흡(breathing)도 가빠진다. 호흡은 깊어지고 빨라진다. 절정감에 접근하면, 호흡이 중단된다. 들이쉬는 숨(inspiration)은 가빠지고, 내쉬는 숨(expiration)은 약해진다. 성적으로 흥분된 사람은 달리기하고 있는 것 같다.

성교(sexual act)가 계속 될 때에 몸은 산소가 부족하게 된다. 산소가 부족하기 때문에 호흡이 가쁘게 된다. 산소가 부족한 것은 안면을 찌그러뜨린다. 고통을 받는 것처럼 얼굴이 일그러진다. 이 사실을 Kinsey의 유명한 여성의 성에 관한 연구에서 볼 수 있다. 나는 그 현상에 관한 재미나는 문단(an interesting paragraph on the phenomenon)을 여기에 인용하겠다.

"... 성교를 즐기고 있다고 고객이 믿게 하려는 매춘부는, 또는 성교를 즐기고 있다고 남편이 부인을 믿게 하려는, 성에 반응하지 않는 부인(prostitutes who attempt to deceive (jive) their patrons, or unresponsive wives who similarly attempt to make their husbands believe that they are enjoing coitus)은 오류에 빠진다. 왜냐하면, 성적으로 흥분한 사람

(erotically aroused person)은 행복한 것 같고, 즐거운 것 같고, 미소를 짓는 것 같고, 성행위의 최고조(culmination of act)에 도달할 때에 빠르게, 분명하게 생각하는 것 같다고, 반응하는 것 같다고, 고객을 기만하려는 매춘부나 남편을 속이려는 부인은 가정하기 때문이다. 이와 반대로 고문을 받는 사람이 행복하게 보일 수 없듯이 성에 진정으로 반응하고 있는 사람은 행복하게 보일 수 없다."

성적으로 흥분한 상태에서 피부에 가까이 있는 정맥(veins)과 동맥(arteries) 속에 흐르는 혈액의 공급(blood supply)이 증가하고, 몸이 붉게 되고(flushed), 체온이 오른다. 몸의 특정 부위는 이 피로 충혈되고(engorged), 팽창되고(swollen), 발기된다(erct). 남성의 음경은 보통의 크기의 두배로 커진다. 여성은 음핵(clitoris)이 충혈되고, 단단해진다. 남성과 여성의 젖꼭지(nipples)가 충혈되고, 단단해진다. 성적 최고조가 가까이 올 때에 음경, 음핵, 젖꼭지는 단단해진다.

온몸의 근육은 성적 흥분이 일어날 때에 긴장하기 시작한다(muscles throughout the body begin to tense at the onset of sexual excitement). 성적 흥분이 커질 때에 이 긴장은 증가한다. 성교(sexual act)가 시작되고 끝이 가까워지면, 특정 선(glands)과 조직(tissues)은 분비물(secretions)을 많이 분비한다. 타액선(the salivary glands)과 비점막(the nasal mucosa)이 많이 흐른다. 이것 때문에 코 표면에 가까이 있는 혈관이 충혈된다. 많은 사람은 성교를 한 뒤에 코가 콧물로 막힌 것(the characteristic nasal stuffiness)을 느낀다. 어떤 여성은 성적 흥분이 상승할 때에, 특히 절정감을 느낄 때에, Bartholin선의 분비물과 자궁경부에서 나오는 점액(the mucus from the cervix of the uterus)이 굉장히 많아진다. Bartholin선의 분비물과 자궁경부에서 나오는 점액이 많이 흐르는 것은, 내가 말한, 널리 퍼진, 완전히 틀린 생각을, 즉 여성도 남성처럼 절정감을 느낄 때에 사정(ejaculation)을 한다고 생각을 하게 한다. 여성은 사정을 하지 않는다. - 여성은 사정할 수 있는 기관이 없다.

성교의 가장 놀라운 것(one of the most amazing aspects of sexual intercourse)은 성교의 강도가 올라갈수록 오감(all five senses)이 굉장히 둔감하게 되는 것이다. 뜨거운 것과 찬 것을 느끼는 능력은, 고통을 느끼는 능력은, 소리를 듣는 능력은 거의 존재하지 않게 된다. 눈은 넋을 잃기 시작한다. 시각(vision)은 위축하기 시작한다. 온 마음과 온몸은 고조된 성적 감정(the mounting sexual feeling)에 집중되고 그 이외의 것에 정신을 집중하지 않는다. 절정감을 느낄 때에 사람은 거의 무감각(the anesthesia of the senses)하다. 정말로, 많은 사람은 절정감을 느낄 때에 몇 초 동안 일시적으로 의식을 잃는다. Kinsey의 보고에 의하면, 어떤 사람은 절정감을 느낄 때에 2분 이상 의식을 잃는다.

이 사실은 우리가 절정감을 검토하게 한다. 만약 당신이 여성의 불감증을 이해할 수 있으면, 불감증의 성질을, 불감증이 신체적으로 심리적으로 의미하는 것을 파악하는 것이 굉장히 중요하다. 불감증을 앓는 여성은 여기에서 기술한 유형의 절정감을 도달할 수 없기 때문에, 불감증을 이해하는 것이 중요하다. 사실, 여성이 성교할 때에 절정감을 느끼지 못하는 것은 불감증이다. 특정 종류의 불감증을 앓는 여성은 위에서 말한 신체적 심리적 반응들 중 하나나 둘의 또는 모든 반응들을 경험할 수 있다. 그 반응들은 정상적으로 절정감으로 종결될 것이다. 그러나 마지막 경험은 절정감을 회피한다. 이 굉장히 중요한 시기에 불감증을 앓는 여성은 절정감에 도달하고 싶지만, 절정감에 도달하지 못한다. 절정감에 도달하고 싶은 마음은 후퇴하고 사라진다.

절정감은 성교를 자연스럽게 아름답게 종결하는 생리적 반응이다. 절정감이 일어나고, 위에서 말한 모든 현상이 극적으로 증가한다. 절정감에 도달하기 바로 직전에 근육은 갑자기 긴장한다. 만약 성적 본능이 작동하지 않으면, 생리적으로 견딜 수 없는 정도까지 근육은 갑자기 긴장한다. 남성의 골반운동(the pelvic motions)과 남성의 음경이 여성의 질 안으로 들락날락하는 운동의 속도가 빨라지고 음경이 질 안으로 들어가는 힘이 강력하게 된다. 여성의 골반운동도 빨라지고, 여성의 온몸은 질 안에서 느끼는 절묘한 감각(exquisite sensations)을 고조시키기 위해 운동을 한다. 내가 이 경험을 토론한 많은 여성에 의하면, 가장 큰 쾌감은 질 안이 가득 찬 포만감(the sensation of fullness)과 질의 뒷면을 누르는 압력과 마찰(the preassure and friction)에 의해 일어난다.

근육의 긴장이 최고조에 오르는 순간에, 모든 감각은 민감하게 되는 것 같다(At the moment of greatest muscular tension all sensations seem to take one further rise upward). 여성은 더 이상 견딜 수 없는 최고의 긴장을 견디는 것 같다. 정말로 긴장을 견디는 것이 가능하지 않다. 여성의 온몸은 갑자기 일련의 근육경련(筋肉痙攣 muscular spasms)을 일으킨다. 이 경련은 질 안에서 발생한다. 여성은 기뻐서 몸을 흔들고 쾌락을 몸 전체에서 느낀다. 여성은 쾌락을 몸통, 얼굴, 팔, 다리 - 발바닥에서 느낀다.

온몸을 흔드는, 질에 집중된 경련은 진정한 절정감이다(These spasms, which shake the entire body and converge upon the vagina, represent and define true orgasm). 진정한 절정감을 느끼는 순간에 음경이 가능한 깊이 들어오게 하기 위해 여성은 머리를 뒤로 저치고 골반을 위로 올린다. 대부분의 여성은 경련하는 시간이 개인마다 다르지만, 여러 초 동안 계속 경련한다. 어떤 여성은 경련의 강도가 감소하지만 1분 또는 그 이상 계속 경련한다.

많은 여성은 파트너가 절정감을 느끼기 전에 경련을 2회 이상 할 수 있다. 절정감을 느끼는 길은 신경학적으로 심리학적으로 만들어진다. 만약 파트너가 절정감을 느끼면, 여성은 파트너에게 반응할 수 있다. 마지막 절정감이 처음에 느낀 절정감보다 더 강력하고 만족스럽다는 여성의 보고를 나는 받았다.

만약 여성은 절정감을 느낀 경험(the orgasmic experience)에 의해 만족하면, 여성은 성적 구조(the sexual build-up)에서 발달한 신경학적 근육 긴장(the neurological and muscular tension)을 이완할 것이다. 여성은 만족하면, 여성은 끊임없이 한 운동을 멈추고, 짧은 시간 안에 혈압, 맥박, 호르몬 분비, 그리고 근육 긴장, 성적 흥분을 일으킨 커다란 신체적 변화가 정상 상태로 돌아오거나 정상보다 낮은 상태로 돌아온다.

남성과 여성이 성교하는 동안에 일어나는 신체적 반응에 관한 자세한 연구가 있다. 절정감을 포함한 모든 부분에서 일어나는 신체적 반응과 쾌감의 주관적 경험은 남성과 여성이 평행한다는 것을 우리가 깨닫는 것이 중요하다. 남성과 여성이 성교하는 동안에 일어나는 신체적 반응의 차는 성교 초에 여성이 남성보다 조금 느리고, 남성의 절정감은 남성이 여성의 질 안에 정액을 사정할 때(the ejaculation of sperm)이다.

사람은 성적 만족감(full sexual satisfaction)을 느낀 뒤에 조용(utter calm)하다. 사람의 몸은 완전히 평온하다. 사람은 심리적으로 완전히 만족한다. 사람은 세상과, 세상에 있는 모든 물건과 갈등하지 않고 잘 지낸다. 특히 여성은 기쁨, 황홀감(a transport of ecstasy)을 느끼게 한 파트너에게 사랑을 많이 느낀다. 여성은 파트너와 한동안 자주 가까이 있고 싶어한다. 여성은 열정(passion)이 가라앉은 상태에서 파트너와 가까이 있고 싶어 머뭇거린다.

당신이 여기에서 알 수 있듯이, 절정감은 엄청 커다란 경험(tremendous

experience)이다. 성교만큼 강력한 또는 괴롭지만 즐거운 생리적 또는 심리적 경험은 없다. 성교는 독특하다.

사랑하는 남성과 여성의 이 황홀한 성교(ecstatic coupling)를 신비로 보는 사람이 많다. 그들은 성교를 잃어버린 남성과 여성의 결합을 상징하는 것(a symbol of a lost unity between the sexes)으로 생각한다. 다른 사람들은 성교에서 천국의 전조(前兆 a foretaste of heaven)를, 인간의 끝 없는 정신적 기쁨의 세속적 상(the carnal representation of endless spiritual delights for mankind)을 본다. 성교를 할 때에 절정감을 느낄 수 있는 많은 사람은, 창조주의 입장에서 목적적 의도를 서술하지 않는 것이 어렵다는 것을 발견한다.

개인은 절정감을 무(無)와 동등한 상(賞)이라고 본다(the individual perceives orgasm as a reward equal to none). 절정감은 여성이 영원한 결혼 생활(an enduring marriage)에 필요한 희생(sacrefices)과 타협(compromises)을 멀리 보게 보게 하고, 여성이 항상 주는 것이 가치 있고 그리고 최고로 바람직한 것이라고 보게 한다. 절정감은 사랑하는 남성과 여성의 사이에 무너뜨릴 수 없는 튼튼한 관계(the unbreakable bond)이다.

당신은 Tennessee Williams의 희곡 *A Streetcar Named Desire*(욕망이라는 이름의 전차)를 기억하는가? 이 희곡의 가장 유명한 페이지들 중 한 페이지에서, 불감증을 앓는, 성교를 난잡하게 하는, 나이 많은 여성(the frigid [and promiscuous] older woman)은, 여동생이 신분이 낮은 남자와 결혼하였다고, 여동생이 평일에 맥주를 마시고 poker를 하는 노동자와 결혼하였다고 지적하면서, 신분의 거짓 자만심(a spurious pride of class)에 호소하면서, 여동생의 결혼을 무너뜨리려고 한다. 여동생은 언니의 틀린 가치(the false values)를 따져야 한다고 거의 확신한다. 이 가치는 같은 부모에 의해 두 여성에게 심어졌다. 이 가치는 두 여성에게 깊이 심어졌다. 그러나 여동생의 남편은 여동생을 구한다. 여동생과 여동생의 남편이 포옹할 때에, 여동생의 남편은 여동생이 보는 바람개비(the pinwheels)를 여동생이 회상하게 하고, 여동생이 듣는 종 소리(the high music of the bells)를 여동생이 회상하게 한다. 여동생의 남편이 여동생을 포옹하면서 여동생이 바람개비와 종소리를 회상하게 한 것은 좋다. 여동생은 아무 말하지 않고 남편에게 돌아온다. 여동생과 남편의 훌륭한 성생활의 끈은 끊어질 수 없고, 튼튼하다. 여동생과 남편의 훌륭한 성생활의 끈은 질투하고 파괴하는 언니가 여동생의 결혼 생활에 할 수 있는 강력한 모호한 공격보다 끊어질 수 없고, 튼튼하다.

완전한 절정감을 느낄 수 있는 능력은 심리적으로 성숙한 여성의 품질 표시(hallmark)이다. 완전한 절정감을 느낄 수 있는 능력은 여성이 아동기와 청년기에 어려움을 성공적으로 극복하였고, 상처를 입지 않았고, 여성답게 되었다는 품질 표시이다.

제3장

불가능이 없는 여성

성숙한 여성은 어떤 여성인가?(What is the mature woman?) 누가 성숙한 여성인가?(Who is she?) 성숙한 여성의 특징은 무엇인가?(What are her characteristics?) 성숙한 여성의 인격은 무엇인가?(Her personality?) 성숙한 여성은 삶에서 어떤 역할을 하는가?(Her role in life?)

이 질문에 답하는 것은 불감증을 앓는 여성의 이해에 대단히 중요하다. 왜냐하면, 오직 건강이 무엇인지를 이해함으로써만 우리는 건강에서 벗어난 것의 의미를 진정으로 파악할 수 있기 때문이다.

"정상"("normal")이라는 단어가 의미하는 것에 관한 논쟁이 많다. 수많은 단어가 정상에 관해 쓰였다. 그 수많은 단어의 대부분이 쟁점을 애매하게 만들까 봐 나는 두렵다. 정상에 관한 이상한 정의(odd definitions of normalcy)는 수많은 여성을 대단히 이상한 불행한 방식(very odd and unhappy paths)으로 삶을 살게 하였다. 예를 들면, 당신은 Victoria 시대(Victorianism)가 불감증을 모든 여성을 평가하는 기준으로 본 것을 기억할 것이다. - 불감증을 모든 여성을 평가하는 기준으로 본 것은 비참한 결과가 되었다.

나는 개업을 시작하였을 때에, 미국 여성에게 강력한 영향을 미친, 정상에 관한 또 다른 이상한 비참한 견해(another strange and tragic view of the normal)를 만났다. 여성운동(the feminist movement)이 뒤에서 토론될 때에 더 자세히 볼 이 견해는 미국 여성에게 나쁜 영향을 미치고, 불감증과 이혼의 주제(the subject of frigidity and divorce)와 연결된다.

40세의 매력 있는 여인이 나에게 치료를 받으러 왔다. 그녀는 불안이 심하였고, 말을 할 수 없었다. 그녀는 울부짖었다. 나는 이 눈물 뒤에 깊은 분노가 있다고 느꼈다. 그녀가 치료실을 나갈 수 있을 때에 그녀의 이름을 나는 알았다. 그녀는 성공한 변호사 이었다. 많은 사람은 아마 그녀의 이름을 인지할 것이다.

그녀는 39세에 좋은 남성과 첫사랑에 빠졌다. 그 남성은 성공한 변호사이었다. 그녀의 잠자고 있는 성(sexuality)과 진정한 여성적 특성(femininity)은 1년 전에, 결혼 생활을 한 이후 처음으로 완전히 잠에서 깨어났다. 그녀와 그는 자녀를 간절히 원하였다. 그러나 신체검사는 그녀의 자궁에 종양(腫瘍 tumor)이 발달하였기 때문에 그녀가 자궁절제술(子宮切除術 hystrectomy)을 받아야 한다는 것을 그녀에게 지시하였다. (불행히도 이 병은 첫 임신을 오랫동안 늦춘 여성에게 흔히 발병한다.)

그녀는 욕구를 잔인하게 박탈당하는 것을 느꼈다. 나는 그녀를 여러 시간 치료하였다. 그녀는 그녀의 배경을 나에게 말하였다. 그녀가 유아(infant)이었을 때에 그녀의 아버지는 사망하였다. 그녀의 어머니는 여권 운동을 위해 싸우는 지도자(a militant leader of the movement for women's "rights")이었다. 그녀가 어렸을 때에 강조받은 것은 남성 세계에서 남성이 생각하는 성공을 하는 것이었다. 그녀는 남성과 경쟁하라고, 남성을 여성이 성공하지 못하게 방해하는 자로 보라고 어머니의 가르침을 받았다. 여성은 남성에게 이용당하는 기만당하는 소수집단이라고 어머니는 그녀에게 말하였다. 결혼 생활을 하는 것, 자녀를 출산하는 것, 사랑하는 것은 여성이 적의 손에 들어가는, 주요 욕망(chief desire)이 여자를 노예로 만드는 남성의 손에 들어가는 함정(trap)이었다. 여성은 아무리 노력하여도 시장에서 일하게 되어 있다는 믿음을, 공격적이 되게 되어 있다는 믿음을, 사랑을 발견한 곳에서 사랑을 하게 되어 있다는 믿음을, 아무 것도 아닌 것에 얽매이게 되어 있다는 믿음을, 어머니가 말한 대로 남자보다 낫지 않다는 믿음을 그녀의 어머니는 그녀에게 깊이 심었다.

그런 정상의 정의(a defintion of the normal)는 그녀가 남성과 진정한 또는 깊은 또는 지속적인 관계를 두려워하게 물론 하였다. 그녀는 남자를 여러 해 회피하였다. 그녀는 성인의 경험(her grown-up experiences)을 함으로써 다른 가치를 알았다. 그러나 적합한 사람을 만나게 되었을 때는 너무 늦었다. 그녀는 자녀를 낳을 수 없었다.

그녀의 눈물은 분노의 눈물이라고 나는 느꼈다. 그녀의 눈물은 여성의 역할에 관한 그녀의 어머니의 권위적인 그러나 완전히 틀린 견해를 향하였다. 그녀의 눈물은 정당하다고 나는 생각하였다. 그녀는 그녀의 옳은 분노를 충분히 표현하였을 때에 우리는 그녀의 현실적인 문제를 토론할 수 있었다. 그녀의 결혼 생활은 행복하였다. 그녀는 두 아동을 입양하였다. 그녀는 그녀의 가치의 일부를 개정함으로써 입양한 아동의 훌륭한 어머니가 되었다. 나는 그녀의 집을 최근에 방문하였다. 그녀의 집은 내가 본 가장 행복한, 가장 건강한 가정들 중 하나인 것 같았다.

그러나 정상의 관념(a ideas of what is normal)에서 양육된 대부분의 여성은 불행하다. 그런 여성들은 그녀들의 방어적인 자멸적인 가치(their defensive and self-destructive values)에 끝까지 매달렸다.

이런 관념을 열정적으로 믿고 청중을 사로 잡으며 퍼뜨리는 사람이 아직도 있다. 가장 잘 팔리는 책, Simone de Beauvoir의 *The Second Sex*를 나는 읽은 뒤에 슬펐다. 그 책에서 틀린 것이 분명하게, 재치 있게 전개되는 것을 나는 보았기 때문에 슬펐다. Simone de Beauvoir의 묵시적 결론(tacit conclusion)은 아래의 것이다. 여성이 부인과 어머니로서 역사적 역할을 하는 것(woman's historic role of wife and mother)은 우리의 성의 품위를 떨어뜨리고 있고, 여성이 여성의 진정한 운명을 하지 않게 한다. 그러나 Simone de Beauvoir는 진정한 운명이 무엇인가를 말하면서 Simone de Beauvoir의 명백한 논리는 사라지기 시작한다. 미래의 이 여성이 할 역할과 기능은 많이 모호하게 되었다. 미래의 이 여성이 할 역할과 기능은 내가 매력 있는, 그러나 사라지는, 애매한 목표를 생각하게 한다. 내가 치료한, 불감증을 앓는, 외로운, 많은 여성이 나에게 도움을 받기 위해 처음 왔을 때에 그 여성의 매력 있는, 그러나 사라지는, 애매한 목표를 나는 회상한다.

정상적 여성의 목표, 기능, 욕구(the goals, functions, and needs of the normal woman)는 모호하지 않다. 과학은 최근에 여성에게 불을 비췄다. 그래서 우리는 여성에 관한 많은 기본적 사실들을 확신할 수 있다. 정상적 여성은 성숙한, 충분히 기능할 수 있는 여성이다. 정상적 여성은 그녀 자신의 잠재력의 좋은 부분을 깨달은, 사랑과 행복을 어떻게 얻는지 어떻게 처리하는지를 아는, 만족스런 정신적 성적 삶을 사는 여성이다.

나는 성적 문제를 상담하기 위해 나에게 온 환자들에게 정상적 여성을 자주 설명한다. 그 설명은 환자들을 분노하게 한다. 환자들은 이 이상화된 여성의 특성(some of the characteristics of this idealized woman)에 깊이 분개한다. 환자들은 이상화된 여성에게 여러 이름을, 즉 "남성에게 희생된 자"("a victim of the male")라고, "불가능한 이상적 여성"("impossible ideal")이라고 부른다. 말을 잘 하는 한 젊은 여성은 이상화된 여성을 "얼굴 없는 매춘부"("a faceless tramp")라고 불렀다. 나는 나이 많은 여성이 이상화된 여성을 "부끄러움이 없는 바람둥이" ("a shameless hussy")라고 부르는 것을 들었다.

나의 설명은 적개심을 자주 만나지만, 나의 설명을 듣는 사람들은 내가 설명하는 그런 여성이 될 수 있다는 생각에 영향을 받은 증거가 곧 나타난다. "선생님은 제가 그런 사람이 될 수 있다고 진정으로 생각하십니까?"("Do uou really think I could ever get to be anything like that?") 나의 설명을 듣는 사람들은 분명한 적개심이 있지만, 강력한 방어를 하지만, 성을, 어머니의 역할을 하는 것을 두려워하지만, 내가 설명하는 그런 여성을 동경하는 내용의 질문을 여러 원하는 방법으로 나에게 한다.

여성들은 그녀 자신을 발견하고 싶은 마음이 절박하다. 여성들은 나의 설명에서 힌트를 얻는다. 여성들은 항상 가지고 있는 첫째 것을, 목적하는 것의 첫째 것을, 그 자신 안에 있는 진정한 잠재력의 첫째 것을 찾고 싶어한다.

나는 나의 스케치(sketch)의 주제를 "이상화된 것"("idealized")이라고 부른다. 여성은 이상화된다. 그러나 여성은 나 자신의 허무(虛無)에 기초한 개인적 백일몽이 아니라는 것을 나는 강조하고 싶다. 여성의 특성은 정확히 철저히 검토한 심리학적 생물학적 사실에, 이 분야의 선도하는 과학자들이 일반적으로 동의하는 사실에 기초한다. 여성은 내가 임상적으로 관찰한 여성이 아닌, 내가 아는 여성들을 관찰한 것에 기초한 합성물(a composite)이다. 만약 당신이 여성에 관해 느끼는 대로 생각하는 것을 멈추면, 당신은 당신이 그런 여성을 아는 것을 깨달을 수 있다.

여성은 무엇과 같은가를 우리는 모른다. 첫째로, 여성은 우리가 분명히 아는 것을 우리가 볼 수 있게 우리의 초상화를 제시한다. 여성은 여성에 관해 알 수 없는 것을 내가 말할 수 있게 한다. 여성은 여성과 관계 없는 것을 내가 말할 수 있게 한다.

우리는 여성이 무엇처럼 보이는지 모른다. 여성은 키가 클 수 있고, 작을 수 있다. 여성은 머리카락이 붉을 수 있고, 노랄 수 있고, 회색일 수 있다. 여성은 젖가슴이 크고, 엉덩이가 둥글고, 어깨가 한쪽으로 기울 수 있다. 여성은 젖가슴이 작고, 어깨가 넓고, 엉덩이가 좁을 수 있다. 여성은 직업이 있을 수 있고, 없을 수 있다. 여성은 남편보다 더 지적일 수 있고, 교육을 많이 받을 수 있다. 여성은 남편보다 지능이 낮을 수 있고, 교육을 잘 받지 않을 수 있다. 여성은 자녀를 낳을 수 있고, 낳지 못할 수 있다. 여성은 부유할 수 있고, 가난할 수 있다. 여성은 부촌의 출신일 수 있고, 빈촌의 출신일 수 있다. 여성은 조금 부끄러워할 수 있고, 아주 쉽게 사람을 사귈 수 있다. 여성은 운동을 잘할 수 있고, 운동을 전혀 못할 수 있다. 우리는 여성에 관해 이런 것을 모른다. 이런 것들은 우리의 목적과 관계 없다.

여기에 우리가 아는 것들이 있다.

첫째로, 여성은 우리가 접근하기 매우 쉽다. 여성은 그녀 자신에게, 그녀의 남편에게 안전감을 느낀다. 여성은 여성인 것을 기뻐한다. 여성은 여성의 의무를, 책임을 즐긴다. 여성은 남성으로 태어났으면 좋았을 것이라고 상상할 수 없다. 여성은 남성의 역할을 상상하고 싶어하지 않는다. 여성은 남편의 존재가 여성을 안전하게 한다고 느낀다.

이 느낌은, 오늘날 세상이 분명히 불안한 것에 비춰보면, 비현실적일 수 있다. 당신이 발견하겠지만, 삶은 현실을 깊이 이해한 것에 기초한다. 삶은 신문에 난 경고 기사보다 현실에 기초한다.

이 현실감은 여성이 좋은, 거의 완전한 남편을 선택하게 한다. 여성이 선택한 남성은 다른 여성에게 완전하지 않을 수 있고, 궁극적 의미에서 완전하지 않을 수 있다. 그러나 남성은 남성을 선택한 여성에게 거의 완전하다. 남성은 여성을 사랑한다. 남성은 여성을 계속 사랑하려고 한다. 남성은 목수, 또는 건축가일 수 있고, 법률가, 항만 노동자, 또는 시인일 수 있다. 그러나 남편은 여성에게 정열적이고, 성실하고, 좋은 반려자이고, 자녀에게 좋은 아버지이다. 여성은 이 문제를 옳게 판단한다. 여성은 청소년일 때에 또는 대학생일 때에 좋지 않은 사람을 짝사랑할 수 있지만 그 좋지 않은 사람과 결혼하지 않을 것이다.

물론, 여성은, 좋은 남성과 결혼하면, 안정감(her sense of "at-homeness")이 증가한다. 여성의 안정감은 사랑하는 사람에게 깊은 기쁨을 준다. 여성의 안정감을 여성의 품질 표시이라고, 여성의 필수조건이라고 생각하는 정신과 의사는 여성의 안정감을 "여성의 본질적 이타주의"("essential femine altruism")라고 불렀다.

여성의 이타주의는 뿌리가 여성의 생태(woman's biology)에 있다. 여성의 이타주의는 여성이 표현하여야 하는, 여성의 안에 있는 욕구이다. 여성의 이 이타주의가 꽃을 활짝 피는 때는 여성이 그녀 자신의 최고의 것(*the very best of herself*)을 그녀의 남편과 자녀에게 주고 기뻐할 때이다. 여성은 그녀 자신 안에 있는 주고 싶은 욕구를 원망하지 않는다. 여성은 주고 싶은 욕구가 나타나는 것을 부담으로 해석하지 않는다. 녹색이 봄에 산과 들을 덮듯이, 주고 싶은 욕구는 그녀의 본성(her nature)에 가득 들어 있다. 여성은 이것을 자랑하고 기뻐한다.

여성에게 나쁜 일이 일어나도, 여성의 이타주의는, 여성이 남편과 자녀에게 주는 것(givingness)은 여성이 그녀 자신의 평형(her equilibrum)을 유지하게 하고, 삶의 기쁨(*joie de vivre*)을 잃지 않게 한다. 여성의 이타주의는 삶이 여성에게 요구하는 모든 것을 여성이 아주 잘 견디게 한다. - 삶이 여성에게 요구하는 것은 굉장히 많다. 본능에 기초한 이타주의(instintually based altruism)를 여성이 그녀 자신에게 이용할 수 없을 때에, 또는 이타주의가 바람직한 특성이라는 것을 여성이 부정할 때에, 여성이 삶에서 계속 만나는 작은 불행은 그녀를 무섭게, 분노하게, 무력감을 느끼게, 자기 연민(self-pity) 때문에 어찌할 바를 모르게 한다.

당신이 알면 놀랄 수 있는 또 다른 사실은 그녀가 신앙적(religious)이라는 것이다. 그녀는 공식적으로 그리고 의식적으로 신앙심이 깊은 것은 아니지만, 신앙심이 깊다. 만약 그녀의 남편의 배경이 형식적 종교를 배격하는 배경이면, 그리고 그녀의 남편이 그 자신의 배경을 반영하고 있으면, 그녀는 그의 불가지론(不可知論 agnosticism)에 또는 그의 무신론(無神論 atheism)에 동의하는 말을 할 수 있다. 그러나 그것은 그녀의 신념이 아니다. 표면 아래에 창조주와 천국이 존재한다는 그녀의 확고한 신념이 있다. 지옥에 대한 그녀의 생각은 분명하지 않다.

결혼은 성사(聖事 a sacrament)이고, 영원한 약속(binding forever)이라고 그녀는 확신한다. 그녀는 격려를 또는 지지를 조금 받으면, 이 믿음을 확고히 할 것이고, 또는 교회에 다닐 것이고, 범신론(汎神論 pantheism)을 믿을 것이다. 왜 그녀는 그럴까? 생물학적으로 말하면, 그녀는 불멸의 연결고리, 즉 앞 세대와 뒤 세대를 연결하는 자이다. 이것은 그녀가 우주의 무서운, 창조적인 신비를, 예를 들면, 달이 뜨는 것을, 조류의 변화를, 사물의 성장과 죽음과 재출생(rebirth)을 좋아하게 하고, 감지하게 한다.

여성은 성교하는 동안에 최고조에 거의 항상 도달한다. 여성은 가끔 최고조에 2회 도달한다. 여성과 남편이 특별히 성욕을 느낄 때에, 여성은 최고조에 3회 도달한다. 그러나 최고조에 도달하는 횟수는 중요하지 않다.

중요한 것은 여성이 느끼는 절정감의 종류이다(What *is* important is

the *kind* of orgasm she has.). 중요한 것은 여성이 앞 장(chapter)에 기술한 절정감을 느끼는 것이다. 그 절정감은 질의 깊은 부분에서 시작하여 몸의 전체에 퍼지는 절정감이다. 여성은 이 절정감을 자주 말하지 않는다. 그러나 여성은 절정감을 말할 때에 항상 시적으로(poetically) 말한다. 나는 한 여성이 절정감을 "내가 울지 않고 생각할 수 없는 아름답고 강력한 감각"("a sensation of such beauty and intenity that I can hardly think of it without weeping")이라고 말하는 것을 들었다. "절정감은 몸에 붙은 때가 일소(一掃)되는 것처럼 느낄 때까지 아주 멋있는, 억누를 수 없는 리듬이 올라오는 교향곡 같은 것"("It's like a mounting symphony, rising in tremendous and irresistible rhythms till your whole being feels as though it has been swept away.")이라고 다른 여성은 말하였다. "절정감은 통나무을 타고 Niagara 폭포를 떨어지는 것 같다"("It's like going over Niagara Falls in a barrel")라고 다른 여성은 말하였다. 아무도 절정감을 정확히 말할 수 없다. 그러나 한 여성은 "절정감을 감각한 사람은 감각한 절정감이 진정한 절정감인지를 의심하지 않는다"("Nobody who has ever had it will doubt whether her experience is the real thing")라고 말하였다.

무엇이 여성을 성적으로 특정 짓는가? 여성은 겸손하지 않다. 여성은 자랑을 한다. 여성은 옷을 입었을 때이든 벗었을 때이든, 언어적으로든 비언어적으로든 성적 찬사(sexual compliments)를 남편에게 듣고 싶어한다. 19세기 여성은 침실에서 그녀의 모든 태도에 크게 충격을 받을 수 있다.

여성은 성을 전혀 수줍어하지 않는다. 여성은 남편과 성교를 시작하는 순간을 싫어하지 않는다. 만약 남편이 피곤하다는 것을 또는 남편이 어느 하나에 몰두하기 때문에 다른 것에 관심을 기울일 수 없다는 것을 부인은 발견하면, 부인은 조금도 성을 거부당한다고 느끼지 않고, 그 즉시 사랑의 방향(her amorous direction)을 바꿀 것이지만, 여성은 남편과 성교를 시작하는 순간을 싫어하지 않을 것이다. 결혼은 영원히 지속하는, 하늘이 맺어준 짝(henven-made arrangement)이라고 여성은 표면 아래에서 생각하지만, 모든 경험을 중요하다고 생각할 필요는 없다는 것을 잊지 말아라.

그러나 매우 중요한 다른 것이 있다. 여성은 남편에게서 암시(cue)를 성적으로 얻는다고 나는 말하였다. 여성은 본능적으로 무엇을 안다고 당신은 생각하는가? 여성이 이것을 하고 다른 여성이 하지 않게 하는 것이 무엇이라고 당신은 아는가?

신체적 관점(the purely physical viewpoint)에서 보면, 성교가 이루어질 수 있기 전에 남성이 성교할 수 있는 준비가 되어 있어야 한다는 것을 여성은 안다. 이 사실을 무시하는 책이 많지만, 만약 남성이 발기하지 않으면, 성교는 이루어질 수 없다.

이것을 잠시 생각하라. 여성은 언제나 성교를 할 수 있다. 남성은 성교를 할 수 있는 준비가 되어 있을 때에만 성교를 할 수 있다. 여성에게 심리적으로 좋은 환경은 있지만, 신체적 필수조건(physical prerequisite)은 없다.

그 때문에 (우리가 말하는 깊은 현실감[deeper sense of reality]에 의해) 남편이 성교를 할 준비가 되어 있을 때에, 부인은, 병을 앓거나 임신 중에 일어날 수 있는 특정 고통이 있는 때 이외에, 거의 언제나 성교를 하고 싶어 한다. 그리고 그 때문에, 만약 남편이 성교를 할 준비가 되어 있지 않을 때에, 부인은 항상 성교(love making)를 하지 않으려고 한다. 여성은 깊은 이타주의(her deep altruism)가 있다. 그 때문에 여성은 남편의 기분에 민감하다. 여성은 로보트를 대하듯이 남편을 대하지 않는다. 여성이 남편에게 신호를 보냈고 남편이 여성의 신호에 반응하지 않을 때에, 여성은 분노하지 않고,

거절받았다고 느끼지 않는다.

여성은 남성이 얼마나 정력을 갖고 있는지를, 남성이 부인의 욕구를 만족시킬 수 없다고 느끼면, 얼마나 정서적 상처를 받게 되는지를 안다. 여성은 남편이 여성의 행동을 보고 여성의 상태를 짐작하게 하기보다 서서히 사라진다. 이것은 여성의 이타주의이다.

여성이 남편에게 언제나 불평하지 않고 성교할 수 있는 것은, 여성이 성교할 준비를 언제나 하는 것은, 여성이 고통을 느끼지 않게 한다. 여성은 성교를 100번 하는 중 99번 성적 경험을 부정적으로 하더라도, 성교하고 싶은 열망을 곧 갖게 된다는 것을 안다. 성교하고 싶은 열망이 성교를 100번 하는 중 한 번이라도 일어나 남편이 쾌감을 느끼게 하면, 여성은 남편이 쾌감을 느끼게 한 것 때문에 큰 만족을 느낄 것이다. 이것을 한 단계 더 깊은 이타주의이다.

그러나 여성은 부부가 성교를 할 것인지 아닌지(*whether* they are going to make love)를 남편이 결정하게 하고, 성교의 종류(the *kind* of love)를 남편이 결정하게 한다. 여성은 남편을 기쁜 마음으로 따른다. 남편이 성교하고 싶어하면, 여성도 성교하고 싶어한다. 만약 남편이 사랑을 부드럽게 나타내면, 여성은 남편을 흥분하게 한다. 실험적 성교이면? 여성은 모든 방법을 사용하여 실험적 성교를 한다. 여성은 수동적인가? 여성은 능동적이 된다. 성교 기술이 사랑보다, 파트너의 리드를 따르는 것보다 더 중요하다고 예기(藝妓 geisha)가 믿는 것을 우리는 짧은 시간 안에 발견한다.

여성은 남편에게 매우 호색적 언행(wantonness)을 할지라도, 난교하고 싶은 욕망(promiscuous urges)이 없다. 여성은 다른 남자에게 현실적이다. 여성은 매력 있는 남성에게 매력을 느낀다. 그러나 여성은 다른 남성에게 성적 욕망을 느끼지 않고 다른 남성에게 성적 환상도 하지 않는다. 한 여성은 “저는 다른 남성이 매력적이면 다른 남성을 좋아합니다. 다른 남성의 매력은 나의 남편이 속한 성의 명예입니다.”(“I like other men if they're attractive, their attrativeness does honor to the sex my husband belongs to”)라고 나에게 말하였다.

여성은 자위행위(self-masturbation)에 빠지지 않는다. 여성은 남편이 부재 중에 재미없는, 효과 없는 자위행위를 적어도 한두 번 하고 그 뒤에 자위행위에 빠지지 않는다. 만약 여성이 남편과 함께 하는 성이 아니면, 성은 여성에게 의미 없다.

여성을 신념 때문에 죽는 자(martyr)로, 그녀 자신을 진정으로 보는 것이 없는 사람(a person without any real regard for herself)으로 만듦으로써, 우리의 완전한 이타주의(our paragon's altruism)가 완성될 수 있다고 당신이 생각하지 않게 하기 위해, 나는 그 생각이 무르익기 전에 그 생각을 버려야 한다. 여성은 그녀의 방식에 의해 자기 중심적(self-centered)이다. 첫째로, 여성은 그녀의 신체의 모든 부분을, 모든 해부학적 부분을 만족한다. 여성의 모든 해부학적 부분은 그녀에게 많은 기쁨을 준다. 만약 여성의 문화적 배경에 특정 자연적 기능들을 혐오하게 만드는 영향이 있다면, 여성은 그 영향을 거부하는 그녀 자신을 발견한다. 예를 들면, 나는 환자가 치료 과정에서 새 성숙을 발견함에 따라 월경(menstrual flow)을 말할 때 사용하였던 단어 “저주”(“curse”)를 깊이 숙고하는 것을 발견한다. 숙고(reflection)는 언제나 환자가 그 단어를 사용하지 않게 한다. 맨 마지막에 환자들은 그 단어를 사용하지 않게 된 것을 축복(blessing)이라고 부르는 것 같다.

이 자기애(self-love)는, 여성이 그녀의 신체를 자만하는 것과 사랑하는 것은 그녀의 외모에 반영된다. 여성은 깨끗하고 단정하고 싶어한다. 여성은 옷을 잘 입는 것을 즐긴다. 여성은 그녀 자신을 매력 있게 하는 물건을 잘 안다. 여성은 가장 자신에게 이익이 되게 자신을 만드는 방법을 안다. 그러나 여성은 거울 앞에서 매일 시간을 보내지 않는다. 여성은 너무 자신감이 많다. 여성은 자기를 너무 많이 사랑한다. 그 때문에 여성은 생산이 필요하다고 느낄 수 없다.

여성은 여성이 존재하는 방식과, 여성이 시간이 지나감에 따라 변하는 방식을 수용하고 즐긴다. 이것은 여성의 정신 능력(her mental capacities)이고, 여성의 신체의 속성(her physical attributes)이다. 우리는 이것을 그녀의 신체적 자기(her physical self)를 보는 그녀의 태도에서 가장 분명히 볼 수 있다. 내가 처음에 말한 바와 같이, 여성의 젖가슴이 큰지 작은지를, 여성의 엉덩이가 넓은지 좁은지를, 우리는 모른다. 여성이 무엇을 가졌는지 무엇을 즐기는지를 우리는 오직 안다.

사랑의 축(軸 pibot)은 열정(passion)과 반응(response)이라는 것을, 주물(呪物 fetish)이나 유행(fashion)이 아니라는 것을 여성은 잘 안다. 여성은 갖지 않은 것을 걱정하는 또는 늙는 것을 걱정하는 여인을 가엾게 본다. 만약 여성이 젖가슴이 작으면, 여성은 그 사실을 숨기려고 하지 않을 것이다. 그녀의 남편은 적어도 그녀와 관계를 한 뒤에, 그녀의 기뻐하는 것을 안 뒤에, 곧 청소년 때에 상상하였던, 가졌던, 좋아하였던 편견(predilections)을 버릴 것이다.

그런 여성의 남편은 "저는 대학생 때에 진정으로 아름다운 여인은 머리카락 색이 붉은 여인이라고 확신하였습니다. 저는 무엇이 그런 믿음을 갖게 하였는지를 상상할 수 없습니다."라고 나에게 말하였다. 나는 그의 부인을 잘 안다. 그의 부인은 머리카락이 회색(brunette)이다. 당신과 나는 그녀의 모습(looks)에 조금도 인상받을 수 없다. 그러나 그는 그녀를 잘 안다. 그는 그녀의 진정한 아름다움을 안다. 나는 그녀의 진정한 아름다움을 우연히 안다. 그녀도 그녀의 진정한 아름다움을 우연히 안다.

우리의 아름다운 숙녀(our fair lady)가 그녀의 사람을, 그녀의 다른 속성(그녀가 그녀 자신을 사랑하는 것)을 신뢰하는 것(confidence)과 즐거워하는 것(pleasure)은 성질이 매우 특이하다. 그것은 매우 중요하다. 이 자기애(self-love)는 분리될 수 있다(*detachable*).

우리의 아름다운 숙녀는 그녀의 자녀에게 그녀 자신의 정신을 쉽게 투사(projection)할 수 있다. 우리의 아름다운 숙녀는 자녀가 아름다운, 성취한, 즐거운 것을 그녀가 아름다운 것, 그녀가 성취한 것, 그녀가 즐거운 것으로 본다. 그녀는 남편을 위해 그녀 자신의 정신을 분리할 수 있다. 그녀는 남편의 좋은 성질을 과장할 수 있고, 그녀는 남편의 약점이 가족에게 위험하지 않는 한, 남편의 약점을 최소화할 수 있다.

그녀의 분리할 수 있는 자기애(her detachable self-love)와 아낌없이 주고 싶은 욕구(her need to give unrestrainedly)는 모성 본능(the maternal instinct)의 두 중요한 구성 요소이다. 조심스럽게 말하면, 당신이 감지하였겠지만, 여성은 이 모성 본능이 충분히 있다. 이 모성 본능을 실행하는 것은 여성의 삶의 중심적 중요한 기능이다. 이 모성 본능은 여성이 남편과 성생활을 다채롭게, 깊게, 많이 하게 한다. 그녀가 성교할 때마다 느끼는 무의식적 환상은 남편이 그녀를 임신시킬 수 있다는 것이고, 남편이 모든 잠재적 선물을 줄 수 있는 것에 그녀는 심리학적 생물학적 고마움을 끝없이 느낀다. 임신한다는 환상 때문에 그녀는 직접적으로 흥분할 수 있다.

자녀를 출산하는 것이 어렵기 때문에 나에게 온 많은 환자 안에 있는 성적 본능(the sexual instinct)과 모성 본능(the maternal instinct)의 관계에 나는 특별한 관심을 기울이었다. 그녀들은 그런 두려움을 제거할 수 있었을 때에, 그녀의 성생활에 추가된 새로운 것에 언제나 매료되었다. 그녀들이 그 새로운 것을 말한 것은 자주 시적(poetic)이었고, 신비적(mystical)이었다.

아동기 경험 때문에 자녀를 임신하는 것을 두려워하는, 그 두려움이 부분적 불감증을 일으키는 한 여인이 나에게 그녀의 성적 경험을 말하였다. 그녀는 "저는 맨션의 한 방에 살고 있었고, 지금은 맨션 전체를 사용합니다"라고 말하였다. 임신이 너무 무섭지만 그녀의 애정 생활이 완전하다고 믿은 다른 여인은 성교하는 동안에 일어나는 감정의 변화를 말하였다. "성교는 전에 좋았습니다. 그러나 지금 임신할 수 있다는 생각은 제가 우주와 일치한 느낌을 느끼게 합니다. 이상합니다. 그 느낌을 표현할 말이 거의 없습니다."("Oh, it was fun before, but now the idea that I might become pregnant makes me feel at one with the whole universe. It's strange. There are almost no words to express it.")라고 말하였다.

우리의 이상적 여성(our ideal woman)은 자연을 동일시하는, 성장하고 싹트고 꽃 피는 것을 동일시하는, 임신하고 그 후 오래 삶으로써 자연을 동일시하는, 그런 감정을 느끼면서 삶을 산다. 여성이 자녀를 낳는 것은 진정으로 두려운 것이 아니다. 여성은 자녀를 출산하고 기후에 잘 맞게 만들어진 배처럼 자만심을 느끼며 인생을 항해한다.

여성은 자녀를 모유에 의해 양육하고 싶어한다. 여성은 젖에 종기가 나지 않으면, 또는 어떤 불행한 장애가 일어나지 않으면, 모유에 의해 양육하고 싶어한다. 나는 그것을 증명할 통계가 없지만, 여성의 모유는 풍부하고 좋다고 확신한다.

여성의 직업이 중요하다고 오늘날 굉장히 강조하는 것을 나는 안다. 그러나 우리의 성숙한 여성(our mature woman)이 여성의 직업에 흥분할 수 없을까 봐 나는 두렵다. 성숙한 여성은 현대의 운동(this whole modern movement)에 반대할 것이라고 나는 생각하지 않는다. 성숙한 여성은 직업이 있는 여성, 즉 간호사, 의사, 변호사, 의상 디자이너, 등등 일 수 있다. 그러나 여성은 지금 행복한 결혼 생활을 하면, 곧 자녀를 낳을 것이면, 또는 자녀를 이미 양육하면, 여성이 직업을 갖는 것은 중요하다고 느끼지 않을 수 있다. 만약 여성이 직업을 갖는 것이 가족 복지(family welfare)에 필요하면, 여성은 직업을 계속 가질 것이다. 그러나 여성은 고등학교를 또는 대학을 졸업한 뒤에 직장 생활을 하고 싶은 욕구를, 성 본능과 가정을 만들고 싶은 본능(love-making and home-making instincts)에 희생시키는 것이 필요하면, 직장 생활하고 싶은 욕구를 희생시킨다.

여성은 남편의 활동을 조금도 질투하지 않는다. 내가 일찍이 지적한 바와 같이 여성은 남편보다 더 세련된, 또는 지능 지수가 더 높은, 또는 교육을 더 철저히 받은 사람일 수 있다. 또는 여성은 예술 분야의 재능이 높을 수 있다. 여성은 글을 잘 쓸 수 있다. 여성은 음악, 미술, 조소(彫塑 sculpture)에 소질이 있을 수 있다. 그러나 여성이 가족을 위해 직업을 포기하였다고 불평하는 것을, 또는 남편이 시장에서 매일 모험하는 것을 여성이 질투하는 것을 당신은 듣지 못할 것이다. 여성이 생물학적 운명(her own biological destiny)을 즐기는 것과 만족하는 것은 그녀의 개인적 성취를 나쁘게 하고, 그녀의 에너지를 소모하게 한다.

여성은 나이를 점점 먹고, 가족은 성장하고, 자녀들은 자립한다. 그러면 여성은 일터로 다시 돌아올 수 있다. 그러나 성장한 자녀에 대한 여성의 관심과 손자에 대한 여성의 관심은 여성의 직업에 대한 여성의 관심보다 클 것이다.

여성은 품위 있게 늙는다. 여성의 본능은 여성이 결혼 생활을 성공적으로

하게 하였다. 여성의 본능은 여성이 자녀를 성공적으로 양육하게 하였다. 여성의 본능은 여성이 지금 튼튼한 자리에 있게 한다. 여성은 아직도 주는 것을 좋아한다. 여성은 자녀를 포기할 때를, 자녀가 자립하게 할 때를, 자녀가 자유를 어렵게 사용하는 것을 학습할 때를 지각한다. 자녀가 자립하게 자유를 사용하는 것을 학습하게 여성(어머니)이 하는 것은 여성(어머니)이 자녀에게 큰 희생을 하는 것이다. 그러나 여성은 자녀에게 그 희생을 하는 것을 즐거워한다. 여성은 소란을 피우지 않고 자녀에게 그 희생을 함으로써 자녀의 존중과 사랑을 영원히 받는다.

폐경(閉經 the menopause)은 남편을 성적으로 즐길 수 있는 여성의 능력을 감소시키지 않는다고 나는 말할 수 있다. 사람들의 생각과 반대로, 여성의 절정감은 강도가 감소하지 않고, 종류도 감소하지 않는다. 여성이 나이가 많아지고 자녀가 집에 없는 것은 여성과 남편이 다시 가까워지게 하고, 반려자(great companions)가 되게 한다. 여성과 남편은 늙어가면서 같이 즐길 수 있는 일련의 방법을 학습한다.

여성은 중년기에 들어간다. 여성은 젊었을 때에 하지 않은 일을 괴로워하지 않고, 후회하지 않는다. 여성은 삶을 옳게 살아온 것을 만족한다. 여성은 의식적으로 종교를 믿든 믿지 않든, 불멸을 믿는 자(a believer in immortality)이다. 왜냐하면 여성은 평생 동안 불멸에 이바지 하였기 때문이다. 여성은 여성이 삶을 기적(marvel)처럼 살게 한 창조주가 무엇과 같은지를 가까이 보면서, 죽음을 두려워하지 않는 것처럼 보인다.

이것은 진정한 여성의 이상화 그림(the idealized picture of the truly feminine woman)이다. 진정한 여성이 도달한 성숙의 수준은 너무 높기 때문에 모든 여성이 진정한 여성이 도달한 성숙의 수준을 도달할 수 없다는 것을 나는 인정한다. 그렇지만, 나는 여성이 성숙하여야 하는 매우 구체적인 이유를 당신에게 제시하였다.

많은 여성은 오직 이 이상을 추종함으로써, 그녀 자신의 불감증을 처리할 수 있기 전에 즉시 보상(rewards)받는 것을 나는 보았다. 불감증을 동반한 특성과 신경증적 목표는 여성이 새 시야(視野 horizons)를 보기 시작할 때에 크게 감소될 수 있는 분명한 - 여성이 타인을 비난할 필요가 없는 가정불화(domestic frictions)를 자주 일으킨다. 여성의 남편은 여성의 변화 때문에, 여성의 애정이 증가한 것 때문에, 여성이 새로운 걱정을 하는 것 때문에 여성에게 즉시 보상을 할 것이다.

우리의 이상화된 상(our idealized portrait)은 당신이 이 책의 나머지 부분을 철저히 이해할 수 있게 도울 수 있다. 우리는 목표(goal)가 분명하게 될 때에 어려움이 극복되었다는 것을 정신의학은 발견하였다. 우리가 불감증에 관한 장(chapters), 불감증의 역사, 불감증을 앓는 이유, 불감증의 종류, 불감증의 원인, 불감증의 치료에 관한 장(chapters)에 왔다. 당신은 여성의 잠재 능력(the potentialities of women)이 무엇인지를, 우리의 성이 진정한 여성성(real femininity)으로부터 얼마나 벗어날 수 있는지를 보여주는 이정표(landmark)를, 당신이 혼란을 느끼지 않게 하는, 진정한 여성성(real womanhood)을 구성한 것에 관한 틀린 파괴적 관념(false and destructive ideas)에 다시 동의하지 않게 하는 지침(guide)을 갖게 될 것이다.

제2부 | 불감증의 심리학

제4장

불감증은 무엇인가?

우리는 여성의 진정한 잠재 능력(the real potential of woman)을 보았다. 여성은 사랑이 충만한 기후에서 어떻게 꽃을 피울 수 있는가를, 여성이 그녀의 진정한 운명(her true destiny)을 받아들일 때에 무엇처럼 될 수 있는가를 우리는 보았다. 우리는 불감증(frigidity)을 넓은 시야에서 볼 수 있다. 제2부는 불감증은 무엇인가, 왜 불감증이 여성에게서 발생할 수 있는가, 왜 불감증이 여성의 능력을 말라 죽게 하는가, 왜 불감증이 여성의 인격을 발달하지 못하게 하는가, 왜 여성이 진심으로 사랑할 수 있는 능력을 얼어 죽게 하는가를 다룬다. 여성은 그런 문제의 분명한 그림을 얻을 때에 진정으로 성숙한 여성(real womanhood)이 되는 대로(大路 highroad)를 갈 수 있다.

우리가 가장 일반적 의미의 "불감증"("frigidity")을 말하면, 불감증은 성교(sexual love)를 충분히 즐길 수 없는 것을 의미한다. 이것은, 간결하게 말하면, 제2장에서 기술한 유형의 절정감(an orgasm)을 느낄 수 없는 것을 의미한다. 그러나 문제는 절정감을 느낄 수 없는 것보다 더 복잡하다. 불감증의 정도는 여러 가지이다. 나는 불감증이 무엇을 의미하는지를 이해하는 것이 매우 중요하다고 생각한다.

나는 이 관념을 수개월 전에 나에게 온 여성의 증상을 기술하는 것으로써 분명히 할 수 있다. 그 여성은 완전한 성적 불감증(total sexual frigidity)의 본보기이었다.

첫 면담시간에 그녀는 성적 반응을 전혀 느끼지 못한다고 말하였다. 그녀는 남편의 애무(caresses)에 전혀 반응하지 않았다. 그녀의 음핵(clitoris), 질(vagina), 음순(陰脣 labia)은 성적 반응(the slightest sexual response)을 할 수 없었다. 그녀는 키스나 신체 접촉의 자극을 받지 않았다(no stimulation from kissing or physical closeness). 그녀의 젖가슴과 이차적 성감대(secondary erotic regions)는 관능적 반응(sensual response)을 전혀 하지 않았다. 그녀의 질관(膣管 vaginal passage)은 성교 전에 또는 성교 중에 전혀 미끄럽게 되지 않았다. 성교는 그녀에게 매우 고통스러운 것이었다. 유능한 부인과 의사(a gynecologist)가 그녀를 검사하였다. 그 부인과 의사는 그녀의 고통을 설명할 수 있는 신체적 조건을 찾지 못하였다. 그녀의 외부 생식기는 잘 발달하였다. 그녀의 생식기관은 - 질관(膣管 vagina tract), 자궁경관(子宮頸管 cervix uterus), 자궁, 나팔관(tubes), 난소(卵巢 ovaries)는 정상적으로 발달하였고, 병리(pathology)를 보이지 않았다.

이 여성의 성적 무반응(sexual unresponsiveness)은 완전히 심리적(entirely psychological)이었다. 그녀가 불감증의 정도를 나타내는 척도에 나타낸 수치는 절대 0이었다. (이것은 그녀가 진정한 불감증이 아닌 것을 의미한다. 그녀는 그녀의 문제의 정도에 비해 비교적 짧은 시간 안에 치료의 호전을 보였다. 그녀의 예후[豫候 prognosis]는 좋다.)

이 불감증 척도의 반대 쪽 끝(the opposite end of this frigidity scale)

에는 성적 성숙 직전에 있는 그러나 성적 성숙(sexual maturity) 쪽으로 한 발짝을 넘지 못하는 여성이 있다. 그녀는 성교할 때에 정상적 성교에서 발생하는 것으로 내가 기술한 모든 반응을 하지만 그러나 그녀는 절정감(orgasm)을 느낄 수 없거나 거의 느낄 수 없다. - 그녀는 성교를 10회 또는 20회 하는 중 절정감을 1회 느낀다. - 이것은 일반적으로 불만족스런 성교이다. 그녀의 성적 문제는 비교적 해결되기 쉬운 문제라는 것을 당신은 알고 싶을 것이다. 이 불감증은 여성이 자녀를 출산한 뒤에 완전히 사라질 수 있다. 여성이 현명한 상담사와 단 1회 대화함으로써, 또는 여성이 그녀의 문제의 성질을 생각함으로써 또는 학습함으로써, 최소의 통찰적 이해를 함으로써, 여성이 성의 성질, 결혼, 남자, 사랑에 관한 오해를 없앰으로써, 여성의 불감증이 사라진 것을 나는 보았다.

이 두 유형 사이에 성적 불감증의 모든 정도(all degrees of sexual frigidity)가 있다. 여성의 문제가 심각한 것은 또는 여성의 문제가 없는 것은 여성이 남편의 애무에 반응하는 정도(degrees)와 여성이 성교할 때에 만족감을 얻는 빈도(frequency)에 의해 계산될 수 있다. 절정감은 불감증의 정도를 평가할 때에 중요하다. 절정감은 순전히 주관적 문제(a subjective matter)이다. 절정감은 물론 개인별로만 판단될 수 있다. 만약 절정감이 약하고, 불만족감이 만성적으로 남아 있으면, 특정 정도의 불감증은 현존한다.

불감증의 정도(the *degrees* of frigidity)를 이해하는 것이 중요하다. 그리고 불감증의 유형(a *type* of frigidity)을 이해하는 것도 중요하다. 우리는 이런 종류의 불감증으로 고통을 받는 여성을 “음핵적” 또는 “남성적” 유형의 불감증 환자라고 부른다(We call a woman suffering from this from of frigidity a “clitoridal” or “masculine” type). 나는 여성의 문제를 분명히 하기 위해 여성의 전형적 성적 반응(her typical sexual reaction)을 기술하여야 하겠다.

성적 자극에 이 여성이 반응하는 것은 일반적으로 매우 열정적이다. 이 여성은 성교의 전희(前戲 foreplay)와 성교의 첫 부분에서 정상적 반응을 한다. 그러나 이 유형의 여성은 여성이 느끼는 절정감의 종류에 의해 언제나 확인될 수 있다.

이 절정감은 그녀의 음핵(her clitoris)에서만 발생한다. 그녀는 그녀의 질(her vagina)에서 절정감을 느끼지 않는다. 그녀는 절정감이 질에서 몸 전체로 강력하게 퍼지는 것을 느끼지 않는다. 그녀의 관능적 경험(官能的 經驗 the sensual experience)은 음핵에 주로 국한된다. 그녀는 절정감의 성숙한 형태(the mature form of orgasm)를 경험하지 못하였기 때문에 그녀의 절정감을 정상적 절정감이라고 방어할 수 있다. 그녀의 절정감은 정상적 절정감이 아니다. 치료는 성교에서 이 제한적 반응을 한, 많은 여성을 도왔다. 여성은 진정한 절정감을 경험하고 근본적 쾌락을 경험하면, 예전에 박탈당한 것을 아주 자유롭게 인정할 것이다.

음핵에서 절정감을 느끼는 여성(the clitoridal woman)은 그녀의 전형적 절정감(typical orgasm)을 두 가지 방식으로 경험하려고 한다. 여성은 성교할 때에 그녀의 음핵을 남편의 음경(陰莖 penis)에 직접적 접촉을 하게 하려고 노력한다. 여성은 그렇게 함으로써 최고조에 도달하기 위해 필요한 자극을 얻으려고 한다. 그러나 대부분의 여성은 이 방식으로 만족할 수 없다. 성교는 그녀의 성감(sexual feelings)을, 음핵적 느낌(clitoral feelings)을 느끼지 못하게 하는 것 같다. 그녀는 질 안에 들어온 음경을 위험한 적개적인 물건처럼 느낀다. 그런 여성은 자위행위(masturbating)에 의해 음핵적 최고조(clitoridal climax)에 도달할 수 있고, 남편이 성교하기 전이나 성교한 뒤에 여성을 음핵적 최고조(clitoridal climax)에 도달하게 할 수 있다.

음핵에서 절정감을 느끼는 여성(the clitoridal woman)은 - 음핵에서 오직 절정감을 느끼는 여성(the woman who experiences orgasm on her clitoris only)은 - 어떤 한 종류의 불감증 때문에 분명히 고통을 받는다. 정말로, 이 종류의 불감증은 지극히 널리 흩어져 있다. 우리는 이 종류의 불감증에 많은 지면을 할애하겠다. 우리는 문제의 근원(the origin of the difficulty)과 치료 방법(the indications for treatment)을 말하겠다.

성적 불감증의 음핵적 유형을 지칭하는 이름(a name for the clitoridal type of sexual frigidity)이 있다. 우리는 성적 불감증의 음핵적 유형을 분명히 하기 위해 이름을 부여한다. 그 성적 불감증의 음핵적 유형은 생식기의 전체 영역이 둔감하다. 이 종류의 불감증은 교과서에서 성적 무감각이라고 쓰여 있다(This form of frigidity is called sexual anesthesia in textbooks). 나는 이 종류의 불감증을 지칭하는 단어로 "무감각"(無感覺 "anesthesia")을 사용하겠다. 무감각은, 감각이 없는 것(the absence, or relative absence, of sensation)을 의미한다.

내가 붙이고 싶은 이름을 우리는 불감증에 붙이었다. 나는 불감증의 문제가 불감증에 관한 서술만큼 복잡하지 않기를 바란다. 가능한 인생의 쾌락을 즐기지 못하는 많은 여성의 문제가 있다(Now that we have named names I should like to say that I wish the problem of frigidity were as uncomplicated as this description makes it sound. If it were we'd simply have the problem of a large number of women who weren't getting all the pleasure out of life that is possible. But there is far more to it than that).

불감증은 여성에게 나쁜 심리적 영향(a profound psychological repercussion)을 미친다. 여성이 인생을 즐길 수 없는 근원은 여성의 아동기 또는 청소년기에 있으며, 그 근원은 여성이 지금 기억하지 못하는, 어렸을 때에 두려워한 것과 오해한 것에 있다. 여성이 어렸을 때에 경험한 것들 주변에, 여성의 삶을 어렵게 만드는 일련의 인격 특징이, 여성에게 가까운 사람 - 남편과 자녀 - 에게 자주 견딜 수 없는 고통을 주는 일련의 인격 특징이 밀집되어 있다.

직접적으로 말하면, 불감증은 일반적으로 신경증의 산물이다. 불감증을 앓는 여성의 신경증적 행동은 불감증의 정도와 정비례한다. 여성이 불감증을 심하게 앓을수록, 여성의 행동은 신경증적이 되고, 여성 자신과 가족에게 나쁜 영향을 미친다.

불감증의 문제는 개인과 사회에 심각한 나쁜 심리학적 영향(a profound psychological repercussion)을 미친다. 불감증을 앓는 여성의 신경증적 심리적 특징(neurotic psychological traits)은 불감증을 앓는 여성이 불행한 결혼 생활을 하게 함으로써, 이혼을 하게 함으로써, 자녀에게 부적응하게 함으로써, 우리의 결혼 제도(marital institution)를 파괴하고 있다.

여성들은 성적으로 불감증이라는 사실을 일반적으로 직면할 것이다. 여성들은 불감증을 앓는 사실을 일반적으로 대면하여야 한다. 여성들은 불감증에 관한 지식을 강요받을 것이다. 그러나 여성들은 그녀의 분명한 성적 문제(sexual difficulties)와 직접적 관련이 있는 인격 문제(personality difficulties)가 그녀 자신에게 있다는 사실을 거의 대면하지 않을 것이다.

나는 당신에게 실례를 들어 설명하겠다.

작년에 매우 지적인 여성(a very intelligent woman)이 나에게 왔다. 그 여성은 유명한 대학교에서 역사를 가르치는 부교수였다. 그 여성의 유일한 호소는 그녀가 성교하는 동안에 절정감을 느낄 수 없는 것이었다. 그녀는 첫 면담에서 그녀의 문제인 성적 부분을 솔직히 말하였다. 그녀는 그녀의 반응에 관해 모두 말하였다. 그녀는 성적 반응을 하지 않았고 심한 성적 무감각(severe sexual anesthesia)을 앓는 여성이었다. 그녀는 음핵(clitoris)이 또는 질(vagina)이 무감각하였다. 그녀는 음순(labia)에서 희미한 쾌감(vaguely pleasant sensations)을 느낄 뿐이었다. 그녀는 절정감에 가까이 간 경험이 없다.

실제로, 그녀는 대단히 우수한 여성이었다. 그러나 그녀는 이 생활 영역에서 크게 당황하였다. 그녀는 "만약 제가 이 우수꽝스런 작은 장애(silly little block)를 통과할 수 있다면, 우리의 결혼 생활은 이상적이 될 것입니다."라고 말하였다. 나는 그녀에게서 더 진정한 사실을 들을 수 없었다. 그녀와 남편은 "관심을 공유한 공동체"("a whole community of shared interests")이고 "매우 정상적인" 자녀("wonderfully normal" children)가 있다고 말하였다. 나는 그녀의 남편을 만나겠다고 말하였다.

나는 그녀의 남편에게서 진정한 이야기를 들었다. 남편은 부인과의 결혼 생활을 오래 전부터 크게 걱정하였다고 말하였다.

그녀는 항상 심하게 경쟁적이었고, 그가 4년 전에 부교수에서 정교수로 승진하였을 때부터 그녀의 경쟁심은 그가 견딜 수 없게 되었다고 그는 말하였다. 그는 나에게 "저는 저의 입으로 더 이상 말할 수 없습니다. 왜냐하면 저는 저의 집 사람이 저의 말을 반박할 것을 알기 때문입니다."라고 말하였다. 그들은 언쟁을 심하게 자주 하였다. 그들의 큰 자녀는 분명히 신경증적 전조를 보이고 있었다. 나는 그녀가 임신하고 있는 동안에 그녀의 반응을 탐색하였다. 그녀는 항상 신체적으로 아팠다고 그는 나에게 말하였다. 그녀는 임신하고 있는 동안에 항상 신체적으로 아팠다는 것을 인정하지 않지만, 임신과 분만을 크게 두려워하였다. 그녀는 둘째 자녀를 출산한 뒤에 2개월 동안 심하게 우울하였다. 그들은 결혼 초 2년 동안 공동의 관심사가 있었지만 그녀가 그와 경쟁을 분명히 심하게 하였기 때문에 그는 그의 입장에서 그녀와 상호 관계를 할 수 없었다.

그런 문제를 많이 아는 정신과 의사는 여성이 그녀의 성적 문제에 관해 말하는 것을 듣고, 내가 그녀의 남편을 만나 학습한 것을 알았을 것이다. 왜냐하면, 내가 지적한 바와 같이, 여성이 고백할 수 있는 불감증의 종류와 정도는 그녀가 앓는 인격 장애(personality distortion)의 종류와 정도를 공개적으로 말하는 것이기 때문이다.

우리가 짐작할 수 있는 바와 같이 이 여자 환자는 치료하기 쉽지 않다. 그녀는 그녀의 두려움의 존재를 부정함으로써 그녀의 두려움을 처리하는 강력한 성향을 발달시켰다. 그러나 그녀는 이 자기를 기만하는 특성(self-deceiving trait)을 마침내 볼 수 있게 되었고, 그때에 그녀는 그녀의 문제를 파악할 수 있게 되었다. 그녀는 그녀의 남편과 결혼 생활을 하지 않고 그녀의 남편과 10년 동안 경쟁하였다는 것을 알 수 있었다. 그녀는 이것을 알았을 때에 그녀의 경쟁하는 행동을 통제할 수 있었다. 그녀는 그녀의 남편에게서 새로워진 감정과 친구의 형태(in the form of renewed affection and companionship)로 즉각적 보상을 받았다. 그 보상은 그녀가 그녀 자신에 관해 더 많이 알려는 동기를 일으켰다. 마침내 지성적이지만 심하게 불안전한 이 사람은 이해와 통찰로써 애정 관계의 모든 면에서 주고받을 수 있게 되었다.

불감증은 인격장애(a personality distortion)를 일으킨다. 당신이 이것을 명심하기를 나는 바란다. 사람은 현실을 오해하고, 부정하고, 그 자신의 불행(miseries)과 실패(failures)를 타인에게 전가한다.

심한 불감증을 극복한 한 여성은 “저는 삐뚤어진 안경(distorting glass)을 쓰고 삶과 사람들을 보고 있었습니다. 제가 틀린 판단을 한 것은 당연합니다.”라고 말하였다. 그녀는 옳았다. 그녀의 문제 때문에 그녀는 처음에 난교(亂交 promiscuity)를 하였고, 그 다음에 알코올 중독자와 결혼하였다. 그녀가 처음 치료를 받으러 왔을 때에 그녀는 자녀가 없었다. 나는 매우 기뻤다. 왜냐하면 그녀는 그녀의 깊이 자리잡은, 성에 기초한 인격 문제 때문에 자녀를 파멸시켰을 수 있었기 때문이다. 나는 그녀가 어떤 좋은 남자와 재혼하였고 두 자녀를 양육한다는 것을 알고 기뻤다.

우리는 불감증을 동반하는 인격 문제(personality problems)를 뒤에서 자세히 검토할 것이다. 그러나 나는 여기에서 살펴 볼 직접적 증상이 많이 있다.

당신은 절정감을 느끼게 되는 성교에 관한 기술을 회상할 것이다. 절정감을 느끼게 되는 성교를 우리가 할 때에 우리의 몸은 전체가 철저히 동원되는, 심장 박동(heartbeat), 맥박(pulse), 혈압(blood pressure)이 갑자기 올라가는 것을, 조직이 충혈되는 것을, 내분비선이 많이 분비되는 것을, 만약 성적 본능이 표현되지 않으면, 견딜 수 없을 정도로 근육이 긴장되는 것을 당신은 회상할 것이다. 우리는 완전한 만족을 하면, 모든 이 과정은 끝이 난다. 정상적 통로를 통해 정상적 방식으로 방출된 에너지는 사람이 긴장을 이완한 상태에 있게 하고, 행복감(a sensation of well-being)을 느끼게 한다.

여성은 절정감을 느끼지 못할 때에, 강렬하게 동원된 에너지가 방출되지 못할 때에, 여성은 신체적으로 심리적으로 나쁜 영향을 받는다.

강렬한 에너지를 느낀 여성(the woman who has been brought to such a pitch)은 급성 욕구좌절(a feeling of acute frustration)을 느낀다. 그 급성 욕구좌절 때문에 여성은 그녀 자신과 파트너에게 분노한다. 만약 그 분노가 무의식적이면, 여성은 신체적 증상을 - 두통(headache)을, 또는 구역질(nausea)을, 또는 인후 수축(throat constrictions)을, 또는 심장 심계항진(heart palpitations)을, 또는 호흡곤란(difficulty with breathing)을 느낄 수 있다. 여성은 울음을 터뜨릴 수 있고, 구토할 수 있고, 전신에 경련이 일어날 수 있다.

여성은 욕구좌절할 때에 무의식적으로 느끼는 분노 때문에 남편과 싸울 수 있고, 또는 분노를 자녀에게 터뜨릴 수 있다.

여성은 이 증상과 욕구좌절된 성적 경험의 관계를 일반적으로 보지 않는다고 나는 강조하고 싶다. 그녀가 욕구좌절할 때에 일어난 분노를 의식하지 않을 때에, 그녀는 일반적으로 그녀가 만족하지 못한 것의 책임을 남편에게 지우고, 남편을 비난한다. 내가 지적한 바와 같이, 남편은 여성이 성적 만족을 하지 못하는 것의 책임이 거의 없다.

여성은, 억압된 분노와 관계가 없는 순수한 신체적 증상을, 절정감에 의해 방출되지 않은 성적 흥분을 한 바로 뒤에, 느낄 수 있다. 이 증상은 신체적이고, 이 증상의 기원은 아마 방출되지 않은 신경근육 에너지와 내분비선 에너지(neuromuscular and glandular energy)에 있을 것이다. 그런 증상들은 낮은 배부통(背部痛 low back pain), 일반적 불안(general restlessness), 자주 일어나는 급성 불면증(acute insomnia)이다. 나의 환자들 중 다수는 여러 시간 동안 지속한 심한 질통(膣痛 vaginal pains)을 호소하였다. 부인과 의사(gynecologists)는 복부경련(腹部痙攣 abdominal cramps)이 자궁수축(contractions of the uterus) 때문에 자주 일어난다고 보고하였다.

당신이 증상에 관한 이 자세한 설명과 인격장애에 관한 나의 예비적 설명에서 알 수 있는 바와 같이, 여성들은 그들의 불감증에 값비싼 대가를 지불할 수 있다. 만약 불감증을 앓는 조건이 비교적 희귀하면, 우리는 그 사실(*that* fact)에서 위안을 얻을 수 있다.

그러나 불감증은 희귀하지 않다. 불감증은 가장 흔한, 가장 심한 만성병의 하나이다. 미국 여성의 40%는 성적 불감증 때문에 고통을 받는다. 공중보건이나 우리 시대의 사회적 문제도 불감증만큼 심각하지 않다.

나는 불감증의 정도와 심리적 결과를 말하였고 불감증의 기본 유형을 서술하였다. 그러나 불감증의 다른 두 유형이 있다. 이 두 유형에 특정 혼란스런 요소가 있기 때문에 나는 지금까지 설명을 하지 않았다. 이 두 유형은 내가 지금까지 설명한 불감증의 정반대이다.

첫째 유형의 여성은 성교할 때마다 실제로 완전한 절정감을 느낄 수 있다. 우리가 인격과 성의 밀접한 관계를 생각하면, 이것은 실제로 놀라운 사실이다. 실제로 우리는 이 유형의 성적 반응과 제3장에서 기술한 완전히 정상적인 여성의 성적 반응을 구별할 수 없다.

그러나 이 종류의 여성은 어느 남성과도 관계를 맺을 수 없다. 왜냐하면 이 종류의 여성은 일반적으로 문란하게 난교를 하게 되기 때문이다. 그녀의 성(her sexuality)과 애정 관계를 맺을 수 있는 그녀의 능력(her ability to relate psychologically in a love relationship)의 사이를 연결한 쐐기(wedge)가 그녀의 안에 있다. 그녀의 성(sexuality)은 분명히 성숙하였고, 그녀의 성격(character)은 유아적 상태이다. 우리는 이것을 정신적 불감증(psychic frigidity)이라고 부른다.

이 유형의 여성은 음난증을 앓는 여성(淫難症 女性 nymphomanic woman)과 구별될 수 없다. 음난증을 앓는 여성은 일반적으로 정신이 심하게 이상하다. 그 이유 때문에 음난증을 앓는 여성은 이 책에 수록되지 않았다. 정신적 불감증을 앓는 여성은 외도를 할 때마다 한 사람과 한다. 그녀의 신경증은 일반적으로 어린 아동기에 성적 유혹(sexual seduction)을 받은 것에 기초한다.

불감증을 앓는 여성의 둘째 유형은 정신적 불감증을 앓는 여성의 거의 정반대이다. 나는 그 여성을 어머니처럼 행동하는 여성형(the all-mother type)이라고 부른다. 어머니처럼 행동하는 여성은 분명히 특별한 여성이다. 첫째로, 어머니처럼 행동하는 여성은 성적으로 불감증이다. 그녀는 성애적 반응(erotic reaction)을 전혀 하지 않는다. 그녀는 성이 무감각하다(anesthetic).

심리학적으로 말하면, 어머니처럼 행동하는 여성은 완전한 여성상(the perfect picture of normalcy)을 보인다. 어머니처럼 행동하는 여성은 결혼 생활을 행복하게 한다. 그녀는 타인에게 주는 이타적인 사람(a giving and altruistic person)이고, 남편에게 충성하고 헌신한다. 그녀는 훌륭한 어머니이고, 그녀의 자녀들에게 그녀의 최고의 것을 주고 싶어하고, 줄 수 있다. 그녀의 남편은 결혼 생활이 일반적으로 행복하다. 우리는 확실히 말할 수 있는 충분한 자료가 없지만 어머니처럼 행동하는 여성의 배우자는 가족을 잘 부양하는 자이고, 건실하지만, 성이 약(low-pitched sexual nature)한지, 정상적인 남성의 허영심이 있는 창고(low storehouse of normal male vanity)인지를 의심한다. 여성은 배우자를 처음 사랑할 때에 배우자의 특성을 무의식적으로 알았을 것이다.

어머니처럼 행동하는 여성(the all-mother type of woman)이 어쨌든 그녀 자신을 변화시키려고 하여야 하는 이유는 없는 것 같다. 불감증은 여성에게 해로운 영향을 미치기 때문에, 그녀 주변 사람들에게 해로운 영향을 미치기 때문에 해결되어야 한다는 사실을 나는 다시 강조한다. 불감증은 여성에게 급성 불행감(acute misery)을 느끼게 한다. 불감증은 자녀에게 인격 손상을 일으킨다. 불감증은 여성의 결혼 생활을 파괴하는 경향이 있다. 어머니처럼 행동하는 유형의 불감증(the all-mother type of frigidity)은 여성에게 급성 불행을, 자녀에게 인격 손상을 일으키지 않는다. 어머니처럼 행동하는 유형의 불감증은 여성의 결혼 생활을 파괴하지 않는다. 여성이 그녀 자신을 변화시켜야 하는 이유를 모르면, 나는 그 이유를 모른다. 그러나 사실은 모호할 수 있다. 왜냐하면, 이 유형의 여성은 사실을 모르고 자녀를 과보호하는 경향이 있고, 또는 자녀가 완전히 성장하였을 때에 부모의 집을 떠나는 것을 어려워하는 경향이 있다. 이 유형의 여성은 그녀의 문제가 감추어진 성질의 모호한 결과가 될 수 있는지 아닌지를 마지막 결정을 하기 전에 이 문제를 세밀히 철저히 생각하여야 한다.

불감증의 성질에 관한 기본적 사실이 몇 개 있다. 그 몇몇 기본적 사실의 의미를 우리 생각하자.

제5장

남성과 여성의 투쟁

우리가 정상적 여성과 불감증을 앓는 여성을 대비할 때에 특정 질문이 동시에 떠오른다. 예를 들면, 왜 어떤 여성이 불감증을 앓게 되는가?(Why *do* certain women always become frigid?) 수백만의 여성이 불감증을 앓는가? 또는 불감증을 앓는 것이 오직 우리 시대의 문제인가? 불감증을 앓지 않는 것이 즐거운 것이면, 왜 어떤 여성은 불감증을 앓지 않는 방법을 알지만, 불감증을 앓는가?

당신은 이 질문들의 일부에 또는 전부에 답을 하기 위해 역사(a little history)를 알아야 한다. 왜냐하면, 불감증을 앓는 모든 사례는 개인의 심리적 문제를 상징하지만, 사회학적으로 말하면, 불감증은 지난 200년 동안 여성을 파괴한 특정 사건에 의해 발생하였다는 것을 우리는 발견하였기 때문이다. 지난 200년 동안 여성을 파괴한 특정 사건을 당신이 만약 이해하면, 당신은 여성을 괴롭힌 문제 전체의 그림을, 즉 여성이 그녀 자신의 방향을, 그녀 자신의 감각을 어떻게 잃었는지를 알기 시작할 것이고, 여성이 잃은 그녀 자신의 방향을, 그녀 자신의 감각을 다시 찾기 위해 무엇을 하여야 하는지를 알기 시작할 것이다.

내가 당신에게 말하려고 하는 역사는 투쟁의 역사, 쓰라린, 파괴적인 전쟁의 역사(history of war, a bitter and destructive war)이다. 이 투쟁의 역사는 "남성과 여성의 투쟁"("The War between Man and Women")이라고 자주 불린다. 굉장히 많은 남성과 여성은 지금도 투쟁한다. - 남성과 여성의 투쟁은 지금도 진행 중이다.

남성과 여성의 투쟁은 18세기 말에 시작하였다. 남성과 여성의 투쟁을 시작하게 한 사건은 남성과 여성의 투쟁과 관계가 없는 사건이었다. 남성과 여성의 투쟁을 시작하게 한 사건은 Watt가 증기 기관을 발견한 것이었다. - Watt가 증기 기관을 발견한 것은 현대로 진입을 하게 한 커다란 발견이었다. 지금은 힘을 만드는 시대에 뒤떨어진 수단이 중요하다는 것을 믿기 어려운 것 같다. 그러나 힘을 만드는 시대에 뒤떨어진 수단이 중요하였다. Watt가 증기 기관을 발견한 것은 산업혁명을 시작하게 하였다. 산업혁명은 사회의 전체 구조를 변화시킬 수 있었다. 산업혁명은 우리의 생활방식과 물건을 생산하는 방식을 변화시킬 수 있었다. 산업혁명은 우리의 생활 장소와 생활 기준을, 우리의 도덕을, 종교를, 예술을 변화시킬 수 있었다. 어쨌든, 당신은 산업혁명(the Industrial Revolution)이 위에 있는 것을 아래에 있게, 안에 있는 것을 밖에 있게 한 것을 알게 될 것이다.

가장 비극적으로, 산업혁명이 가정을 바꾸었다. 더 정확히 말하면, 산업혁명이 가정을 황량하게 만들었다는 것이, 그때까지 가정이라고 알려진 그런 가정을 파괴하였다는 것이 더 정확하다.

산업혁명 이전에 가정이 무엇과 같았는지를 내가 당신에게 말하겠다. 왜냐하면 당신이 산업혁명 이전에 가정이 무엇과 같았는지를 알 때에, 당신은 옛 방식의 가정이 존재를 끝내었을 때에 여성에게 일어난 커다란 비극의 개요를 알기 시작할 것이기 때문이다.

그 시대에 우리의 사회는 거의 모두가 농촌이었고, 농경 사회이었다. 다른 말로 말하면, 모든 가정은 농원(farm)이었다. 물론 도시가 있었고, 공장이 있었다. 그러나 그 공장은 가족(individual families)이 운영하는 가내 공장(home industries)이었다.

가정은 모든 생활의 중심이었다. 가정은 거의 예외 없이 경제적 생활, 사회적 생활, 교육적 생활의 중심이었다. 모든 것은 가정에서 생산되었다. 모든 식량은 가정에서 재배되었다. 의복은 가정에서 짠 천으로 만들어졌다. 농촌에는 물건을 구입할 수 있는 상점이 없었다. 구두를 만드는 가죽은 우리가 기른 동물의 수피(獸皮)이었다. 구두는 가정에서 만들어졌다. 사람은 그가 사용할 연장을 만들었다. 사람은 대장장이이었고, 목수이었고, 건축하는 사람이었다. 사람은 그가 살 집을 지었고, 수리하였다.

이 초기의 가정에서 여성이 차지한 위치는 의문의 여지가 없는 가정의 중심이었다. 여성은 남성과 함께 가정의 다양한 의무를, 책임을 지는, 즐거움을, 희망을, 두려움을 느끼는 반려자이었다. 여성의 일은 중노동이었다. 여성은 남편이 재배한 양식을 요리하였다. 여성은 옷감을 짰고, 가족을 위해 옷을 만들었다. 여성은 아침부터 밤까지 청소하고, 빨래하고, 다리미질을 하였다.

자녀들은 충분히 성장하면, 여성의 일을 도왔다. 여성은 자녀의 교육을 책임졌다. (공립학교가 없던 때에) 여성이 자녀를 교육하는 것은 여성이 아는 읽기, 쓰기, 산수(reading, writing, arithmetic)를 자녀에게 가르치는 것이었고, 여성이 아는 다양한 예술을, 공예를, 가정을 운영하는 기법을 자녀에게 가르치는 것이었다.

여성이 이 모든 노력을 하고 받은 보상(reward)은 여성이 그녀의 남편과 가족 전체에게 필요한 존재인 것, 사랑을 받은 것, 최고의 존중을 받은 것이었다. 만약 여성이 그녀의 의무를 하지 못하면, 또는 사망하면, 그 사건은 가족에게 슬픈 또는 불편한 사건이었다. 그 사건은 재앙(災殃 disaster)이었다. 왜냐하면 여성의 활동과 남성의 활동은 다르지만 똑같이 중요하였기 때문이다.

여성의 성생활에 관한 철저한 조사를 하는 사회과학자는 물론 없었다. 우리는 여성에 관한 정보를 간접적으로 수집하여 여성을 오직 알 수 있었다. 우리는 여성에 관한 정보를 얻을 수 있는 모든 곳에서 여성에 관한 정보의 조각들을 수집함으로써 여성을 오직 알 수 있었다. 우리가 수집할 수 있는 정보에서 보면, 불감증의 개념은 여성에게 알려져 있지 않았다. 사랑, 가정, 노동에서 여성은 근본적 만족을 얻었다. 여성은 근본적으로 필요하였다. 여성은 이 필요에 반응하도록 양육되었다. 여성은 여성의 가치나 여성의 능력을 의심하지 않았다.

여성의 책임과 여성의 의무는 하나씩 천천히 그러나 확실히 여성에게서 사라졌다. 여성과 남편의 긴밀한, 동등한 관계는 파괴되었다. 여성이 자녀에게 중요한 정도는 슬프게도 감소하였다.

Watt의 증기전동장치에 의해 가능하게 된 새 기계는 사람이 손으로 하던 모든 일을 넘겨받기 시작하였다. 새 철마(鐵馬 Iron Horse)에 의한 교통수단은 발달하였다. 거리가 먼 두 지역 사이에 교역이 가능하게 되었다. 남성은 집단이나 지역사회의 수요를 공급할 수 있는지를 상상하였던 것보다 더 많은 돈을 벌 수 있었다.

오늘날 우리가 알고 있는 의미의 산업은 갑자기 출발하였다. 증기동력의 원리(principle of steam power)는 상품 제조에 적용되었고 대성공을 거두었다. 공장들이 세워졌고 공장들을 운영할 사람이 필요하였다. 최근까지 집에서 부인과 함께 서로 협조하며 일을 한 남편들은 집 밖에서 노동을 하였고, 가정의 일과 관계 없는 삶을 살기 시작하였다.

공장에서 생산된 상품의 공급 때문에 여성의 가사 기술(homemaking skills)과 수세공(handicrafts)은 불필요하게 되기 시작하였다. 시간이 빨리 지나갔다. 기계가 만든 새 상황을 충족시키기 위해 새로운 관념(ideas)이 발달하였다. 자녀 교육은 가정에서 새로운 기관(new institution), 즉 공립학교(public school)로 넘어갔다.

사회는 매우 천천히, 여러 세대를 걸쳐 변화하였다. 산업혁명의 충분한 결과는 이 세기에 들어와 감지되었다. 맨 처음에, 사회 변화는 너무 점진적이었다. 여기 저기에 흩어져 있는 소수의 여성만이 사회 변화의 영향을 감지하였다. 그러나 시간은 지나갔다. 사회 변화는 확장되었다. 점점 많은 가족이 산업화의 소용돌이에 빠졌다. 산업화는, 오랫동안, 이 나라에 사는 사람들의 삶을 변화시켰다.

매우 천천히, 그러나 여러 곳에서, 여성은 빼앗긴 자신을 찾는다는, 수세기 전부터 꿈꾸어 온 평화와 행복감에서 깨었다. 여성은 가정의 중심적 위치를, 경제적 지위를, 배우자의 밀접한 작업 파트너 정신을, 자녀를 가르치는, 도덕을 안내하는 교사의 기능을 잃었다. 남편이 공장에 간 것처럼, 자녀는 학교에 갔다.

그렇다. 여성은, 수세기 동안 여성성(womanhood)을 정의한 모든 것을, 여성의 자아(ego)를 지원한 모든 것을, 여성은 어렵지만 놀라운, 가장 바람직한 물건이라는 특정 지식을 여성에게 준 모든 것을, 빼앗겼다. 여성은 여성성이 가치 절하된 것을 느꼈다. 여성성이 의미하는 것들은 원치 않는 것임을, 여성은 느꼈다.

그때에 여성은 반응하였다. 여성은 그녀의 여성적 속성(feminine attributes)이, 그녀의 기술과 기능이 가치 절하(depreciation)된 것에 강력히 반응하였고, 분노하였다. 불행히도 이 반응은 틀린 반응이었다. 이 반응은 여성에게 행복한 해결책이 될 수 없는 틀린 반응이었다.

여기에 여성이 한 것이 있다. 여성은 여기저기를 둘러보았고, 여성을 괴롭혔기 때문에 비난받아야 할 사람을 색출하였다고 생각하였다(Looking about, she thought she spied a villain in the piece). 비난받아야 할 사람은 누구이었나? 비난 받아야 할 사람은 수세기 동안 여성의 파트너이었다. 그 사람은 여성을 돌보지 않은 남성이었다. 그 사람은 여성이 여성이라는 자기 존중(self-respect)을, 어머니라는 자기 존중을, 사회적으로 정신적으로, 도덕적으로 남성과 동등하다는 자기 존중을 잃게 한 남성이었다. 남성은 여성을 경멸하였다. 여성은 여성의 감정을 남성에게 분명히 보였다. 여성은 여성임(being a woman)을 단순히 보이지 않았다. 여성은 남성과 투쟁하려고 하였다. 여성은 남성의 수준에서 남성과 경쟁하려고 하였다. 여성은 여성인 것을 저주하였다. 여성은 남성이고 싶었다.

당신은 이것을 믿지 않는가? 이것은 심한 농담 같은가? 여성은 성이 있는 자로서 그런 결정을 하려고 하지 않았는가?

그 사실 몇몇을 조금 더 자세히 보자.

나는 앞에서 여성해방운동(feminist movement)을 토론하였다. 지금이 그 여성해방운동을 자세히 볼 시간이다. 여성해방운동을 Mary Wollstonecraft가 산업혁명(Industrial Revolution)을 이끈 증기기관(steam engine)을 발명한 지 30년이 되기 전, 1972년에 시작하였다. 여성해방운동의 힘과 영향은 컸고, 아직도 크다. 이 여성해방운동은 여성이 150년 이상 여성(womankind)을 위해 스스로 그녀 자신을 대변인으로 임명하고 활동한 운동이었다. 이 여성해방운동의 개혁 프로그램은 거의 모두 실현되었다.

이 여성해방운동은 무엇을 얻으려고 하였나? 나는 여성해방운동을 한,

두 학생 Ferdinand Lundberg와 Marynia F. Farnham이 그녀들의 저서, *Modern Women, The Lost Sex*에서 말한 것을 말하고 싶다. "그녀들이 공언한 바와 같이, 여성해방운동은 여성의 커다란 자기실현을 위한 것"(for the greater self-realization of women)이었다. 여성해방운동은 여성성을 부정하는 것이었다(feminism was the very negation of femaleness). 여성해방운동은 남성에게 적개적이었지만, 자녀에게 적개적이었지만, 밑바닥에서는 여성에게 가장 적개적이었다(Although hostile to men and hostile to children, it wa at bottom most hostile to women). 여성해방운동은 여성에게 여성으로서 살지 말고 남성으로 살라고 명령하였다... 심리학적으로 말하면, 여성해방운동(feminism)의 목표는 오직 하나이었다. 그 하나는 여성이 남성성을 성취하는 것(the achievement of maleness)이었고, 남성성에 가능한 대로 가까이 접근하는 것이었다. 여성이 남성성을 획득하면, 많은 개인은, 여성은, 물론 남성은 고통을 받고, 사회는 공공의 무질서가 일어난다.

여성해방운동가들의 프로그램은 무엇이었나? Mary Wollstonecraft는 그의 저서 *A Vindication of the Rights of Women*(여성의 권리 옹호)에서 여성해방운동가들의 프로그램을 전부 소개하였다. 여성해방운동은 여성해방운동가의 최초의 요구에서 벗어나지 않았다. 여성해방운동가는 남성과 여성의 기본적 특성이 동일하다고, 그러므로 남성이 받는 교육을 여성은 받아야 한다고, 남성과 여성은 같은 도덕적 기준의 지배를 받아야 한다고, 남성과 여성은 같은 일을 하여야 한다고, 남성과 여성은 동일한 정치적 권리와 의무를 가져야 한다고 말하였다. 생활의 모든 면에서 여성들은 남성들처럼 취급을 받을 수 있었다. 여성해방운동가는 남성과 여성에게 같은 요구를 할 수 있었다.

이 프로그램의 호소력은 거대하였다. 19세기에 여성은 "만약 우리가 이것을 성취할 수 있으면, 우리는 다시 행복하게 될 것이라고" 느꼈다. 사실은 매우 간단하다. 지금 전체 프로그램은 실현되었다. 현대 여성은 전체 프로그램의 이익을 충분히 얻었고, 그 이전보다 더 혼동을, 더 불행을 느낀다.

나를 오해하지 마라. 여성의 운명은 19세기에 어렵지 않았다고, 종종 불가능하지 않았다고 나는 말하고 있지 않다. 여성운동가가 설정한 모든 목표는 신경증적이었다고, 틀린 생각이었다고 나는 말하고 있지 않다. 여성해방운동은 산업혁명 이후에 일어난 대격동 때문에 발생한 사회적 경제적 삶의 심각한 혼란을 극복하게 도왔다.

나는 이것을 말하고 있다. 여성해방운동은 남성과 투쟁하라고, 그리고 동시에 남성화(masculinize)하라고, 여성성(feminine nature)을 벗어 버리라고 여성에게 충고하였다. 여성해방운동은 심각하게 신경증적이었다. 우리는 여성해방운동이 일으킨 격렬한 감정을 받는다.

여성해방운동가의 분노는 그녀 자신을 향하였다.

여성은 생리적으로 만족하기 위해 - 즉 자녀를 낳기 위해 - 안전하여야 하고, 남자의 보호를 받아야 하고 항상 안식할 수 있는 장소(permanent abode)가 있어야 한다. 결혼은 사회가 태고(太古)부터 여성의 이 욕구에 답한 것이다. 그러나 여성해방운동가는 결혼 제도(the institution of marriage)와 투쟁하였다. 여성은 남성처럼 성적으로 난교할 수 있는, 여성은 장기든 단기든 같이 살고 싶은 사람과 살 수 있는 권리(the right to be promiscuous sexually, to live with whom she pleased, for as long or as short a time as she pleased)가 있다고 여성해방운동가는 주장하였다. 만약 여성이 결혼하고 싶으면, 여성은 결혼할 수 있어야 하지만, 여성이 결혼 생활을 끝내고 싶을 때에, 결혼 생활이 피곤할 때에, 결혼 생활을 끝낼 수 있는 특권이 여성에게 있다고 여성해방운동가는 주장하였다.

어머니가 자녀를, 특히 어머니가 낳은 자녀를 사랑하는 것(母性愛 maternal love)은 여성의 중요한 특성들 중 하나다. 여성의 모성애는 여성의 해부학(female anatomy)만큼 중요한 여성의 특성이다. 정신병을 매우 심하게 앓는 여성들만 그녀들의 자녀를 돌보지 않으려고 하거나 소홀히 취급한다. 모성애(maternity)는 암컷의 생태(the biology of the famale sex)에 깊이 있다. 그래서 우리는 암컷이 새끼를 강력히 보호하는 것을 많은 동물에서 본다.

모성애는 함정이고(maternality is a trap), 남성이 여성을 노예 상태로 묶어두기 위해 여성에게 판매한 상품의 값을 지불하라고 여성에게 요구하는 청구서라고, 여성해방운동가는 말하였다. 자녀가 여성의 새 자유를 어떤 방법으로든 방해하는 것은 허용되지 않아야 한다고 여성해방운동가는 충고하였다. 자녀를 임신한 마지막 날까지, 출산 전날까지 일하라고 여성해방운동가는 여성에게 말하였다. 그리고 출산하고 가능한 대로 빨리 일터로 나가라고 여성해방운동가는 말하였다. 당신의 자녀를 훈련된 아동을 돌보는 자(some trained child handler)에게 맡기라고 여성해방운동가는 말하였다. 공적 육아(公的 育兒 public nurses)가 주장되었다. 유치원에 가기 전에 어린이 집(pre-kindergarten)에 가는 것이 주장되었다. 어머니를 "자유롭게 하는"("freed") 모든 것이 주장되었다.

무엇을 위해 어머니는 자유롭게 되었는가? 라고 당신은 질문할 수 있다. 어머니는 남성처럼 사무실이나 공장에서 일하기 위해 자유롭게 되었다. 남편 대신 직장 상사를 위해, 고용되는 또는 해고되는 "특권"을 갖기 위해 요약하면, 남자가 되기 위해 어머니는 자유롭게 되었다.

만약 공간이 허용되면, 나는 여성해방운동가가 주장하는 남성적 목표의 정황적 목록(a long and circumstantial list of masculine goals)을 나열할 수 있었다. 그리고 나는 여성의 여성적 특성의 존재를 부정하는 목표들을 제시할 수 있었다. 여성해방운동을 초기에 한 극소수의 사람들은 그들이 처방한 방식으로 살았다. 그들은 열심히 그렇게 살려고 하였다.

그러나 다음의 것을 기억하는 것이 중요하다. 여성해방운동가는 진정한 여성적 욕구와 특성을 철저히 불신하였고, 여성의 목표를 남성의 목표로 대치하였다. 여성해방운동가의 수는 실제로 많지 않았다. 그러나 여성해방운동가는 목소리가 컸다. 마침내 그들의 관념과 신념은 수백만 여성의 관념과 신념이 되었다.

그러나 여권 신장 운동의 전선(the feminst front)은 남성과 여성의 투쟁이 아니었고, 오직 시끄러운 호전적인 투쟁이었다. 여성의 눈에 띄지 않은, 여성에게 보이지 않는, 여성이 모르는, 여성이 여성성과 투쟁한 것은, 여성이 진정한 여성성이 활짝 피지 못하게 한 투쟁은 모든 가정에서 일어났다. 정숙한, 말하지 않은 여성은 Victoria 시대에 생활한 여성이었다. 그 여성을 우리는 이미 보았다. 또다시 그 여성을 잠시 보겠다.

산업혁명을 일으킨 창조적 가정에서 여성의 지위를 잃은 것에 대한 여성의 반응은 여성해방운동가의 반응처럼 강력하였다. 그러나 그 반응은 완전히 무의식적이었다. 그녀는 배척받았다. 그녀는 지위를 박탈당했다. 그녀의 성적 기능과 모성적 기능은 낮게 평가되었다. 그녀는 상황을 처리할 수 있는 좋은 기법이 있었다.

그녀는 여성의 성이 존재하는 것(the very existence of female sexuality)을 부정하였다. 그녀에 의하면, 성은 오직 남성의 특성이었다(Sex was exclusively a male characteristic). 여성의 특성에 성이 없었다. 이것은 여성을 "배척한" 남성(the "rejecting" male)을 여성이 심리적으로 복수하는 것(psychological revenge)이었지만, 불감증은 여성의 기본 속성이라고 남성이 확신하게, 과학자도 확신하게 그녀는 하였다.

Victoria 시대의 여성은 여성이 생물학적으로 불감증이라는 것을 긍정하는 무의식적 동기가 있었다. Victoria 시대의 여성은 여성이 생물학적으로 불감증이라는 것을 믿었다. 만약 여성이 가르침을 받은 것만큼 반응하지 않았다는 것을 발견하면, 여성이 일반적으로 충격을 받는 것을 나타내는 증거가 많다고 Victoria 시대의 여성은 믿었다. 그녀는 모든 그런 반응을 은밀한 비밀로 유지하였다.

여성의 신념(female faith)인 불감증은 Victoria 시대의 여성과 함께 사라졌다. 불감증은 제1차 세계대전 동안에 행복한 자비로운 죽음을 맞이하였다. 그러나 Victoria 시대의 정신은 성과 사랑을 대하는 우리의 무의식적 태도에 아직도 대단히 많이 있다.

불감증은 여성의 숙명(heritage of woman)이다. 여성은 자연법(natural law)에 의해 성이 없고, 불감증이라는 근본적 신념이 Victoria 시대의 여성에게서 내려왔다. 다른 한편, 남성은 여성의 자연적 적(natural enemy)이라는, 여성은 남성과 싸워야 한다는, 여성은 남성을 대신하여야 한다는, 여성은 남성이 되어야 한다는 근본적 신념이 여성해방운동가에게서 내려왔다.

이 두 태도 중 하나가 이 두 태도 중 하나를 가진 여성의 결혼 생활에 어떤 영향을 미쳤는지를 생각하는 것을 잠시 멈추어라. 여성이 남편에게 적개심을 느끼는 것, 그 증오가 의미하는 비참한 생활을 우리는 당연시한다. 그러나 부모가 자녀에게 영향을 미치는 것이 결정적이었다.

나는 Victoria 시대의 어머니에 의해 또는 여성해방운동가의 어머니에 의해 양육된 여러 여성을 치료하였다. 환자의 아동기에 환자가 받아들이게 환자에게 가르쳐진 태도 때문에 환자는 놀란다. 그 태도는 환자가 그녀의 어머니의 무릎 위에서 배운 것이다. 그 태도는 환자가 그 자신의 신체를 부끄러워하는 것, 월경(menstruation)을 부끄러워하는 것, 월경을 역겨워하는 것, 월경을 증오하는 것이다. 왜냐하면 월경은 여성의 품질 표시이기 때문이다. 그 태도는 환자가 자녀를 임신하는 것과 출산하는 것을 두려워하는 것이다. 그 태도는 환자가 일찍이 자연스런 성적 감정을 느끼는 것과 성적 실험하는 것을 어머니가 처벌하는 것이다. 그 태도는 자녀가 아버지를 사랑하고 모방하기 때문에 어머니가 아버지의 이상상(ideal image)을 무너뜨리고 가치 절하하는 것이다. 일반적으로 여성은 여성성을 싫어하는 것을 어려서 학습하였다.

당신은 왜 대부분의 정신과 의사가 Dr. Marynia Farnham와 동의하는지를 볼 수 있다. Dr. Marynia Farnham는 "불행을 가장 정확히 표현한 것은 신경증이다. 이 불행의 대부분의 기초는 아동기를 보낸 가정에 있다. 불행을 만든 주 도구는 여성이다."("The bases for most of this unhappiness is neurosis. The bases for most of his unhappiness ... are laid in the childhood home. The principal instrument of their creation are women.")라고 썼다.

내가 우리의 여성해방운동가와 우리의 Victria 시대 여성을 결부하여 말한 것을 당신은 아마 감지할 수 있었을 것이다. 여성해방운동가와 Victria 시대 여성은 서로 다르기 때문에 하나로 묶어 말할 수 없다고 당신은 말할 수 있을 것이다. 여성해방운동가들은 많은 성적 자유(sexual freedom)를 주장한다. Victoria 시대의 여성은 반성적(反性的 anti-sexual)이다. 그것은 오직 피상적으로 진리라고 나는 느낀다. 그 두 여성들은 무의식적 삶에서 여성의 성을 반대한다. 여성은 성적으로 남성이 될 수 없다. 남성이 되라고 여성에게 주장하는 것은 여성에게 불감증을 앓으라고 요구하는 것과 같다.

물론 여성해방운동(feminism)은 Victoria 시대의 정신(Victorianism)을 궁극적으로 이겼다. 제1차 세계대전 이후 여성에게 요구한 성적 자유와 남녀 동등권은 그 당시에 전형이었다.

1920년대의 말괄량이는 여성해방운동가의 의도하지 않은 생활 철학의 꽃을 의미하였다(The flapper of the 1920's represented the unintended flower of the feminist philosophy of life, its definition of what constituted womanhood). 우리가 아는 바와 같이, 말괄량이는 여성을 풍자한 그림(a caricature of woman)이었고, 남성의 값싼 모조품(a cheap and shoddy imitation of the opposite sex)이었고, 이류 남성(a second-class man)이었다. 다행히 말괄량이는 국가적 관념으로 생존할 수 없었다. 그러나 말괄량이를 만든 철학은 생존하였다. 여성해방운동의 목표를 생물학적으로 심리학적으로 가치 절하하는 것은 미국의 수백만 소녀를 교육하는 일부가 되었다. 가사, 자녀를 출산하는 것과 양육하는 것, 요리하는 것, 결혼 생활에서 참는 것, 사랑하는 것, 주는 것은 체계적으로 가치 절하되었다. 남성의 성취하는 삶은 여성이 성취하는 삶으로 대체되었다.

여성해방운동가와 Victoria 시대의 정신으로 사는 여성이 남성을 증오하는 태도는 살아 있다. 이 태도는 어머니에게서 딸에게로 수많은 세월 동안 전해 내려 왔다. 그래서 여성이 남성에게 적개적인 것은 거의 자연법(a natural law)인 것 같다. 많은 현대 여성은 정열적 생산적 결혼 생활(a passionate and productive marriage)을 하겠다고 말하지만, 마음 깊은 곳에서 여성의 역할을 분개하고 남성을 여성의 근본적 적이라고, 여성을 이용하는 자라고 생각한다. 여성은 가슴 깊은 곳에서 그리고 자주 사실을 조금도 알지 않고, 남성을 밀어내고 남성의 자리에 있고 싶어 한다. 여성은 이 태도를 어머니의 무릎 위에서 배웠거나 인습적 방법으로 흡수하였다. 여성이 이곳저곳에서 배운 것은 여성이 어머니의 무릎 위에서 배운 것과 효율적으로 충돌하지 않는다.

만약 이 태도가 여성이 취하는 역사적 방향이라면, 진정한 여성이 되고 싶은 여성은 이 역사적 방향을 바꿔야 한다. 여성은 생각을 함으로써, 오랫동안 생각을 함으로써, 이 역사적 방향을 바꿀 수 있다. 왜냐하면 여성은 주변에 있는 여성들 중에서 진정한 여성(entirely feminine)이 되고 싶은 욕구를 지원하는 많은 사람을 찾으려고 하지 않을 것이기 때문이다.

150년 동안, 여성들은 그녀들의 문제를 외부 세계 때문이라고 보았다. 그녀들은 그녀들의 진정한 문제를 보기 위해, 그녀들의 진정한 문제를 해결하기 위해, 그녀 자신을 보아야 한다. 그러나 그녀들은 그 과업을 회피하기 위해 혁명적 사회 변화가 만든 진정한 문제를 이용하였다. 그녀들은 힐난(詰難 finger-pointing)과 자기 연민(self-pity)에 몰입하였다.

만약 이 태도를 취한 결과가 다르면, 만약 이 태도가 여성을 행복하게 하면, 만족하게 하면, 만약 여성해방운동과 Victoria 시대의 정신이 여성들을 좋은 부모가 되게 하면, 즐거운 부인이 되게 하면, 여성들을 새로운 일자리에 의해 기쁘게 하면, 이 태도를 취하는 것은 수지가 맞는 것이다. 그러나 그렇지 않았다. 이 태도를 취하는 것은 불감증과 불안과 이혼율의 상승을, 신경증을, 동성애를, 청소년 비행을 일으켰다. 이 태도를 취하는 것은 모든 사회의 여성이 그녀의 진정한 기능을 버릴 때에 결과가 되는 모든 것을 일으켰다.

작년에 한 여성이 상담한 변호사의 요청에 의해 나에게 왔다. 그녀는 이혼하려고 한다고 나에게 말하였다. 그녀의 얼굴은 분노 때문에 찌그러졌다. 그녀는 남편에 관해 "남편을 용서하겠다고 제가 생각하기 전에 남편은 무릎을 꿇고 저에게 빌어야 한다고 저는 생각하였습니다."라고 말하였다.

나는 그녀에게 질문하였고, 나는 그녀가 남편과 첫 성교를 한 때부터 완전한 불감증이었다는 사실을 알았다. 그러나 그녀는 즐거움 없는 성교를 5년 동안 한 뒤에 일어난 문제에 책임이 없다고, 그녀는 옳다(self-righteous)고, 남편은 그녀에게 하여야 하는 것을 하여야 한다고 의식적으로 느꼈다. 물론, 그녀는 그런 태도로 그녀의 문제를 조금도 해결할 수 없었다. 그래서 나는 이 장에서 당신에게 말한 남성과 여성의 성적 투쟁의 역사를 자세히 그녀에게 말하였다. 그녀는 처음에 적개심을 느끼며 나의 말을 들었고, 자기를 인지하는 충격을 점점 많이 받으면서 나의 말을 들었다. 그녀는 나의 말을 들으면서 그녀의 전체 태도에 관해 처음으로 성실한 관심을 갖기 시작하였다. 그녀는 전체 문제를 깊이 철저히 보겠다고, 그녀의 가치를 다시 구성하겠다고 말하면서 그 치료시간을 끝마쳤다. 그녀는 이혼에 관해 더 이상 말하지 않았다. 그녀는 그녀의 진정한 문제를 열심히 작업하였다. 그녀는 그녀의 문제의 원인을 마침내 제거하였다.

우리가 우리 자신의 책임을 보는 것은 어렵다. 그러나 이 불감증의 문제를 남성에게 책임지게 하지 않는 것은 더 어렵다. 여성이 불감증을 남성에게 책임지우는 것은 성적 자살(sexual suicide)을 하는 것이다. 여성이 불감증을 앓는 것은 여성이 정서적 고립주의(emotional isolationism)를 여성의 적합한 조건으로 받아들이는 것이다.

제6장

왜 여성은 불감증을 앓게 되는가?

얼마 전에 젊은 남편이 나의 치료실에 앉았다. 그의 부인은 불감증을 앓기 때문에 나에게 왔다. 그녀의 첫 면담시간 뒤에 그가 나를 만날 수 있는지를 그는 그의 부인에게 질문하였다. 그가 나를 만날 수 있는지를 그가 그의 부인에게 질문한 것을 나는 관계를 위한 좋은 전조(a good omen)라고 보았다. 나는 그를 만났을 때에 실망하지 않았다. 그의 부인이 문제를 극복하는 것이 아무리 오래 걸려도 괜찮다고 그는 급히 말하였다. 그는 낮은 목소리로 "저는 저의 부인이 불감증을 극복하지 못하더라도 부인과 함께 있을 것입니다."("I'd stay with her even if she didn'd.")라고 말하였다. 그는 "저는 부인의 문제를 좋아하지 않습니다. 그러나 저는 부인을 좋아합니다. 저는 결과가 좋든 나쁘든 부인과 부부 생활을 하지 않았다는 것을 선생님이 아시기를 원합니다."("I don't love her problem, but I love her and I want you to know that I didn't marry her better only but for worse as well.")라고 말하였다.

사랑에 관해, 사랑하는 것의 어려움과 사랑하는 것의 승리에 관해 정신과 의사가 아무리 많이 들어도, 그와 같은 말은 항상 우리를 감동시키고, 과업과 어려움이 가벼워졌다고 우리가 느끼게 한다. 요약하면, 나는 그를 좋아하였고, 그의 이 말은 내가 그에게 그에 관해 질문하게 만들었다. 그는 "그것이 제가 선생님에게 말하러 온 이유입니다."라고 말하였다. 그는 "그것이 도움이 될 것이라고 제가 생각한 것이었습니다."라고 말하였다.

그가 나에게 말하고 싶어한 것은 그의 배경과 그의 부인의 배경이 너무 비슷한 것이었다. 그가 말을 계속 할 때에 나는 그가 그의 부인의 문제를 동정하는 이유를 알 수 있었다. 그와 그의 부인은 농민의 자녀이었고, 청교도 규율의 지배를 받으며 양육되었다. 그와 그의 부인은 첫째 자녀이었고 두 남동생과 한 여동생이 있었다. 그의 어머니와 그의 부인의 어머니는 성교를 싫어하였고, 두려워하였고, 성교는 더러운 것이고 나쁜 것이라고 그들의 자녀에게 아주 많이 표현하였다. 그의 아버지와 그의 부인의 아버지는 벌을 잘 주었고(punitive), 부끄러워하였고, 말을 하지 않았다(withdrawn). 그는 일찍이 가출하였다. 그의 부인도 일찍이 가출하였다. 그와 그의 부인은 도시로 나왔고, 같은 직장에서 일을 하였다. 그와 그의 부인은 직장에서 만났다.

나는 젊은 남편에 관해 그만 말하겠다. 왜냐하면 내가 위에서 말한 사실들은 당신이 당신 자신에게 질문하여야 하는 문제를 설명하기 때문이다. 그러나 내가 그에게 느끼는 나의 따듯한 감정(warmth)이 당신에게 옮겨간 경우, 그의 결혼 생활은 가장 행복하게 되었다고 나는 당신에게 말할 수 있다. 그의 사랑이 그의 부인에게 준 안정감(the sense of security)에 의해, 그의 부인은 그녀의 불감증을 그리고 이 불감증이 동반하는 다른 신경증적 문제를 해결할 수 있었다고 나는 확신한다.

그러나 의문이 일어난다. 부인과 남편은 거의 동일한 환경에서 성장하였는데, 왜 부인은 심한 불감증을 앓게 되었고, 남편은 성적으로 거의 정상적인가?

만약 당신이 그 질문을 연장하면, 당신은 다음의 질문을 할 수 있다. 왜 불감증은 여성에게 많고, 성적 발기부전(sexual impotency)은 남성에게 적은가? 산업혁명 때문에 발생한 나쁜 상태에서 여성은 성적 만족을 포기할 수 있었고 세상 사람들에게 그리고 그녀들 자신에게 그녀들은 무성적 존재(asexual being)라는 것을 확신시킬 수 있었다. 남성은 아무리 큰 어려움을 만나더라도 성적 본성(his sexual nature)을 포기하려고 하지 않았고, 포기할 수 없었다. 남성들은 신경증을 앓을 수 있었다. 남성들은 그들의 부모가 신경증을 심하게 앓으면, 이상한 성적 방향으로 갈 수 있었고 성도착(perversions)을 앓을 수 있었다. 그러나 남성들은 집단적으로 성적 만족(sexual gratification)을 포기할 수 없었다.

우리는 이 문제의 답을 지금 이해한다고 나는 생각한다. 우리가 이 문제에 관해 아는 것을 당신이 학습하는 것이 당신에게 도움이 될 것이라고 나는 생각한다. 왜 불감증이 심리적(*psychological*)인지를 당신은 알 수 있을 것이다. 그러므로 여성의 주요 호소(chief complaint)가 불감증일 때에, 여성이 불감증을 진정으로 극복하려고 하면, 극복할 수 있다고 나는 느낀다.

불감증이 여성에게서 발달할 수 있는 3가지 주요 이유(major reasons)가 있다. 나는 그 이유 중 2가지 이유를 여기에서 다루겠고, 나머지 하나를 다음 장에서 다루겠다.

여성의 성욕

심한 불감증을 앓기 때문에 내가 치료하는 한 아름다운 여자 배우가 어느 날 정해진 시간에 왔고 나의 치료실에 들어왔다. 그녀는 다른 모습이었다. - 그녀의 얼굴은 부드러웠고, 그녀는 천천히 행동하였다. - 그녀는 행복한 것 같았다. 그녀가 그녀의 문제를 열심히 작업한 첫 보상을 경험하였다고 나는 즉시 느꼈다.

나는 옳았다. 나는 그녀가 그것을 말한 방식을 잊지 않을 것이다. 그녀는 예쁜 분홍색 망토(cape)를 입었다. 그 망토의 늘어진 선과 섬세한 색깔은 여성의 핵심을 표현하는 것 같았다. 그녀는 나에게 미소를 지으면서 망토의 단추를 끌렀다. 그녀는 아름다운 몸짓을 하면서 그 망토를 마루 위에, 그녀와 나 사이에 던졌다. 그녀는 "우리는 불감증을 물리칠 수 있었습니다."("Thus we can cast it away")라고 말하였다. 그리고 그녀는 그녀의 몸을 꾸부리어 망토를 집어 올렸다. 그녀는 "우리는 망토를 다시 입을 수 있습니다."라고 말하였다. 그리고 그녀는 망토를 어깨에 다시 화려하게 걸쳤다. 그 시간은 그녀가 새로 발견한 능력을 축복하는 시간이었다.

그녀가 그녀의 행복을 표현한 과도한 정서적 몸짓(her histrionic gesture)은 여성의 성적 본성을 매력 있게 깊게 상징한 것이었다. 왜 그녀의 몸짓이 여성의 성적 본성을 상징한 것인지를 보기 위해 성욕의 생물학적 의미(the biological meaning of the sexual drive)에 관심을 기울이자.

모든 동물은 종족을 보존하기 위한 본능적 욕구에 의해 행동한다(every animal is motivated by a profound instinctual need to preserve his species). 동물의 본성(nature)은 종족의 보존을 위해 동물의 특성을 발달시켰다. 레밍(lemmings)은 예외이다. 종(species)을 보존하기 위해 절대적으로 필요하지 않은 특성보다 종을 보존하는 특성은, 특정 동물의 생태(the biology of a given animal)에 깊이 있다.

인간과 다른 많은 종(in the human animal and in many other species)은 성교가 종이 계속 이어지는 기본 방법이다. 이 기본적 본능적 활동에서 수컷은 정액(sperm)을 암컷의 안에 넣는다. 암컷의 몸 안에서 정자가 생명체가 되어 출산될 때까지 암컷은 태아에게 영양분을 공급하고 태아를 보호한다.

그러나 중요점이 여기에 있다. 수컷은 정액을 암컷의 몸 안에 넣기 위해 절정감을 느껴야 한다(In order to deposit his sperm, the male *must have an orgasm*). 만약 수컷이 절정감을 느끼지 못하면, 정액은 암컷의 몸 안에 넣어질 수 없다. 그러므로 남성의 절정감은 종의 보존을 위해 절대적으로 필요하다. 만약 수컷이 절정감을 느낄 수 있는 능력을 잃었으면, 종은 지상에서 사라졌을 것이다.

그러나 여성이 성적 역할(sexual role)을 하기 위해 절정감을 느끼는 것은 생물학적 필수조건(biological *necessity*)이 아니다. 여성은 정액을 반드시 받아야 한다. 여성이 남성의 열정(the adors of the male)에 반응하지 않아도 남성의 정액을 오직 받는 것은 여성이 인종에게 의무를 충분히 하는 것이다. 모성은 여성의 생물학적 의무이다. 절정감은 여성의 생물학적 의무가 아니다. 여성은 극지방의 얼음이 덮인 지역처럼 불감증일 수 있다. 불감증은 여성이 자녀를 낳을 수 있는 능력에 조금도 영향을 미치지 않는다.

당신은 이것의 의미를 알 수 있는가? 나의 한 동료는 그 차이를 다음과 같이 요약하였다. "그 차이를 생물학적 의미로 표현하면, 남성의 절정감은 반드시 필요한 것이고, 여성의 절정감은 사치이다." 남성의 절정감의 이 "필수적" 면("necessary" aspect)은 남성이 아동기에 나쁜 경험을 하였어도 절정감을 느낄 수 있는 능력을 잃지 않는 이유를, 그리고 여성이 절정감을 느낄 수 있는 능력을 잃는 이유를 설명한다.

그러나 나를 오해하지 마라. 여성이 절정감을 얻을 수 있을 때에 여성이 얻은 절정감은 남성이 얻은 절정감보다 덜 강하다고 나는 말하고 있지 않다 (I am *not* saying that the orgasm a woman has, when she is able to achieve it, is any less intense than a man's). 절정감은 여성의 심리학적 행복(psychological well-being)에, 여성이 절정감을 느낄 수 있는 여성의 성숙에 필수적이 아니라고 나는 말하고 있지 않다.

여성이 절정감을 느낄 수 있는 능력은 남성이 절정감을 느낄 수 있는 능력보다 외부의 영향을 많이 받는다고 나는 말하고 있다(I *am* saying that a woman's ability to have an orgasm is far more subject to outside influences than a man's ability). 절정감을 느낄 수 있는 여성의 능력은 여성이 성장할 때에 심리적으로 경험한 것에, 성장할 때에 받은 정신적 도덕적 외상에 영향을 많이 받는다. 뿌리가 깊지 않기 때문에 바람에 쉽게 쓰러지는 나무와 여성의 절정감을 비교하라. 뿌리가 깊지 않은 나무는 심한 폭풍우를 맞지 않게 보호받으면, 뿌리가 깊은 나무처럼 꽃을 아름답게 필 수 있다.

불감증은 심리적이다. 불감증은 마음에 달려 있다. 이 사실은 불감증에 "옹고집" 특성(a "willful" character)을 부여한다. 여성이 불감증이 되려고 한 것 같다. 나는 여성이 불감증을 의식적으로 선택하였다고 말하지 않는다. 여성은 불감증을 무의식적으로 선택한 것 같다. 불감증을 무의식적으로 선택하게 한 요소는 불감증을 슬픈 상태에 있게 한다.

나는 "선택"(the "choice")이 부분적으로 의식적이었던 한 사례를 안다. 나는 나의 관점, 즉 불감증은 생물학적 요소의 반대인 정신의 대단히 높은 요소라는 사실을 강조하기 위해 이 사례를 간단히 말하겠다.

몇 년 전에 나는 남편과 휴가를 보냈다. 그때에 나는 한 나이 많은 여인을 만났다. 그 여인이 사망할 때까지 나는 그 여인과 가까운 가치 있는 관계를 유지하였다. 그 여인은 행복하였다. 그 여인은 의사이었다. 그 여인이 의사인 것이 그 여인이 다섯 자녀를 낳지 않게 하지 않았다. 그 다섯 자녀 중 두 자녀는 아주 유명하게 되었다.

우리의 우정(friendship)은 깊어졌다. 우리는 서로 신뢰하였다. 어느 날 그 여인은 아래의 이야기를 하였다. 그 여인은 그 여인의 남편을 매우 사랑하였다. 그러나 그 여인은 불감증이 심하였다. 이것은 그때 이상하지 않았다. 그 여인은 1904년에 결혼하였다. Victoria 시대 정신의 전통이 대단히 유착(癒着)되어 있었다. 그러나 그 여인은 셋째 자녀를 낳은 뒤에 성교할 때에 쾌감을 느끼기 시작하였다. 이 쾌감은 점점 증가하였다. 이때에 그 여인은 넷째 자녀를 낳았다. 그 여인은 2개월 또는 3개월 동안 성교를 중단하였다. 그 여인은 성교를 다시 시작한 때에 쾌감을 굉장히 크게 느꼈다. 그 여인은 둘째 번 성교를 할 때에 강력한 절정감(a profound orgasm)을 경험하였다.

그러나 그 여인은 나의 여배우와 달랐다. 그 여인은 그 여인에게 열린 경험을 기뻐하지 않는 것 같았다. 그녀는 의식적으로 대단히 무서워하였고 의식적으로 대단히 부끄러워하였다. 그 여인의 모든 배경과 그 여인이 받은 모든 훈련은 그 여인이 절정감을 기뻐할 수 없게 하였다. 그 여인은 그 여인의 문제를 완전히 해결하였다고 나에게 말하였다. 내가 치료한 여배우와 다르게 그 여인은 그 여인의 여성적 인격의 예쁜 분홍색 겉옷을 벗어던졌고, 다시 입지 않았다. 그 여인의 남편은 막내 자녀가 태어난 뒤에 사망하였다. 그 뒤 서너 해 지나지 않았다. 그 여인은 과학이 그 주제를 밝힌 새 정보를 알았고, 그 여인이 결정한 비극을 깨달았다.

이 이야기는 슬픈 이야기이다. 그러나 그 이유 때문에 나는 이 이야기를 말하지 않았다. 여성의 성은 마음의 영향을, 외부 문화와 도덕의 영향을 크게 받는 것을 이 이야기는 설명하기 때문에 나는 이 이야기를 말하였다. 만약 성장한 여성이, 그녀의 성숙한, 활짝 핀, 성을 최고조에서 파괴할 수 있으면, 성은 싹틀 때에 깨지기 쉬운 것을 생각하라.

어머니의 역할을 하는 것의 두려움

일반적으로, 여성은 어머니가 되기 위해 모든 것을 감수(face)할 것이다. 최근에 35세의 한 여인이 나의 치료실에 왔다. 그 여인은 두 번 면담을 약속하였고, 그 약속을 두 번 모두 마지막 순간에 깼다. 환자가 약속을 깰 때에, 정신과 의사는, 환자를 괴롭히는 모든 문제를 환자가 직시하겠다고 결심하고, 그 결심을 두려워하게 되어, 마지막 순간에 회피한 것이라고 일반적으로 가정한다. 나는 이 환자에게 그것을 가정하였다. 이 환자는 말이 없는, 겁을 내는, 아마 무서워하는 사람(a reticent, scared, perhaps terrified person)일 것이라고 나는 가정하였다.

나의 예상과 다르게 나의 건너편에 앉은 그 사람은 옷을 잘 입은, 눈빛이 맑은, 솔직한, 35세의 매우 아름다운 여성이었다. 그녀는 곧바로 중요한 것을 말하였다.

"저는 자녀를 낳는 것이 두렵기 때문에 여기에 왔습니다."라고 그녀는 말하였다. 그녀는 "저는 저의 두려움의 뿌리가 무엇인지 찾아야 합니다."라고도 말하였다.

"당신의 두려움이 당신이 약속을 두 번 취소한 이유입니까?"라고 나는 동정적으로 그녀에게 질문하였다.

"아닙니다. 아이들이 아팠습니다. 우리는 한 달 동안 독감을 앓았습니다. 첫째 애가 앓았고, 그 뒤에 둘째 애가 앓았습니다."

"애들이 앓았습니까? 어떤 애들이 앓았습니까?"라고 나는 질문하였다.

"물론, 저의 애들입니다."라고 그녀는 말하였다.

"당신은 자녀가 몇입니까?"라고 나는 질문하였다.

"넷입니다. 그러나 John과 저는 여섯 아이를 원했습니다. 저는... 생각하였습니다."라고 그녀는 말하였고, 말을 하지 않았다. 그리고 그녀는 내가 미소 짓는 것을 보고 잠시 마루 바닥을 보았고, 다시 나를 보았고, 우리는 함께 크게 웃었다.

그러나 그녀는 자녀를 낳는 것을 두려워하였다. 그 두려움은 그녀의 아동기에 그녀가 특정 외상적 경험을 한 때부터 그녀에게 있다. 우리는 그 두려움을 해결할 수 있었다. 그 두려움은 분명하였다. 그러나 요점은 두려움이 그녀에게 있지만 그녀가 네 자녀를 낳은 것이다.

여성의 모성 본능(maternal instinct)은 종의 종자(the seed of his species)를 뿌리고 싶은 남성의 본능 만큼 강하고, 뿌리가 깊다. 남성과 여성은 같은 목적을, 즉 종의 존속을 달성하려고 한다. 여성은 아동기에 불행한 부모가 만든 신경증적 두려움(neurotic fears)을 많이 경험하였어도 - 자녀를 낳는 것이 신경증적으로 두려워도 - 대다수의 여성은 그녀 자신의 자녀를 낳고 싶은 욕망이 손상되지 않은 채로, 원래대로 남아 있을 것이다.

이것은 다행이다. 왜냐하면 자녀를 낳고 양육하는 것(the bearing and rearing of children)은 여성의 몸과 인격이 아동기 초기부터 지향하는 아름다운 운명이기 때문이다. 만약 이 근본적 목표를 여성이 성취할 수 없으면, 여성의 인격은 너무 자주 시든다.

이것은 다행이다. 왜냐하면 자녀를 낳고 양육하는 것은 인종의 행복이기 때문이다. 나의 동료 하나는 정신과 의사 집단에서 발표한 논문에서 "만약 여성해방운동가가 19세기 여성의 성적 본능(sexual instinct)에 손상을 입힐 수 있었던 만큼 19세기 여성의 모성적 본능(maternal instinct)에 손상을 입힐 수 있었으면, 서구사회(Western world)는 지금까지 인구가 감소하였을 것이다."라고 대단히 명료하게 표현하였다. 나는 이 표현을 생각하였다.

모성 본능은 나쁜 환경의 영향을 근본적으로 받을 수 없다. 그러나 어머니가 모성 본능에 관한 정보를 적절히 다루는 것은 딸의 성적 발달(sexual development)에 대단히 중요하다. 모성을 오해하는 것은, 모성이 의미하는 것을 오해하는 것은 어린 자녀가 공포를 느끼게 할 수 있다. - 사실 모성을 두려워하는 것은 나중에 불감증의 직접적 원인이 될 수 있다.

모성 본능은 딸의 성이 발달하지 못하게 할 수 있다. 대부분의 여성은 여기에서 말하는 것처럼 말을 하지 않지만 이것을 안다.

모성 본능을 만족하기 위해 여성은 그녀의 인생을 내놓아야 하고 그리고 "나는, 나의 자녀를 위해, 나의 자녀의 안전을 위해, 죽겠고, 죽을 준비가 되어 있다."라는 태도를 끊임없이 취하여야 한다.

여성이 아기를 낳을 때에 죽을 수 있는 비율이 대단히 낮다고 말하고 있지 않다. 모든 임신모(姙娠母)는 아기를 낳을 때에 죽음을 직면할 수 있다. 여성이 아기를 낳을 때에 사망할 수 있는 높은 비율은 역사에 그리고 모든 문명에 나타났다. 이것은 여성이 자녀를 낳기 위해 죽음을 대면할 의지가 있다는 것을 분명히 보인다.

내가 직접적으로 말하려는 것은, 모성 본능 때문에 여성이 자녀를 그녀 자신 앞에, 그녀 자신의 안전 앞에, 그녀 자신의 욕구 앞에, 모든 것 앞에 놓는다는 것이다.

여성이 불타는 그녀의 집에서 두 자녀를 구한 기사를 나는 어제 읽었다. 그녀의 집은 불에 휩싸였다. 그녀는 7세 자녀와 10세 자녀를 그녀의 두 팔 밑에 끼고 계단 통로를 빠져 안전한 곳으로 나왔다. 그녀는 12세 자녀가 불타는 집을 탈출하였다고 생각하였다. 그러나 그녀는 12세 자녀가 탈출을 못한 것을 알았다. 그녀는 잠시도 주저하지 않고 12세 자녀를 구조하려고 불타는 집에 들어가려고 하였다. 집은 붕괴 직전이었다. 그녀는 소방관(firemen)의 제지를 받았다. 그러나 그녀는 그 자녀를 구하고 싶은 욕동이 강하였기 때문에 소방관의 제지를 뿌리치고 집으로 들어갔다.

그녀는 그 자녀가 연기에 질식되어 주방 마루 바닥에 쓰러져 있는 것을 발견하였다. 그녀는 그 자녀를 거실로 데리고 나와 집 밖으로 내보냈다. 그녀는 살았지만 불행히도 화상을 입었다. 그러나 자녀는 화상을 입지 않았다. 어머니는 생명을 받쳐 자녀를 구하였다.

이것은 모든 어머니에게 중요하다. 어머니는 정신적으로 심하게 아프지 않으면, - 정신병 환자(psychotic)가 아니면, 자녀를 위해 그녀의 생명을 받친다.

그것을 생각하라. 자녀를 구하는 모성 본능(maternal instinct)은 모든 생명체의 기본 본능들 중 하나인 자기를 보존하는 본능(instinct for self-preservation)보다 강력하다. 모성 본능은 자기를 보존하는 본능을 대신한다. 모성 본능은 자기를 보존하는 본능을 소멸시킨다. 모성 본능은 자기를 보존하고 싶은 본능을 유보하지 않는다. 모성 본능은 속삭이지 않는다. 모성 본능은 "당신은 당신이 할 수 있는 것을 모두 하였다. 세 강력한 남자가 당신을 꼭 붙들고 있고, 당신은 자녀를 어쨌든 구할 수 없다"라고 자기를 보존하는 본능에게 속삭일 수 없다. 모성 본능은 자녀를 구할 수 있는 어머니의 권리를 위해, 자녀를 구하고 싶은 어머니의 불굴의 욕구를 위해 자기를 보존하는 본능과 강력히 싸울 것이다.

물론 대부분의 어머니는 자녀들에게 위험한 상황을 대면시키지 않는다. 대부분의 생활에서 모성 본능이 표현되는 방식은 어머니가 자녀를 위해 희생하는 것이다. 어머니들은 자녀를 낳기 위해, 자녀를 안전하게 성숙하는 것을 보기 위해 그녀들의 시간, 지적 추구, 직업을 포기한다. 여성이 그녀 자신에게 요구할 수 있는 모든 것은 모성적 여성의 자녀를 보호하고 싶은 충동에 이차적이 된다. 당신이 정상 여성에서 본 바와 같이, 자녀에게 손실이 될 수 있는 심리적 희생을 하지 않게 하는 검토와 균형이 여성의 인격에 있다(there are checks and balances within the female personality which prevent her from making a psychological martyr of herself to the point where she would be a *detriment to* her children). 그러나 나는 다른 관점을 말하고 싶다.

모성 본능은 자기를 본존하는 본능보다 강력하다(the maternal instinct is more powerful than the instinct for self-preservation)고 나는 말하였다. 여성의 이 특성이, 임신 경험 또는 어머니의 역할이 옳지 않은 방법으로 어린 소녀에게 전해지면, 얼마나 쉽게 어린 소녀를 놀라게 할 수 있는지를 잠시 상상하라고 나는 당신에게 요구한다. 어린 소녀는 즐거워하기보다 급성 불안을 느낄 것이고, 두려워할 것이다. 이 불안은 아기를 임신하고 싶은 욕망과 결심을 압도하지 않더라도 어둡게 만들 것이다. 이 불안은 여성이 성생활에서 얻는 기쁨을 빼앗아 갈 것이다. 이 불안은 여성이 불감증을 느끼게 할 것이다. 이 불안은 그녀를 효율적이 아닌 어머니로 만들 것이고, 대단히 불쌍한 어머니로 만들 것이다.

여성의 생물적 역할은 모성(motherhood)이다. 만약 여성이 그녀의 운명의 이 면(this aspect of her destiny), 여성의 생물적 역할을 받아들일 수 없으면, 여성은 삶에서 크게 실패할 것이다. 우리는 모든 관점에서 모성 역할을 보고 싶어한다. 여성의 생물적 역할은 위대한, 아름다운 모성 역할이다. 여성의 생물적 역할은 모성 역할로 구현된다. 모성 역할은 보편적으로 칭송된다. 모성 역할은 고귀한 것이고, 자기를 희생하는 것이고, 불굴의 정신이고, 사랑이다.

어린 소녀에게 영향을 미칠 수 있는 사람이 어린 소녀의 마음 안에 있는 모성을 가치 절하하는 것은 어린 소녀에게 범죄를 저지르는 것이다. 소녀가 역사적 역할을 두렵게, 오해하게, 분노하게, 유보하게 하는 것은 소녀가 여성으로서 꽃피지 못하게 꽃봉오리를 잘라버리는 것이다. 여성이 남성과 가장 깊은 관계를 맺는 형태인, 절정감을 느낄 수 있는 여성의 능력은 생물학적 토양에 얕게 뿌리를 내리고 있다. 우리는 이것을 이 장의 첫 부분(first section of this chapter)에서 보았다. 여성의 이 능력은 여성이 발달의 초기 단계에 한 심리적 경험과 촘촘하게 짜였다. 여성이 불감증을 느끼게 하는 가장 빠른, 가장 효과적인 방법은 여성이 여성의 모성적 면을 무서워하게 가르치는 것이다.

산업혁명 이전에 여성이 남편의 파트너로서 가정에서 기능을 아주 잘 한 것을 우리는 보았다. 여성의 경험은 여성의 몸과 마음을 기쁘게 하였다. 왜냐하면, 여성의 역할은 진정으로 인정을 받았기 때문이다. 사람들은 여성이 필요하였고, 여성을 보상하였고, 여성에게 의존하였고, 여성을 칭송하였다. 여성은 그녀의 역할을 상실하였을 때에, 고민 끝에 자기의 새 정의(a new definition of self)를 찾기 위해 여성해방운동에 의지하였을 때에, Victoria 시대 정신에 의지하였을 때에 오직 재만 남은 것을, 여성을 여성으로 만든 모든 것들의 가치가 감소된 것을 발견하였다. 여성은 여성적 자기(her feminine self)를, 모성적 자기(her maternal self)를, 열정적 자기(her passionate self)를 반대하는 가치를 찾았고 채택하였다. 진정한 여성성(true feminity)을 경멸하는 것은 여성이 발견한 것이었다. 슬프게도, 여성은 그녀 자신을 위해 이 태도를 취했다.

만약 여성은 진정한 행복을 또다시 찾을 수 있으면, 여성은 여성의 진정한 즐거운 자기로 되돌아가야 한다. 여성은 여성의 생물적 운명에 순명하는 것(surrender to her biological destiny)은 함정에 빠지는 것이 아니고, 자궁의 노예가 되는 것이 아니고, 남성에게 착취당하는 것이 아니고, 오히려 훌륭한 특권이라는 것을 다시 학습하여야 한다.

나는 최근에 받은 편지의 내용을 말하고 싶다. 이 편지는 아름답다고 나는 생각한다. 이 편지는 오해와 두려움에 사로잡혔던 그러나 그녀의 길을 발견한, 그녀가 그녀의 진정한 운명에 순명함으로써 받을 수 있는 힘과 기쁨을 학습한 여성의 반응을 단순하게 서술하였다.

이 편지는 임신하게 된 젊은 여인이 썼다. 그녀는 6개월 전에 즐겁지 않은 결혼 생활을 괴로워하였고, 임신될까 봐 항상 두려워하였고, 성적 관계를 즐길 수 없었다. 그녀는 그녀가 다니는 교회에서 정신의학적 상담(psychiatric services)을 한다는 말을 듣고 목사와 상담하였다. 목사는 그녀를 심리학자가 치료하는 집단에 들어가게 하였다. 그 집단의 구성원들은 남편과 자녀와 생활하는 것의 어려움을 토론하였다.

환자는 4개월 동안 집단에 참가하였고, 남편이 주(state)의 다른 곳으로 전근하였기 때문에 집단에 참가하는 것을 그만두었다. 그녀는 집단을 그만둔지 3개월 되었을 때에 집단의 구성원에게 편지를 보냈다. 나는 이 전 환자에게서 이 편지에 있는 원래의 이름을 바꾸어 이 편지를 복사할 수 있다는 특별한 허락을 받았다.

사랑하는 친구여,

우리가 아름다운 집에 정착하였다는 것을 제외한 모든 것을 생략하겠습니다. 어쨌든 저는 아기를 임신하였다는 것을 당신에게 말하지 않을 수 없습니다. 제가 임신한 것은 놀라운 것입니다. 왜냐하면 제가 임신한 것은 제가 기대한 것과 다른 것이기 때문입니다. 저의 임신은 너무 쉽게 되었습니다. 저는 어떻게 임신하였는지 모릅니다. 그러나 저의 두려움과 걱정은 완전히 사라졌습니다. 저는 삶이 이럴 수 있는지 몰랐습니다. 저는 새 사람입니다. 만약 의사가 저에게 조용히 있으라고 말하지 않았다면, 거리에서 춤을 추었을 것입니다. 제가 신혼 여행하는 신부처럼 좋아한다고 Sam은 말합니다. 그러나 Sam은 진정으로 즐거워합니다. 제가 우리 둘을 괴롭힌 것은 무의미합니다.

이상한 것은 제가 집단에서 말한 것을 기억할 수 없는 것입니다. 저는 이것이 모든 사람에게 일어날 수 있는지를 생각합니다. 저는 저 자신에게 묻습니다. 무엇이 저를 고통스럽게 하였는가? 제가 Sam에게 항상 화를 내게 한 것이 무엇인가? 저는 저의 어머니를 깊이 사랑하였다는 것을 알았습니다. 저는 어머니에게 화를 내지 않습니다. 저는 어머니가 집에 계시지 않았던 것을 슬퍼합니다. 당신은 기억하지 못할 것입니다. 그러나 저는 저의 어머니가 임신하였을 때에 어떠하였는지를 저의 어머니에게 질문하였습니다. 그때에 어머니는 저에게 "그런 생각을 잊어라. 너는 어리다. 즐겁게 놀아라. 너는 모든 것을 곧 알게 될 것이다."라고 아주 분명히 말하였습니다. 그 답은 너무 불길한 일이 일어날 것을 미리 말하는 것 같았습니다. 어머니는 여성의 모든 일을 항상 불평하였습니다. 제가 어머니의 태도가 저에게 미친 효과를 처음으로 여러분에게 말한 때까지, 어머니의 태도를 잘 감지 못하였지만, 모두 알았다고 저는 생각합니다.

두려움이 무엇인지를 당신은 알 수 있을 때에 두려움의 작용을 알게 될 것이라고 저는 당신에게 말합니다. 저는 당신들 모두를 사랑합니다. 그리고 저는 당신들에게 깊이 감사합니다. 저는 제가 당신들에게 말하게 당신들이 도운 것을 영원히 잊지 않을 것입니다.

당신을 사랑하고 당신에게 감사 합니다.

Margaret

제7장

해부학적 구조와 운명

우리는 여성이 성장 과정에서 진정한 성적 성숙을 하지 않는 두 중요한 이유(two important reasons why women can, in the course of growing up, be deflected from true sexual maturity)를 알았다. 여성이 진정한 성적 성숙을 하지 않는 중요한 셋째 이유를 지금 생각하자.

나는 음핵에서 절정감을 느끼는 여성(clitoridal woman)을 당신에게 이미 말하였다. 나는 음핵에서 절정감을 느끼는 여성의 문제의 의미(the implications of her problem)를 당신에게 말하여야 한다. 여성은 음핵(陰核 clitoris)과 질(膣 vagina)에서 절정감을 경험할 수 있다는 것을 당신은 기억할 것이다. 이 사실은 여성의 불감증에 결정적으로 중요하다.

이 사실이 여성의 불감증에 왜 결정적으로 중요한가? 이 사실은 여성의 생식기에 두 성적 기관이 있고, 이 두 성적 기관이 여성을 성적 긴장에서 해방시키는 것(*women have two distinct sexual organs, both capable of bringing her release from sexual tension*)을 의미한다. 여성은 무의식적 상태에서 두 성적 만족을 하는 유형 중에서 한 유형을 더 좋아할 수 있다. 이 선택할 수 있는 능력은 파국을 자주 일으킨다. 왜냐하면 두 성적 만족을 하는 방법 중에서 한 방법은 미숙(immaturity)을 의미하고, 신경증(neurosis)과 결합하기 때문이다.

남성은 오직 한 기관, 음경(penis)만 있다. 남성은 성적 만족을 할 수 있는 다른 해부학적 방법(anatomical alternative)이 없다. 남성은, 드문 경우지만, 어렸을 때에 당황한 경험 때문에 성적 감정을 느끼지 못하면, 단순히 발기부전(impotent)을 앓는다. 남성은 이 발기부전을 엄청나게 큰 욕구박탈로 느낄 것이고, 이 욕구박탈을 강력히 극복하려고 할 것이다. 그런 문제를 가진 남성의 고통을 본 사람들은 그런 문제를 가진 남성이 건강을 회복하고 싶은 욕구가 얼마나 강한가를 알게 될 것이다.

성숙한 여성의 절정감(mature female's orgasm)은 질(vagina)에서 일어난다. 여성이 절정감을 질에서 경험할 수 있다는 사실은 이 여성의 인격이 충분히 발달하였다는 것이다.

음핵에서 느끼는 절정감(the clitoral orgasm)은 오직 음핵에서만 일어난다. 음핵에서 느끼는 절정감은 질에서 느끼는 절정감을 포함하지 않는다. 음핵에서 느끼는 절정감은 남성의 음경과 관계가 가끔 없다. 여성은 발달 초기에 음핵에서 절정감을 느낄 수 있다. 만약 어린 소녀가 성숙 과정에서 여러 이유로 성숙한, 질에서 쾌감을 느끼는 성교(vaginal sexuality)를 두려워하면, 어린 소녀는 질에서 쾌감을 느끼는 성교를 기억하지 않을 수 있고, 욕구를 박탈받은 강한 감정을 의식적으로 느끼지 않고, 질에서 쾌감을 느끼는 성교를 영원히 기억하지 않는다. 어린 소녀는 음핵에서 절정감을 느낄 수 있다. 왜냐하면 어린 소녀는 음핵에서 절정감을 이미 충분히 느꼈기 때문이다. 어린 소녀는 진정한 성적 쾌감(true sexual awakening)을 전혀 경험하지 않았기 때문에, 무엇을 느끼지 못하는지를 모른다. 결과적으로 어린 소녀는 느끼지 못한 것이 없다.

음핵에서 절정감을 느낄 수 있는 여성은 성적 발달의 다음 단계로 이동하고 싶은 대단히 강한 동기가 없는 것을 당신은 알 수 있다. 그녀의 발달하고 있는 성(her developing sexuality)은 관능적 쾌감을 느끼지 못하는 궁지(a sensual cul-de-sac)로 간다. 그녀는, 만약 용감한, 대단히 의식적인 조치를 취하지 않으면, 성적 쾌감을 느끼지 못하는 궁지에 머문다. 그녀는 발달의 초기에서 청소년기로, 그 이후로 발달할 때에, 성의 방향을 바꾸지 않을 것이다. 왜냐하면 그녀는 성의 방향을 바꿀 이유를 느끼지 못하기 때문이다. 성을 만족하는 방법이 깊어질수록 성적 반응의 초기 방법은 짙어진다. 그녀는 다른 방법으로 반응할 수 없게 된다.

그런 여성은 성적으로 발달하지 않기 때문에 정서적으로도 발달하지 않는다. 만약 그녀가 진정한 여성이 되는 것의 심리적 두려움을 해결하지 않으면, 그녀는 그녀의 유아적, 정서적 욕구를 방어하기 시작할 것이고, 그녀의 성적 욕구를 만족시키는 유아적 방법을 방어하기 시작할 것이다. 그녀는 결혼할 나이가 될 때에 친근한 관계를 형성할 수 없게 하는 심한 신경증을 앓을 수 있다.

이것은 생물학이 심리학의 도움을 받아 여성의 운명을 나타낼 수 있는 방법이다. 여성의 해부학적 구조의 이중적 잠재 가능성에 성적 비극의 씨앗이, 개인적 비극의 씨앗이 있다.

절정감을 음핵에서만 느끼는 여성은 이 성적 문제의 불감증 환자라는 것을 기억하라. 이 성적 문제를 앓는 환자의 통계는 없지만 그러나 대부분의 정신과 의사와 정신분석자는 성적 문제를 앓는 환자가 많다는 것에, 불감증이 성적 문제의 지배적 형태라는 것에 동의한다.

이 형태의 불감증을 앓는 많은 여성은 여성의 성적 행동에 관한 널리 퍼져 있는 틀린 견해의 방해를 과거 여러 해 동안 받았다. Kinsey 보고서는 이 면에서 잘못을 저질렀다. Kinsey 보고서는 질에서 절정감을 느끼는 것(vaginal orgasm)과 음핵에서 절정감을 느끼는 것(clitoral orgasm)을 구별하지 않았다. Kinsey 보고서를 작성한 자들은 모든 절정감은 음핵에서 느끼는 것이라고 강력히 주장하였다. 교육받은 자들이 이 결론에 어떻게 도달할 수 있는지를 말하기 어렵다. 지난 50년 동안 인간의 성을 관찰한 중요한 사람들은 정신의학계에 있다. 인간의 성을 관찰한 중요한 정신의학자들은 음핵에서 절정감을 느끼는 것과 질에서 절정감을 느끼는 것의 차이를 그리고 음핵에서 절정감을 느끼는 것과 질에서 절정감을 느끼는 것이 인격의 발달과 신경증을 앓는 것과 관계가 있다는 것을 동의하였다. Kinsey 보고서는 여성의 성에 관한 중요한, 입증된 사실을 무시하였고, 정신의학의 관점과 일치하지 않는 절정감에 관한 견해를 주장하였다.

그러나 슬픈 일은, 오직 음핵에서 절정감을 느낄 수 있는 여성의 신경증적으로 방어하는 태도를 지지하기 위해, Kinsey 보고서가 자주 인용된 것이다. 오직 음핵에서 절정감을 느낄 수 있는 여성들은 성적 만족을 하는 그녀들 자신의 방법이 완전히 정상적인 방법이라고 말할 수 있다. 그녀들은 그녀들의 견해를 지지하는 엄청 많은 "과학적" 자료가 없는가? 이 문제를 가진 여러 여성들은 Kinsey의 "연구 결과"를 꼭 붙잡는다. 나는 이 문제 때문에 고통받는 여러 여성을 치료하였다. 그녀들은 성을 만족하는 그녀들의 방법을 방어하기 위해 나에게 Kinsey를 장황하게 인용하였다. 나는 나의 동료들이 이것을 경험하는지 검토하였다. 나의 동료들은 나의 경험과 비슷한 경험을 하는 것을 나는 알았다.

이것은 불행이다. 다른 유형의 불감증 때문에 고통받는 여성들은 성적 욕구좌절감 때문에 그들의 문제를 자주 대면하고 싶어한다. 그녀들은 생리적 욕구 때문에 그녀들의 고통에서 벗어나려고 한다.

그러나 음핵에서 절정감(a clitoral orgasm)을 느낄 수 있는 여성은 그녀들의 고통에서 벗어나려는 동기가 없다. 그녀는 그녀의 인생을 파멸시킬 수 있고, 현명하게 될 수 없고, 현명하게 될 수 없는 이유를 깨닫지 못한다.

음핵에서 절정감을 느낄 수 있는 여성들은 그녀들의 어려운 상황에서 벗어나려고 하기 보다 음핵에서 절정감을 느끼는 것을 만족하려는 그녀들의 성향을 조심하여야 한다. 그녀들은 그녀들의 상황이 어려운 상황이라는 것을, 너무 쉽게 합리화될 수 있는 심각한 상황이라는 것을 인정하여야 한다.

여성은 성적 반응을 하여야 할 책임이 있다는 것을 나는 여기에서 한번 더 강조하고 싶다(I wish to emphasize once more the role of woman's responsibility in this matter of sexual response). 음핵에서 절정감을 느끼는 여성은 그녀들의 문제를 인정하였어도 그녀들의 문제를 효과적 방법으로 대면하는 것을 비합리적으로 두려워한다. 그러므로 이 문제 때문에 고통받는 누구든 이 문제 때문에 수치심을 또는 비난을 느끼지 않아야 한다고 나는 다시 말하고 싶다. 당신은 의식적 감각에서, 성적 발달의 초기의, 위험이 비교적 적은 상태에 머무르려고 하지 않았다. 만약 당신이 성적 발달의 초기에 머무르려고 하였다면, 그것은 당신의 몸이 한 것이다. 당신은 당신의 몸이 한 것에 할 말이 없었다. 그 문제의 원인은 여성의 이상한 이중적 성이다(The strange dual sexuality of woman is at the base of the matter). 당신이 특정 초기 경험을 틀리게 이해하였거나 틀리게 해석하였기 때문에 여성의 이상한 이중적 성이 당신에게 발생하였다. 또는 여성의 이상한 이중적 성이 당신에게 발생한 것은 당신이 어렸을 때에 당신을 양육한 성인이 무지하였거나 틀린 정보를 얻었기 때문이다.

그러나 당신이 너무 어리기 때문에 질에서 절정감을 느끼는 것과 음핵에서 절정감을 느끼는 것의 차이를 구별할 수 없을 때에, 당신이 만족하는 방법은 당신이 당신의 미숙이 나타나는 것을 지혜와 용기로 직면하는 것이다. 그 문제 때문에 죄책감과 열등감을 느끼지 마라. 그 문제 때문에 고통받는 사람은 당신 혼자가 아니다. 당신의 문제와 같은 문제를 가진 여성이 수백만이다. 당신은 이 문제 뒤에 있는 쾌락을 성취하는 사람일 수 있다. 이 문제 뒤에 있는 쾌락은 진정한 쾌락이다. 당신이 쾌락 안에 있다고 생각한 두려움은 진정한 쾌락 안에 없다.

음핵에서 절정감을 느끼는 여성이 성교하고 싶게 하는 한 방법은 음핵에서 절정감을 느끼는 것이 남편에게 어떤 효과를 미치는지를 여성이 알게 하는 것이다. 음핵에서 절정감을 느끼는 것에 고착된 여성은 그 효과를 볼 수 없거나 그 효과를 현실적으로 대면할 수 없다. 성을 만족하는 그녀들의 방법이 유아적이라는, 신경증적이라는 것을 그녀들이 알 때에, 그녀들의 남편들이 그녀들을 최고조에 있게 하기 위해 그녀들의 음핵을 자극하려고 하고, 그뿐만 아니라 그녀들의 남편들이 이 방법으로 성적 접촉하는 것을 선호한다고 그녀들이 주장하는 것을 나는 알았다.

그런 사례는 내가 수년 동안 한 임상 경험에 없었다. 남편들은 그런 유아적인, 신경증적인 방법을 싫어하였다.

최근에 음핵에서 절정감을 느끼는 것에서 벗어날 수 있는 부인의 남편(one husband, whose wife has been able to move on from her clitorial fixation)은 "저는 다시 남자가 된 것을 느꼈습니다. 누가 어떤 말을 하더라도 부인의 반응이 가장 중요합니다. 가장 중요한 것은 부인이 성교 중에 하는 반응입니다. 만약 부인이 성교 중에 반응하지 않으면, 우리는 우리 자신을 점점 신뢰하지 않게 되고, 성교에 흥미를 잃게 됩니다."라고 말하였다.

다른 남자, 방금 나에게 온, 음핵에서만 오직 절정감을 느낄 수 있는 부인의 남편(Another man, whose wife has just come to me and who has never been able to have an orgasm except clitorally)은, 나에게 "저는 동정심이 없고 속이 좁은 것(unsympathetic and petty) 같습니다. 그러나 만약 저는 아동들이 좋아하는 것을 끝없이 보고 있었다고 느끼면, 그것은 끝없이 애무하는 것이라고 저는 느낍니다. 그것은 성의 파트너 역할을 포기한 것이라고 저는 생각합니다. 그것은 재미없습니다."라고 최근에 말하였다.

그는 즐거움을 다시 찾을 것이다. 왜냐하면 그의 부인은 결혼 생활을 시작한 때보다 더 많은 것을 알았고, 그녀 자신을 도우려고 하기 때문이다. 그리고 남편은 동정심이 없지 않다(*not* unsympathetic). 남편은 속이 좁지 않다. 남편은 인간이고, 그의 인간적 인내는 한계가 있다.

남편이 음핵에서 절정감을 느끼는 문제를 괴로워하는 것을 부인이 부정하는 것은 부인의 깊은 두려움에 기초하고 있다는 것(The wife's denial that the usband is bothered by a clitoridal problem is based on a deepr fear)을 - 결혼 생활이 그녀의 문제에 의해 위험하게 될까 봐 그녀가 두려워하는 것에 기초하고 있다는 것을 나는 알았다. 위에서 내가 말한 두 여성은 (그리고 내가 치료한 많은 여성은) 그녀들의 결혼 생활이 고통이 될까 봐 두렵기 때문에, 그녀들의 남편들이 그녀들을 떠날까 봐 두렵기 때문에 나에게 도움을 받으러 왔다는 것을 마침내 인정하였다. 그러나 많은 남성은 부인의 이 문제를 잘 견디는 것 같다. 나는 그 이유로 결혼 생활을 무너뜨린 남자를 아직 찾지 못하였다. 내가 위에서 인용한 두 남자는, 그들의 욕구좌절을 받아들일 수 있고, 받아들이고 싶다고, 나에게 말하였다. 그들은 그들의 결혼 생활을 무너뜨리는 것을 좋아하지 않았다.

위험은 남편에게서 오지 않는다. 진정한 남자는 그 이유 때문에 여성을 버리지 않는다. 위험은 여성 자신에게서 온다. 여성은 미숙하기 때문에 그녀의 문제를 대면하려고 하기보다 대면하려고 하지 않는다. 진정한 위험은 남성이 여성을 떠나게 여성이 남성에게 하는 것을 모르고 하는 것이다.

이 종류의 문제가 있는 여성의 중요한 특징은 회피하는 것임을, 사실을 숨기는 것임을 당신은 보기 시작한다. 여성들은 사실을 처리할 수 없는 것을 알게 될까 봐 두려워하는 것 같다. 여성들은 처리할 수 없는 것을 찾지 못할 것이 아니고 놀라게 될 것을 찾지 못할 것이라고 나는 여성들에게 오직 말할 수 있다.

나는 모든 그런 여성의 마음을 어떤 한 특정 관념에 머물게 하고 싶다. 음핵에서 절정감을 느끼는 여성들은 그녀들에게 동성애적 문제(homosexual problem)가 또는 적어도 동성애적 성향이 수면 아래에 있다고 내가 믿는지를 나에게 헤아릴 수 없는 많은 질문을 하였다. 그 질문의 답은 언제나 믿지 않음이다.

나는 당신에게 그런 전형적 예를 들겠다. 얼마 전에 젊은 간호사가 나에게 왔다. 그녀는 그녀의 문제를 나에게 말할 수 있기 전에 굉장히 당황하였고, 많이 울었다. 그녀는 약 1년 동안 결혼 생활을 하였다. 그녀는 성교하는 동안에 절정감을 느낄 수 없었다는 것을 알았다. 그녀의 남편은 그녀가 최고조에 도달할 수 있기 전에 많은 시간 동안 그녀의 음핵을 자극하여야 하였다. 그녀는 이것을 말한 뒤에 오랫동안 침묵하였다. 그 뒤에 그녀는 "선생님, 저는 동성애 환자라고 생각합니다."라고 갑자기 말하였다.

"왜 당신이 동성애 환자라고 생각합니까?"라고 나는 질문하였다.

"저는 동성애 꿈을 꾸었습니다. 저는 병원에서 수간호사를 끌어안고 있었습니다. 저는 마음이 온화하였고 좋았습니다."라고 그녀는 말하였다.

"다른 나쁜 증거는?"라고 나는 질문하였다.

그녀는 얼굴이 붉어 졌다. 그녀는 부끄러워하였고 수줍어하였다. 우리는 그녀에게 가서 그녀의 머리를 어루만지고, 저, 저라고 헛소리를 내지 않을 수 없었다. "네, 제가 12살 때, 이 여자 애와, 우리는 ...를 하였고, 하였습니다." 라고 그녀는 갑자기 말하였다. 나는 그녀의 말을 이해할 수 없었다.

"당신은 둘이 성적으로 장난을 하였습니까?"라고 나는 부드럽게 질문하였다.

그녀는 나를 쳐다보았고, 눈을 크게 떴고, 고개를 슬프게 끄덕이면서 "네" 라고 말하였다.

그녀는 성장한 이후 그녀가 어린 시절에 하였던 그 경험을 반복하지 않았다. 나는 그녀의 마음을 그 문제에 머물게 할 수 있었다. 그녀는 동성애 환자가 전혀 아니었다. 물론 그 증상은 대단히 심한 증상이고, 언제나 치료될 수 없다. 동성애 증상은 여성이 남성보다 여성을 더 좋아하는 것이다. 동성애를 앓는 여성은 여성을 사랑한다. 동성애를 앓는 여성은 남성에게 의식적으로 성적 관심을 기울이지 않는다.

우리의 어린 간호사의 "동성애적" 꿈("homosexual" dream)은 우리의 어린 간호사가 원만하지 않은 성적 관계를 남편과 한다는 것을, 우리의 어린 간호사가 그 어려움을 받지 않게 돕는, 그 어려움에서 벗어나게 돕는 어머니 "이미지"(mother "image")를 원한다는 것을 의미하였다. 물론, 우리의 어린 간호사는 그 어머니 이미지를 나에게서 찾았다. 그런 어머니를 찾는 그녀의 욕구 때문에 그녀는 여자 정신과 의사를 가장 먼저 선택하였다.

우리의 어린 간호사가 어렸을 때에 다른 어린 여아와 성적 놀이를 한 것은 지극히 정상이다. 모든 아동이 이런 놀이를 즐기는 것은 아니다. 그러나 많은 아동이 이런 놀이를 즐긴다. 만약 이 놀이는 청소년기까지 계속되지 않으면, 일반적으로 해가 없다.

이 동성애의 망상(delusion of homosexuality)을 일으키는 원인은 콤플렉스이다. 이 동성애를 일으키는 원인은 어렸을 때에 음핵과 남성의 음경을 혼동한 것에 있다. 나는 이 혼동을 뒤에서 설명하겠다. 그러나 당신은 하나를 확신할 수 있다. - 당신은 당신의 문제가 동성애에 기초한다는 것을 발견하지 못한다는 것을 확신할 수 있다. 틀린 개념을 고수하는 것은 자기가 이야기한 귀신에 자기가 놀라는 것이다. 이것은 어린 아동의 전형적 방식이다.

성적 감정이 그녀 자신의 음핵에 고착된 여성의 속성을 나는 여기에서 다루고 싶다. 그 속성에 관해 그녀는 경고를 받았다면, 그녀는 그 속성을 의심하였을 것이다. 그 속성은 해결책이 없는 방향으로 문제를 해결하려는 것이다.

음핵에서 절정감을 느끼는 문제(clitoridal problem)를 쉽게 해결하기 위해 모든 방법을 시도한 - 약물을, 수술을, 심지어 요가(yoga)를 시도한 여성을 나는 치료하였다. 많이 사용하는 회피들 중 하나를 행복한 결혼 생활에 도달할 수 있는 방법을 우리에게 알려 주기 위해 저술한, 인기 많은 소책자에서 우리는 찾을 수 있다. 그런 책은 성적 체위(sexual positions)를 다양화하라고 부부에게 조언한다. 그런 책은 성적 체위를 잘 설명하기 위해 그림이 있다.

이 조언은 틀린 것이 없다. 성적 체위를 조금이라도 다양하게 경험한 사람은 체위를 다양하게 하는 것이 사랑을 달콤하게 한다는 것을 안다. 그러나 책들은 체위를 다양하게 하는 것이 처음부터 성적 문제가 깊지 않은 파트너와 성생활하는 것에 적합한 방식이라고 일반적으로 말하지 않는다. 이 책들은 그 부분을 말하지 않음으로써 성적 체위의 다양성이 이미 확고하게 된 성적 문제를 해결할 것(variety of sexual position will solve an aready well-establlished sexual difficulty)이라는 무언의 강한 인상을 준다.

성적 문제 때문에 절망하는 여성(the desperate woman)은 그녀의 성적 문제를 해결할 수 있다는 말을 들으면 그 말에 매달린다. Hindu Kamasutra(힌두교의 색정에 관한 경전, 우리 결혼 생활에 관한 많은 지침은 이 경전에서 왔다.)에 있는 수많은 체위는 음핵에서 쾌감을 오직 얻는 성적 문제(a clitoral fixation)를 풀지 못한다. 성적 문제의 해결책은 음핵에서 쾌감을 얻는 것에 있다고 어떤 여성이 주장하면, 그 여성은 정서적 패배(emotional defeat)를 요구하고 있는 것이다.

우리는 여성이 불감증을 앓게 하는 세 사실을 보았다. 나는 그 세 사실을 간단히 말하겠다. 그러면 당신은 그 세 사실을 잘 기억할 것이다.

첫째로, 여성이 느끼는 절정감은 생물학적 필연성(a biological necessity)이 아니다. 남성이 절정감을 느끼는 것은 생물학적 필연성이고, 여성이 절정감을 느끼는 것은 생물학적 필연성이 아니다. 여성이 충분히 성적 만족을 하지 않아도 종족은 보존될 수 있고, 보존된다. 이것은 여성의 절정감이 나쁜 심리적 영향을 왜 받기 쉬운지를 암시한다.

둘째로, 어머니는 자녀에게 거대한 심리적 희생(psychological sacrificies)을, 때로는 거대한 신체석 희생(physical sacrificies)을 하여야 한다. 이 사실은 여성이 자기 보존의 자연 법칙(the natural law of self-preservation)보다 종족의 보존을 우선한다는 것을, 자신의 복지보다 자녀의 복지(her children's welfare)를 우선한다는 것을 의미한다. 이 사실은 어떤 여성에게 놀라운 사실이다. 만약 여성이 적합한 교육을 받지 않았으면, 이 사실은 여성이 그녀 자신의 성적 충동(feminie sexual impulse)을 두려워하게 할 수 있다. 이 사실은 여성이 성교(love-making)를 즐길 수 없게 할 수 있다.

셋째로, 여성은 두 기관, 즉 음핵(clitoris)과 질(vagina)에서 성적 만족을 한다. 음핵에서 느끼는 절정감(clitoral orgasm)은 미숙한 절정감이다. 음핵에서 느끼는 절정감은 여성이 성교를 회피하게 한다. 이것은 불감증(frigidity)의 한 형태이다. 그러나 수많은 여성은 어렸을 때에 쾌감을 얻은 방법에 만족하고, 성숙한 수준에서 성을 만족하려고 하지 않는다.

제8장

사랑의 성장

우리가 의과대학에서 수강하는 교과목 중에, 인간이 유아기(infancy)부터 성숙기(maturity)까지 발달하는 심리학적 단계(psychological stages of development)에 관한 연구가 있었다. 이 교과목에서 사람들이 이 심리학적 발달단계를 통과하는 동안에 만나는 여러 함정들(pitfalls)을, 사람들이 심리학적 성숙(psychological maturity)에 도달하지 못하게 방해하는 생물학적 심리학적 경험들(biological and psychological experiences)을 우리는 배웠다.

우리는 강의실에서 청소년기의 심리학적 위험(psychological hazards of adolescence)을 검토하였다. 그때에 머리가 대단히 좋은 한 학생이 손을 들었다. 이것을 교수가 인지하였다. 이 학생은 교수에게 "어떻게 누구나 항상 성장합니까?"("How does anyone *ever* really grow up?")라고 질문하였다.

강의를 수강하는 학생들은 웃었다. 그러나 웃음이 가라앉은 뒤에, 교수는 질문을 심각하게 받아들이었고, 그 학생의 총명을 칭찬하였다. 교수는 건강과 즐거움을 유지하려는 인간의 몸과 마음의 굴복하지 않는, 끓어오르는 욕동(drive)에 관해, 극복하지 못할 것 같은 장애물을 자주 극복하려고 하는 욕동에 관해, 분명히 패배한 욕동의 원래의 에너지를 되살아나게 하기 위해, 건강과 성숙을 계속 하기 위해 가끔 한동안 휴식하려고 하는 욕동에 관해 한 시간 반 동안 강의하였다.

우리는 정신과적 도움을 받기 위해 우리에게 오는 사람들에게서 이 욕동을 매일 본다. 우리는 이 욕동이 심리학적 치유(psychological healing)의 가장 중요한 유일한 요소인 것을 안다. 사람이 발달하지 못하게 한 장애가 제거되자 사람의 마음과 몸은 건강과 행복을 위해 다시 활동한다. 우리가 여성이 성장하는 발달단계를 여기에서 탐구할 때에 이 요인을 명심하는 것이 좋다.

우리는 모든 성장을 한, 기능을 하는 진정한 여성(the grown-up, truly feminine woman in operation)을 보았다. 성장을 모두 한, 기능을 하는 진정한 여성은 당신을 즐거워하는, 당신에게 즐거움을 주는, 애정을 가장 친근하게, 가장 완전하게 표현하는, 성적 행동을 하는 파트너임을 당신은 기억할 것이다. 그녀의 인격의 많은 부분이 그녀의 모성 본능(maternal instinct)을 중심으로 구성되어 있다는 것을, 그녀의 모성 본능의 주요 특성은 주는 즐거움인 것(a pleasure in giving)을, 그녀 자신의 생명과 복지에 위험이 있어도, 그녀 자신보다 남편과 자녀를 항상 먼저 생각하는 이타주의(altruism)인 것을 당신은 회상할 것이다. 그녀의 중심적 활동은 가정 일을 하는 것(nest building)이고, 자녀를 양육하는 것(child rearing)이다. 그녀의 인격의 특징은 타인을 깊이 직관하는 것(a deep intuitiveness about others)이다. 그녀는 마음속에서 느끼고, 밖으로 표현하지 않는다. 그녀는 수동적이다. 그녀는 그녀의 에너지를 모든 욕구의 가장 깊은 욕구, 즉 자녀를 낳는 일에 기울인다. 그녀의 남편은 그녀와 반대이다. 그녀의 남편은 공격적이고, 외부 세계에서 투쟁한다. 그녀의 무대는, 그녀의 주요 관심은 가정이고, 가정을 보존하는 것이고, 가정의 행복이다.

어떻게 그녀는 이 길을 왔는가? 진정한 여성적 인격을 갖추지 못한 여성들에게 실제로 무엇이 일어났는가? 그리고, 진정한 여성적 인격(a truly feminine personality)을 갖추지 못한 그녀들은 진정한 여성적 인격을 갖추지 못한 그 길(*that* way)을 어떻게 왔는가?

우리는 이 문제들에 답을 할 수 있기 위해, 여성들이, 모든 여성들이 성장과정을 통과한 발달단계를 우선 이해하여야 한다. 이 발달단계들은 수십년 동안 엄밀한 과학적 조사를 받았다. 발달단계들이 심리적 건강과 질병에 중요한 것임을 우리가 안 것은 현대 정신의학의 중요한 성취들 중 하나이다. 이 발달단계들은 철저히 탐색되었다. 우리는 발달단계에 관해 알 수 있는 것을 모두 알지 않지만, 그래도 우리는 많이 안다.

내가 말하려고 하는 자료는 사실이고, 과학적 사실이고, 의견이 아니다. 만약 정보가 새로우면, 또는 낯이 설면, 또는 짜증나게 하더라도, 놀라거나 당황을 하지 마라. 그 정보는 대부분의 사람들에게 새 것이고 낯선 것이다. 그 정보는 당신에게 적용할 수 없는 것 같다. 그러나 만약 당신이 그 정보를 붙잡고 있으면, 내가 뒤에서 토론할 사례사를 이해하기 위해 그 정보를 사용하면, 당신은 점진적으로 사례를 알게 될 것이다. 개인의 발단단계를 이해하는 것이 모든 여성성(full femininity)을 아직도 얻을 수 없는 개인에게 필요하고 도움이 된다는 것을 당신은 이해하게 될 것이다. 당신이 많이 들은 바와 같이 모든 심리적 문제의 뿌리는 유아기에, 또는 아동기에, 또는 청소년기에 있다. 우리는 이 문제들의 뿌리를 뽑기 위해 새 연장을, 새 관념을, 새 종합 계획을 갖고, 그 발달단계들에 돌아가야 한다.

모든 개인이 통과하여야 하는 생물학적 심리학적 두 발달단계가 있다. 첫째 발달단계는 출생부터 약 10세까지이다. 이 첫째 발달단계는 두 단계로 나누어진다. 그 첫 단계를 우리는 유아기(infancy)라고 부른다. 이 첫 단계는 대략 출생부터 5년 동안이다. 둘째 단계를 우리는 잠재기(latency)라고 부른다. 잠재기는 5세부터 5년 동안이다.

출생 후 첫 5년 동안, 유아기(infantile period)는 유아기 이후 발달에 굉장히 중요하다. 이 시기에 전체 인격이 형성되고 이 시기와 다음 시기를 구분하는 특성이 발달한다.

이 시점에서, 나는 당신을 놀라게 할 또는 당황하게 할 과학적 사실을 말하여야 한다. 나는 당신이 이 사실에 관해 가질 수 있는 개인적 또는 도덕적 편견을 갖지 말라고 당신에게 요청하고 싶다. 왜냐하면, 편견은 쟁점 전체를 오직 애매하게 만들 것이고, 과학이 인간 이해를 위해 한 가장 중요한 공헌 중 하나를 당신이 어렵게 이해하게 할 것이기 때문이다.

유아기(infantile period)에 관한 결정적 사실은 어린 생명이 강한 성적 감정을 갖고 태어나는 것(the little creature is very heavily endowed with strong sexual feelings)이다. 이 주제를 공부하는 학생들은 이 점에 완전한 합의를 한다. 그것에 관한 의문은 조금도 없다. 그 사실을 검토할 수 있는 모든 과학적 방법이 사용되었다. 이 방법들은 아동을 직접 관찰하는 것, 최면에 의해 아동이 회상하게 하는 것, 또는 피험자(아동)가 최면제의 영향을 받는 동안, 아동이 직접 보고하는 것, 기타 다른 방법이다.

이 성적 욕동(sexual drive)은 최초부터 성기(genitals)에 집중한다. 우리는 이 사실을 자위행위하는 아동들에게서 분명히 볼 수 있다. 이 기간에 남아와 여아가 자위행위를 하는 것은 정상적 행위이다.

이 자위행위의 중요한 것은 여아가 그녀 자신의 음핵을 자극(the manipulation of her clitoris)함으로써 자위행위를 하는 것이다. 여아는 질(vagina)이 관능적 영역(sensual area)이라는 사실을 모른다.

유아기의 성적 감정(sexual feelings)은 2세 뒤에 또는 3세 뒤에 강력하게 된다. 자위행위는 증가할 수 있다. 아동이 이 나이에 경험한 강력한 관능적 감정(sensual feelings)은 그 아동이 그 경험 이후에 성적 발달을 하는 틀을 만든다.

출생후 3년 동안 어린 여아는 어머니에게 크게, 주로 애착한다. 어린 유아는 사물을 "안다"("realize")는 의미에서 보면, 어린 여아는 어머니가 어린 여아를 보호하는 근원이라는 것을 안다. 이 감정에 명백한 관능적 성질(a very clear sensual nature)이 있다. 어린 여아는 어머니에게 가까이 있는 것을 좋아한다. 어린 여아는 어머니가 어린 여아를 어루만지는 것을, 어린 여아의 생식기를 씻어주는 것을 좋아한다. 어린 여아는 자위행위를 어머니에게 심리적으로, 신체적으로 받는 즐거운 감각에 연결한다.

3세경에, 여아는 아버지에게 점점 많이 애착하는 것을 감지한다. 아버지가 여아를 사랑하는 것은, 아버지가 여아와 노는 것은 여아(her whole being)를 자극한다. 여아의 관능적 욕구(sensuality)는 아버지에게 점점 많이 애착하게 된다. 처음에, 여아는 아버지에게 애착하는 것에 갈등이 있는지를 느끼지 못한다. 그러나 여아의 어린 마음이 현실을 조금 알게 되면서 여아가 아버지에게 관능적 반응을 한 것이 여아가 어머니와 경쟁하게 하였다는 사실을 여아는 모호하게 불완전하게 느낀다. 여아는 다른 여성이 여아의 첫 남성에게 우선권이 있다는 사실을 느낀다. 이때에 여아는 어머니에게 적개적 감정을 느끼기 시작한다.

전체적 사실(the whole thing)은 너무 환상적인 것 같다! 어린 아동은 아버지의 사랑을 받기 위해 어머니와 경쟁할 수 있는가? 어린 아동은 어머니와 경쟁할 수 없다!

그러나 나의 여자 환자의 전형적 꿈을 나는 당신에게 말하겠다. 이 꿈은 나에게 여러 시간 치료를 받은, 불감증을 앓는 여성의 꿈이다. 이 여성은 5세경에, 성장하면, 그녀의 아버지가 그녀와 결혼할 것이라고 확신하였다는 것을, 나에게 치료받은 어느 시간에, 이 꿈을 꾸기 전 날에, 갑자기 기억하였다. 그녀는 그 기억을 그녀의 마음속에 묻어 두었고, 그 기억을 치료시간에 소생하였다.

그녀의 꿈에서, 그녀는 요람에 누워 있었다. 안경을 쓴, 코밑 수염이 많지 않은, 키 큰, 마른 어떤 남자가 요람 옆에 있는 침대 위에 누워 있었다. 뚱뚱한, 혈색 좋은 여자가 그 남자 옆에 누워 있었다. 이 여자는 강박적 발작(convulsive seizure)을 갑자기 하였다. 이 여자는 몸을 잠시 비꼬았고, 그 뒤에 조용히 있게 되었다. 그 남자는 이 여자를 보았고 즐거운 듯이 미소를 지었다. 그 남자는 "그녀는 죽었다."라고 말하였다. 그리고 그 남자는 침대에서 일어났고, 요람으로 갔다. 그 남자는 나의 환자를 안았다. 그 남자는 "우리는 넷을 가질 것이다."라고 나의 환자에게 말하였다. 나의 환자는 흥분하였고 굉장히 기뻤다.

나의 환자는 굉장히 불안한 상태에서 깨었다. 우리의 상담시간에, 그녀는 그녀의 아버지가 키가 크고, 마르고, 가끔 침대에서 책을 읽기 위해 안경을 썼다고 나에게 말하였다. 그녀의 어머니는 뚱뚱하였고, 피부 색이 짙었다. 나의 환자는 아버지와 결혼하겠고 4자녀를 낳겠다고 아동기에 결정하였다는 것을 갑자기 회상하였다. 나의 환자의 논리는 어머니가 3자녀를 낳았기 때문에 하나 더 낳겠다는 것이었다.

자녀가 어렸을 때에 어머니, 아버지, 자녀의 삼각관계가 존재하는 것을 이것처럼 명확히 보여주는 정보를 우리 정신과 의사들이 우리의 환자들에게서 직접 얼마나 자주 얻는지를 나는 말할 수 없다. 물론 그 삼각관계는 자녀를 갈등하게 한다. 어린 여아가 어렸을 때에 어린 여아에게 이런 갈등은 대단히 미묘하게, 모호하게 일어난다. 그래서 역사의 여명기부터 19세기 말까지 인간은 이런 갈등의 존재를 의식하지 못하였다. 20세기로 들어오기 직전에, 유명하지 않던, Wien의 정신과 의사, Sigmund Freud는 억압된 죄의식의 강력한 감정 때문에 고통받는 환자들에게 최면술을 적용하는 동안에, 억압된 죄의식의 강력한 감정이 여아가 어렸을 때에 느낀 갈등과 항상 연결되었다는 것을 감지하였다. 이 성적 갈등은 초기 아동기로 거슬러 올라간다는 것을 Freud는 발견하고 놀랐다. Freud는 아동들이 강한 관능적 감정을 가진 것을 증명할 수 있었고, 이 감정이 처음에 어머니에게 연결되었고, 그 다음에 아버지에게 연결되었고, 이 감정이 아동의 마음에서 갈등이 일어나게 하였고, 이 갈등이 해결되어야 하였다는 것을 증명할 수 있었다. Freud는 이 갈등하는 상황을 Oedipus 상황(the Oedipal situation)이라고 불렀다. 만약 이 갈등 상황이 해결되지 않았다면, 아동은 정상적인 성적 심리적 성장을 방해할 수 있던, 방해한 비합리적 죄책감을 느꼈을 것이다.

나는 이 어렸을 때에 갈등을 느끼는 근원을 내가 여기에서 말한 방식으로 나의 여자 환자에게 최근에 말하였다. 나의 여자 환자는 잠시 생각한 뒤에 그 문제의 심장부로 들어가는 질문을 하였다. 나의 여자 환자는 "만약 이 어렸을 때의 상황 때문에 아동이 갈등을 느끼고, 나중에 이 갈등이 신경증이 될 수 있다면, 왜 자연은 그렇게 고안을 하였습니까? 자연은 인간의 성장을 돕기 위해, 성장을 방해하지 않기 위해 세상을 만들었다고 저는 생각하였습니다."라고 말하였다.

이 관찰과 이 질문은 좋은 관찰이었고 좋은 질문이었다. 이 관찰과 이 질문은 일반적으로 무시되어 온 문제를 지적하였다. 자연은 이 어렸을 때에 성적 갈등(sexual conflict)을 특별한 이유 때문에 고안하였다(Nature *did* design this early sexual conflict for a very special reason). 자연은 어린 여아의 성장을 촉진하기 위해, 어린 여아를 여성의 다음 발달단계에 들어가게 하기 위해, 부인과 어머니의 궁극적 역할을 하는 길을 따라 가게 하기 위해 성적 갈등을 고안하였다.

나는 조금 더 설명하겠다. 가정생활의 성질 때문에 출생 후 몇 년 동안 어린 여아의 감정은 어머니에게 집중한다. 어머니는 생활의 중심이다. 어머니는 생명의 원천(fountain of life)이다. 어린 아동은 어머니에게서 음식을, 안전을, "사랑"("love")을 받는다. 이 사랑은 성장하는 관능과 연결된 강한 성애적 감정의 색깔을 갖게 된다. 성장하는 관능은 음핵에 집중된다(This love soon becomes tinged with a very strong erotic feeling connected with the little one's growing sensuality, which, as we have seen, is centered on her clitoris).

인간은 타인을 사랑하여야 하고, 타인에게 성애적 감정(erotic feelings)을 집중하여야 한다. 그러나 만약 어렸을 때에 사랑하는 상황이 어떤 시점에서 바뀌지 않으면, 어린 여아는 여성을 성애적 관심의 중심(erotic centers of interest)으로 갖게 될 것이다. 자연은 그런 궁극적 결과를 의도하지 않는다. 자연은 성애적 감정이 궁극적으로 남성 중심(man-centered)이 되게 한다. 그러므로 자연은 아버지의 역할이 아동의 발달에 중요하게 만든다. 아버지는 유아가 어머니와 성애적 의존적 관계를 맺는 것에서 이성의 가족 구성원과 성숙한 관계를 맺는 것으로 건너가야 하는 첫 다리가 된다. 물론, 성장하는 여아가 성숙의 과정에서 건너가야 하는 다리가 여러 개 있다. 그러나 첫 다리가 가장 중요하다. 궁극적으로, 물론, 여아는 그녀의 아버지를 성애적 관심의 대상으로 보지 않아야 한다. 그러나 아버지는 여아가 남성에게 받고 싶어하는 모형으로서 여아의 무의식적 삶에 남아 있을 것이다.

발달의 초기 단계의 끝에서 여아가 부인과 어머니의 궁극적 운명을 준비하기 시작하는 것을 우리는 본다. 그러나 여아가 그 기능을 준비할 때에 있지 않다는 것을 우리는 알기 때문에, 우리는 어떻게 여아가 발달의 초기 단계를 끝내고 성장의 둘째 중요한 시기로 진입하여야 하는지를 생각할 수 있다.

첫 발달단계의 끝과 둘째 발달단계의 시작은 놀라운 심리적 사건과 함께 한다. (둘째 발달단계는 약 10세까지 계속 한다.) 어렸을 때의 유아적 성은 완전히 은밀하게 된다. 여아는 관능적 경험을 한 것을, 지극히 조금 성애적인 것이 어렸을 때에 애착한 것에 있었다는 것을 "망각한다"("forget"). 여아의 자위행위는 정상적 환경에서 멈춘다. 여아는 성이 없는 5년 시기(a five-year period of total non-sexuality)로 진입한다.

그러나 내가 "망각한다"("forget")는 단어를 문자가 의미하는 것으로 쓰지 않았다는 것을 당신은 이해하여야 한다. 정신의학에서는 이 망각을 기술하기 위해 "억압"("repression")이라는 단어를 사용한다. 망각한다는, 인간의 마음이 회상(recall out of awareness)하고 싶지 않은 것을 무의식(unconscious)이라고 불리는 마음의 부분에 밀어 넣을 수 있는 능력을 의미한다. 우리는, 어떤 것을 억압할 때에, 기억을 또는 경험을 억압할 때에, 우리는 그 어떤 것이 과거에 일어난 것을 기억하지 않는다. 그러나 그 어떤 것은 우리의 무의식에 원래대로 남아 있고, 우리가 모르게 우리에게 영향을 줄 수 있고 영향을 준다. 그 어떤 것은 억압한 그 이후 경험에 의해 의식될 수 있고, 의식될 수 없어도 억압한 그 이후 경험은 "망각된" 기억("forgotten" memory)에 의해 영향을 많이 받을 수 있다.

여아가 진입한 새 단계는 "잠재기"("latency period")라고 불린다. 왜냐하면 초기의 성적 감정이 억압되었기 또는 잠재되었기 때문이다.

잠재기는 여아가 그녀의 환경을 이해(understand)하려고, 정복(master)하려고 시도하는 것이 특징이다. 잠재기는 신체적으로 정신적으로 많이 성장하는 것(a tremendous growth)이 특징이다. 여아는 모든 것에 관심이 있다. 여아는 신체적으로 발달할 수 있는 기회를 여아에게 제공하는 모든 것에 관심이 있다. 여아는 줄넘기, 인형놀이, 공놀이, 수영, 등산, 달리기에 관심이 있다. 이 기간에 여아가 행동하는 것, 느끼는 것, 생각하는 것과, 같은 나이의 남아가 행동하는, 느끼는, 생각하는 것은 거의 구별이 되지 않는다. 여아는 남아보다 조금 더 복종적이고, 집안일을 한다. 그러나 여아와 남아의 태도는 극적으로 다르지 않다.

자연이 잠재기를 있게 한 의도가 무엇인가? 나는 이렇게 말하겠다. 자연은 아동이 정신적으로 조금 성장할 수 있는, 몸과 마음을 정복할 수 있는 방법을 학습하는, 발달의 초기 단계를 통합하는, 개인적 관계를 형성하는 방법을 학습하는 기회를 아동에게 분명히, 간단히 주고, 그래서 여아가 발달의 다음 단계, 월경(menstruation)을 하는 것이, 여성적 성숙(female maturation)을 하는 것이 특징인 다음 단계에 진입하였을 때에, 여아가 준비되어 있게 하고 싶어한다. 만약 여아가 유아적 성의 스트레스와 긴장에서 성적 준비가 되어 있는 상태(sexual readiness)로 직접 들어가면, 무엇이 일어날 수 있는가를 생각하라. 여아의 몸은 준비가 되어 있을 수 있다. 그러나 여아는 여아의 환경을 심리적으로 이해 못할 것이고, 개인적 관계에 관한 생각이 없을 것이고, 그녀 자신에 관해, 또는 그녀 자신의 능력에 관해 감각이 없을 것이다. 그녀는, 여배우 Elizabeth Taylor가 그녀 자신을, 또는 성인의 경험을 너무 일찍이 한 것에 관한 그녀의 반응을 감지한 것처럼, “몸은 여인이지만 마음은 아동”(“a child’s mind in a woman’s body”)일 것이다. 자연은 여아에게 그런 디렘마를 의도하지 않는다(Nature *intends* no such dilemma for women). 자연은, 만약 부모가 협조하면, 여아를 신체적 성숙과 심리적 성숙의 안식처로 한 걸음씩 안전하게 안내하는 계획을 가지고 여인이 되게 한다(She has a step-by-step plan which leads the woman, if parents co-operate, safely to the haven of physical *and* psychological maturity).

잠재기(the latency period)는 여아가 부모와, 특히 아버지와 대단히 친밀한 것이 특징이다. 그러나 아버지와 연결된 여아의 의식적 성적 감정(conscious sexual feelings)은 없다. 여아는 아버지를 가장 높이 평가한다. 여아는 아버지가 여아를 높이 평가하기를, 높이 존중하기를 바란다. 대부분의 아버지는 어린 딸들에게 잠재기에 많은 사랑과 자신감(love and reassurance)을 본능적으로 준다. 햇빛을 쬐는 꽃처럼 여아는 사랑을 받는다. 여아는 아버지를 기쁘게, 아버지가 여아를 느끼게, 아버지가 여아를 사랑하게 하려고 한다. 여아는 아버지의 반응을 끊임없이 조사한다. 여아는 여아의 남자를 기쁘게 하고 싶은 가장 중요한 여성적 욕구(the all-important feminine need to "please her man")를 이렇게 처음 경험한다. 여아가 신체적으로 정신적으로 성취한 것을 아버지가 즐거워하는 것에서 여아는 기쁨을 얻는다. 그 기쁨은 여아가 훗날 사랑하는 남편에게서 받을 보상의 전조(precursors of rewards)이다. 이 시기는 그녀가 심리적으로 주고받기를 하는 여성으로 발달하는 것에 대단히 중요하다. 만약 아버지가 이 시기에 아버지의 역할을 못하면, 아버지는 성장하는 여아에게 심한 그래서 고칠 수 없는 해를 줄 수 있다.

어머니의 역할은 물론, 계속 중요하다. 여아는 관능적 감정과 함께 어머니에게 느끼는 죄책감을 억압하였다. 잠재기 동안에, 어머니는 여아가 모방할 모형으로 나타난다. 사실상, 여아는 "어머니는 내가 이 세상에서 가장 중요하다고 생각하는 남자를 차지하였다. 그러므로 어머니는 대단히 소중한 것을 가졌다. 그러므로 나는 어머니를 모방하겠다."("She, after all, got the man I prize most highly in the whole world. Therfore, she must have something very desirable. Therefore, I'll imitate it.")라고 그녀 자신에게 말한다. 여아는 어머니를 모방한다.

물론 이것이 여아가 어머니에게 느끼는 모든 것이라고 나는 생각하지 않는다(I do not mean that this is *all* there is to her feelings about her mother). 여아는 어머니를 지극히 끊임없이 사랑한다. 여아는 어머니가 없으면, 어머니를 잃었다고 느낄 것이다. 여아가 어머니를 모방하는 것은 여아가 어머니를 지극히 끊임없이 사랑한다는 것이다. 그러나 그녀의 그 훗날 성적 성숙(sexual maturity)에 직접 영향을 주는 아동의 관계의 면들을 내가 선택하고 있다는 것을 나는 당신이 회상하게 한다.

발달의 다음 단계는 대략 10세 정도에서 시작하고 여성이 심리적으로 생리적으로 완전한 성숙을 하면 끝난다. 발달의 다음 단계는 두 시기로 자주 나누어 진다. 첫 시기는 13세까지 또는 14세까지 또는 15세까지이다. 이 시기를 우리는 사춘기(puberty)라고 부른다. 둘째 시기는 우리가 많이 잘못 이해하는 "청소년기"("adolescence")이다.

아동은 사춘기(puberty)에 내분비의 큰 변화가 일어난다. 어린 몸은 여성다워지기 시작한다. 가슴은 커지기 시작하고, 음모가 나기 시작한다. 자궁은 점점 꿈틀거리고, 커지기 시작한다. 자궁은 잉태(孕胎)할 준비를 한다. 여아는 이 과정에서 자녀를 임신할 수 있는 여성의 주기적 변화인 월경(menstruation)을 시작한다. 여아는 서너 달 안에 신체적 성숙을 시작한다.

소녀는 강한 성적 감정을 (유아기 이후) 다시 경험하기 시작한다. 소녀는 강한 성적 감정을 불안해 한다. 소녀는 죄책감과 불안을 느끼지만 음핵을 자극하는 자위행위를 다시 한다. 내가 지적한 바와 같이, 이 불안감은 충분히 정당화될 수 있다. 소녀의 성은 모성(motherhood)이 되려고 한다. 이것은 소녀가 임신과 출산의 위험(the dangers of pregnancy and childbirth)을, 그녀 자신의 행복보다 자녀의 복지를 중시하고 싶은 생물학적 욕구를 직면하려는 것(the biological need of putting her child's welfare ahead of her own)을 의미한다. 요약하면, 여성은 자기 보존의 법칙이 자녀에게 적용될 때에 자기 보존의 법칙이 그녀 자신에게 적용되는 것을 보류하려고 한다.

소녀는 이것을 안다. 소녀는 이것을 몸과 마음으로 안다. 왜냐하면, 정숙하게 양육된 소녀라도 인생의 진실(facts of life)을 알지 않을 수 없다. 부모가 아동에게 말하지 않아도 아동은 알아야 할 것을 친구들에게서 들을 수 있다.

소녀의 몸 안에서 일어난 새로운 변화가 소녀를 불안(apprehesion)하게 한다고 나는 이미 말하였다. 소녀의 몸 안에서 일어난 새로운 변화는 소녀가 기뻐하게, 흥분하게, 호기심을 갖게 한다. 소녀는 사춘기 동안 마음의 두 상태, 불안한 상태와 즐거운 상태를 왔다갔다할 것이다. 소녀는 행복하였던, 즐거웠던 잠재기를 가끔 부러워하며 뒤돌아 볼 것이다. 소녀는 잠재기에 바로 앞에 있는 생물학적 운명의 강력한 징후(powerful indications of her biological destiny) 때문에 괴로워하지 않았다. 소녀는 소녀의 발달하고 있는 젖가슴을, 월경 기간을, 겨드랑이에 나는 털과 생식기 주변에 나는 음모를 미워할 것이다. 소녀는 다른 순간에 바로 이 변화를 크게 기뻐할 것이다.

이때에, 소녀는 부모를 많이 멀리한다. 우리가 잠재기에 보았듯이, 자연은 소녀를 신체적으로 뿐만 아니라 심리적으로 여성답게 되게 하기 위한 준비를 한다. 만약 소녀가 이 시기까지 부모에게 전적으로 의존하였으면, 소녀는 인격을 성숙시킬 수 없고, 성공적인 부인과 어머니가 되기 위해 필요한 힘과 개성(strength and individuality)을 발달시킬 수 없다.

그러나 소녀는 아직 성인이 아니다. 소녀가 성인이라는 인상을 받지 마라. 왜냐하면, 소녀가 겪어야 할 단계가 있다. 14세 또는 15세 소녀가 진정한 성생활과 여성의 기능을 하는 것은 일반적으로 대단히 나쁘다. 정상적 발달과정에서는, 소녀는 부모에게 의존하고 싶은 강한 심정과 부모에게 반항하고 싶은 심정 사이를 갈팡질팡하거나 부모에게 의존하였던 여아가 되고 싶은 강한 욕구와 싸울 것이다. 소녀가 이 발달단계를 성공적으로 통과하는 표시는 소녀가 부모에게서 실제로 독립하는 것이 아니라 독립할 수 있는 "잠재력"("potentiality")이 소녀 자신에게 있다는 것을 느끼는 것이다.

이 시기의 어떤 시점에, 소녀는 여자 친구(a girl friend)에게 극적으로 애착하게 된다. 이 사실은 정상적 발달에서 확고하기 때문에 사춘기 전체를 "단짝 단계"("the chum stage" of development)라고 자주 부른다. 소녀는 부모와 분리되는 감정을, 부모에게서 독립하는 감정을 버티기 위해 이 단짝 친구를 이용한다. 이 두 단짝 친구는 성, 남자, 여자, 출산에 관한 모든 정보를 공유한다. 우정은 교양 교육(liberal education)이다. 우정은 장려되어야 한다. 여자 친구는 한 살, 또는 두 살, 또는 세 살 많을 수 있다. 나이 적은 여자가 나이 많은 여자를 숭배하는 것은 어머니에게 느끼는 감정을 나이 많은 여자에게서 느끼는 것이다. 나이 많은 소녀가 성적으로 지나치게 조숙하지 않으면, 이 관계에서 좋은 것만 발생할 수 있다.

소녀는 사춘기(puberty)에서 청소년기(adolescence)로 천천히 이동한다. 청소년기는 성숙한 여인이 되는 마지막 전 단계the last stage before maturity)이다. 나는 이 청소년기를 "백일몽 시기"("daydream stage")라고 부른다. 이 시기는 어린 숙녀가 깨어 있는 상태에서 꿈을 꾸는 시기(a period of almost literal waking dreams on the part of the young lady)이다. 그녀는 아직도 아동기와 청년 초기의 긴 잠을 자고 있지만, 그러나 그녀는 잠에서 깨어날 준비가 되어 있다. 그녀의 머리는 그녀 자신을 위한 계획으로 가득 차 있다(Her head is fulled with tremendous plans for herself). 이 계획들은 대단히 모성적이고 이타적(These plans usually have a highly maternal and altruistic character about them)이다. 그녀는 위대한 의사가 되어, 검은 대륙 Africa에서 고통받는 인간에게 봉사하려고, 또는 변호사가 되어 가난한 자를 위해 변론을 무료로 하려고, 또는 간호사가 되어 약자를 공포에 떨게 하는 포화 아래에서, 전선에서 부상당한 우리의 병사를 간호하려고 한다. 그녀는 훌륭하다고 생각하는 소년들, 남자들을 머리 속에서 많이 사랑한다.

그녀의 거의 성숙한 모성적 성적 충동들(nearly maternal and sexual impulses)은 그런 꿈들에 의해 만족된 것이 분명하다. 그러나 그녀의 거의 성숙한 모성적 성적 충동들은 조금 더 모호한 다른 기능을 한다. 그녀는 진정한 사랑을 할 준비가 아직 되어 있지 않다. 그녀는 한 발을 아동기에 두고, 성인의 현실(the realities of grown-uphood)에 들어가는 것을 아직도 주저한다. 그녀는 좀 더 익기 위해 나무에 삼사 년 더 매달려 있어야 한다. 그녀가 그녀의 백일몽에서 한 대부분의 역할은 대부분의 사례에서 성취될 수 없다. 그녀가 그녀의 백일몽에서 꾼 역할들은 대체로 성취될 수 없다. 그녀가 그녀의 백일몽에서 꾼 역할들은, 열매를 맺는 것이 불가능하기 때문에, 그녀가 한 발을 아동기에 두고, 성인기에 들어가는 것을 허용한다.

그렇다. 젊은 사람의 사랑에 관한 꿈은 길고 사랑스럽고, 이 꿈은 꿈꾼 자가 진정한 사랑을 준비하게 한다(The dream of young love is a long and lovely one, and it readies the dreamer for real love). 여성은 항상 낭만적 꿈을 꾸는 자(a romantic dreamer)이고, 내적 공상을 하는 사람(a weaver of inner reveries)이고, 인격을 풍요롭게 향기롭게 하는 사고의 직조물이다. 남성은 삶에서처럼 사랑에서 행위하는 자이고 공격적 성취를 하는 자이다. 여성은 수동적이다. 여성은 남성이 성취한 것을 중요시하는, 남성의 성취욕을 창조하는, 남성의 성취욕을 칭찬으로써 찬란하게 영광으로 만드는 꿈을 꾸는 자이다. 청소녀가 꾼 꿈은 청소녀가 이 역할을 그녀의 남자와 함께 준비하게 한다.

청소년기는 진정한 성과 사랑을 준비하는 기간이다(Adolescence is a gradual preparation for true sexuality and love). 특정 "자유로운" 공동체에서는 이성과 애무를 많이 할 수 있지만, 청소년기에 자위행위하고 싶은 충동을 통제한다(In it the young girl conquers her impulse to masturbate, though in certain rather "free" communities there may be a great deal of petting with the opposite sex). 만약 소녀의 발달이 정상적이고, 소녀가 이 기간에 특징인, 그녀 자신에게 높은 가치를 부과하는 것을 하면, 소녀는 이성을 진정으로 사랑하기 전까지 성적 관계를 하지 않을 것이다. 소녀와 자녀를 소중하게 생각하는, "가장 좋은" 사람("right" man)을 틀림없이 찾을 수 있는 본능을 자연은 소녀에게 부여한다.

잠자는 미녀(sleeping beauty)에게 성을 알게 하는 사람은 남자라는 것을 아는 것이 중요하다. 잠자는 미녀는 성교할 수 있는 준비가 될 때까지, 관계를 할 수 있는 모든 것이 준비될 때까지, 성적 본능을 질에서 특별히 절박하게 느끼는 것을 의식하지 않는다. 남성은 성교로써, 여성이 질에서 성감을 느끼게 한다.

여성은 첫 성교를 하고, 간접적으로 오직 듣기만 한 감각을 알게 된다. 음핵에서 느끼는 감각은 전희하는 동안 매우 즐거울 수 있지만, 여성의 전체 몸은 흥분된 상태에서 애인의 음경이 질에 들어오기를 바란다. 여성의 전체 몸은 애인이 줄 수 있는 질에서 느끼는 감각의 말로 표현할 수 없는 쾌락을 그리워한다. 여성은 이 감각을 차단하지 않는다. 아동기 제지와 두려움(childhood inhibitions and fears)에서 벗어날 때까지 서너 주 또는 서너 달 걸릴 수 있다. 그러나 아동기 제지와 두려움에서 벗어날 때까지 서너 달 걸리지 않을 수 있다. 이제, 여성은 남편과 성교할 때에 진정한 절정감을 느낄 것이다. 부부는 성교할 때에 기쁨을 많이 느낄 것이고, 깊게 느낄 것이다.

제9장

여성의 성숙 과정에 있는 위험들

우리는 정상적 여성이 성적 심리적 성숙(true sexual and psychological maturity)을 하는 과정의 단계(stages)를, 여성의 성장 과정(step-by-step process of her growth)을 보았다. 그러나 우리는 무엇이 여성의 성장을 방해할 수 있는가(what might happen to impede this growth), 여성이 잘못 밟을 수 있는 (또는 빠질 수 있는) 그래서 여성이 불감증의 증상을 나타나게 한, 이 불감증과 함께 작용하는 인격 문제를 일으키게 한 어떤 함정들이 여성의 성장 과정에 있는가(what pitfalls lie along the way into which he may stumble (or be pushed), causing her to develop symptoms of frigidity and the personality difficulties that always accompany this frigidity)를 질문하여야 한다.

나는 여성의 정상적인, 방해받지 않은 성장을 열거한 방식으로 이 함정들을 열거하고 싶다. 나는 이 함정들을 나타난 순서대로 발달의 단계를 따라 열거하고 싶다. 만약 당신이 성인이 되는 과정을 따라 특수한 위험을 볼 수 있으면, 당신은 당신의 자녀와 함께 그 특수한 위험을 반복하지 않을 수 있고, 내가 이 장(chapter) 다음에 특수한 사례사(case histories)에서 문제의 기원을 보인 바와 같이 당신은 당신 자신의 문제의 기원을 알 수 있다.

발달의 첫 단계 또는 발달의 유아기(the first or infantile stage of development)에, 아동에게 가장 큰 위험은 부모의 무지(ignorances on the part of the parents)에서 온다. 관능적 감정이 신생아에게 있다는 것(the newborn babe has sensual feelings)을, 그 관능적 감정은 아동이 3세 때까지 아주 특수하게 되고, 아동이 6세될 때까지 계속 특수하게 되는 것을, 과거에, 부모는 몰랐다. 많은 부모가 이 사실을 모를까 봐, 이 사실에 관해 듣지 않았을까 봐, 이것이 사실인 것을 믿지 않을까 봐 나는 두렵다.

그런 지식이 없는 것은 자위행위를 도덕적으로 혐오하는 것을, 적어도 자위행위를 도덕적으로 반대하는 것을 자주 동반한다(Such a lack of knowledge is often accompanied by a moral horror of masturbation or, at the very least, of strong feelings of moral disapproval). 자위행위에 대한 부모의 도덕적 혐오 때문에 부모는, 특히 어머니는 여아의 그런 관능적 활동(sensual activity)을 제지한다. 많은 부모는 유아의 손을 때린다. 어떤 부모는 여아가 쾌감을 느끼기 위해 성기를 만지는 것을 볼 때에 여아의 손을 성기에서 떼어 놓는다. 또 다른 부모는 여아가 말을 배울 때에 여아의 행동을 꾸짖고, 여아가 성기를 만지는 행동을 계속하면, 여아를 자주 때린다.

그런 태도는 틀린 태도일 수 있고, 여아에게 해로운 영향을 미칠 수 있다. 유아는 부모가 조금이라도 인정하지 않는 것에 크게 반응한다. 이 모든 영역에서, 유아는 벌에, 심지어 언어적 경고에 강력히 반응할 것이다. 여아는 자위행위를 하지 않으려고 하고, 그뿐만 아니라 여아는 어머니의 사랑을 계속 받기 위해 여아의 성적 성질을 억압하려고 할 것이다. 여아는 성적 성질을 성공적으로 억압할 수 있다. 여아는 그녀 자신의 성적 충동의 싹을 죽일 수 있다. 우리가 아는 바와 같이, 첫 경험은 발달에 대단히 중요하다. 성적 충동을 초기에 금지하는 것은 성적 불감증의 원인일 수 있고, 일반적으로 제지된, 한정된 인격(a generally inhibited and circumscribed personality)의 기초(groundwork)일 수 있다.

이 시기에 또 다른 위험은 아버지가 여아를 엄청나게 많이 사랑하는 것이다. 이것은 특정 남자들이 충분히 이해하기 대단히 어렵다. 특정 남자들은 여아가 많은 사랑을 받아야 한다고 강력히 주장한다. 그렇지만, 이 시기의 아동들은 지극히 성애적(erotic)이라는 것을 아버지들은 기억하여야 한다. 여아가 느낄 수 있는 양의 사랑을 아버지가 여아들에게 주지 않으면, 여아는 감각적으로 과도하게 성적 자극을 받을 수 있다. 그 결과 여아는 아버지에게 과도한 죄책감과 함께 강한 성애적 감정을 느낄 수 있다. 이 죄책감은 훗날 불감증이 될 수 있다. 이 죄책감은 우리가 지금 보겠지만, 불감증의 증상을 일으키는 원인이 될 수 있다. 나는 아버지가 여아를 애무하지 않아야 하고 귀여워하지 않아야 한다고 말하고 있지 않다. 아버지가 여아를 애무하지 않고 귀여워하지 않는 것은 자연에 역행하는 것이다. 그러나 아버지는 여아를 너무 많이 자극하지 않는 양의 애정을 신체적으로 하여야 한다.

여아가 이 시기에 빠질 수 있는 다른 함정은 지금까지 말한 함정과 성질이 완전히 다르다. 이 다른 함정은 다행히도 빈번히 일어나는 않지만, 일어나고, 아동의 발달에 중요한 작용을 할 수 있다. 나는 나이 많은 아동이나 성인의 유혹을 말하고 있다. 보모(nurse maids)가, 또는 오빠나 언니가 여아의 성기를 쓰다듬는 것은 알려져 있지 않다. 독일과 Austria의 보모는 유아의 성기를 쓰다듬는 것을 당연시하였다. 독일과 Austria의 보모는 유아를 잠 재우기 위해 남아의 고환과 음경을, 여아의 외음부(vulva)를 쓰다듬었다. 그러나 이 행위는 아동에게 절대적으로 해롭다. 왜냐하면 이 행위는 여아의 성에 영구적 작용을 할 수 있는 과대한 흥분을 일으키기 때문이다. 이 시기에 자위행위를 하는 것은 정상적이다. 여아는 자기애적 성교(narcissistic sexual activity)를 할 때에 여아가 받은 성적 흥분(sexual excitation)의 양을 통제할 수 있다. 정상적 상황에서 여아는 이 양을 초과하지 않을 것이다. 그러나 외부에서 오는 자극은 자기 조절(self-regulating)되지 않는다. 아동의 자아(ego)는 이 지나친 흥분을 통제할 수 있을 만큼 성숙되지 않았다.

이 나이의 아동을 유혹한 결과(the result of a seduction)는 비참할 수 있다. 이 나이의 아동을 유혹한 결과는 아동이 불감증을 앓는 것일 수 있다. 그러나 나의 경험으로는, 이 나이의 여아를 유혹한 것의 결과는 "정신적 불감증"("psychic frigidity")이라고 알려진 불감증을 여아가 앓는 것이 되는 것 같다.

일반적 효과가 여아의 성기의 특정 국부를 자극하는 것에 의해 발생할 수 있다는 것(The same general effect can be caused by certain local irritations of the little girl's genitalia.)을 나는 덧붙일 수 있다. 이것은 쉽게 인지될 수 있다. 그런 자극이 일으킨 가려움과 쓰라림(itching and soreness) 때문에, 여아는 성기를 긁거나 쓰다듬을 수 있다. 이 행동도 어린 자아가 처리할 수 있는 준비가 되어 있지 않은 과도한 흥분을 일으킬 수 있다. 또는 이 나이의 여아를 유혹한 것 때문에 여아는 유쾌한 감각을 느끼고 고통스런 감각을 연상할 수 있다. 부모의 무지만이 그런 쉽게 고칠 수 있는 상태를 아동에게 해를 줄 수 있는 상태에 도달하게 할 수 있다. 다른 한편, 나는 부모를 불필요하게 놀라게 하고 싶지 않다. 나는, 아동이 성기 부분에 과민한 것에 어머니가 강박적으로 관심을 기울이게 하고 싶지 않다. 그런 과민은 만성적(chronic)이다. 그런 과민은 오랫동안 관심받지 않아야 한다. 단기적 과민은 아동의 발달에 영원한 영향을 주지 않는다.

내가 말하여야 할 마지막 중요한 위험은 어머니의 깊은 정서적 문제에서 온다. 만약 어머니의 아동기에 만들어진 문제 때문에 어머니가 자녀를 오랫동안 과도하게 무시하거나 과보호하면, 어머니는 어린 자녀의 발달에 심각한 해를 줄 수 있다. 과보호는 아동의 자립(self-reliance)을 파괴할 수 있고, 아동이 아버지가 보상하는, 성장을 촉진하는 부자관계(the rewarding and growth-provoking relationship with her father)에 들어가지 못하게 한다. 아동이 아버지가 보상하는, 성장을 촉진하는 부자관계에 들어가는 것은 아동이 발달의 다음 단계로 가게 한다. 다른 한편, 어머니가 여아에게 무관심한 것은 여아가 아버지와 너무 가까워지게 할 수 있고 비참한 결과에 도달하게 할 수 있다.

여아가 아버지와 관계를 맺지 못하는 것(failure of the relationship with her father)은 여아가 잠재기(latency period)에 대면하는 중요한 위험이다. 잠재기는 6세부터 10세까지이다. 여아는 몇 년 동안 어머니에게 느꼈던 애정과 의존심을 이 새 우상(new idol)에게 전이한다. 여아는 다른 남자들에게서 그녀의 이상을 찾을 것이지만, 그 이후 오랫동안, 아버지는, 여아의 삶에서, 남성의 모형(model male)일 것이다. 여아는 현재 아버지를 숭배한다. 아버지의 인정은 세상에 있는 모든 것보다 여아에게 더 많은 것을 의미한다.

만약 아버지가 타인을 인정하지 않는 사람이고, 비판하는 사람이고, 여아에게 인정을 하지 않는, 비판을 하는 태도를 취하면, 여아는 강한 열등감을 느낄 수 있다. 여아는 열등감 때문에 남성이 여아를 즐겁게 할 수 없다고 느낄 수 있다. 여아는 남성을 두려워할 수 있다. 그리고 어떤 남성이 여아의 진정한 성질을 발견하면, 어떤 남성은 여아의 진정한 성질을 인정하지 않을 것이라고 여아는 느낄 수 있다. 만약, 그녀가 성장하였을 때에, 그런 태도(selfattitude)를 가진 그녀가 그녀 자신을 깊이 검토하고 그리고 남성에게 느끼는 그녀 자신의 이 틀린 개념을 뽑아버리지 않으면, 현실은 또는 남성이 훗날 그녀를 수용하는 것은 그녀의 이 비합리적 신념을 극복시키지 못할 것이다. 그녀의 열등감은 그녀의 성욕에 연장된다. 그녀는 그녀의 인격의 쓰레기를 대하듯 그녀의 성욕을 믿지 않고 억압하기 쉽다.

어떤 아버지들은 딸보다 아들과 친근하다. 이 성향이 딸의 이 발달단계에서 딸의 인격을 파괴하는 것을 남성들은 모른다. 딸은 아버지를 많이 좋아하고 아버지가 좋아하는 것이 되고 싶기 때문에, 딸은 아버지가 남성을 좋아하는 것을 빨리 파악한다. 이것은 딸이 남성적 특성(male characteristics)을 가지게, 남성적 추구를 하게, 만약 그녀가 진정한 여인이 되려면 어느 날 성취하여야 하는 전형적 여성의 목표를 경시하게 한다.

잠재기(the latency period)는, 우리가 아는 바와 같이, 소년과 소녀에게 성이 없는 시기(non-sexual time)이다. 이때에, 소년과 소녀는 해부학적 구조가 다르고, 그외 모든 것이 다르지 않다. 소년과 소녀의 내분비 기능은 대체로 동일한 작용을 한다. 소년과 소녀를 나누는 전형적 특성이 아직 나타나지 않았다. 소년과 소녀는 그들의 주변 세계와 내부 세계를 정복하는 것에 관심을 기울인다. 소년과 소녀는 내부에 저장된 공격욕이 대략 같다. 많은 과학자들은 이 시기를 발달의 양성기(發達의 兩性期 the bisexual period of development)라고 부른다.

이 이유 때문에 이 시기에 딸의 정신에 남성적 목표(male goals)를 심는 아버지는 준비된 청중(ready audience)을 찾는다. 여아는 지극히 이상한 환상을 이때에 대단히 자주 하는 것을 정신분석은 우리에게 보인다. 예를 들면, 어떤 여아들은 음경(penis)을 마법으로 만들 수 있고 소년이 될 수 있다는 관념을 너무 자주 의식한다. 그러나 그런 관념이 의식화되지 않아도, 여아가 아버지의 존중을 얻기 위해 남아가 되고 싶어하는 것은 여아의 무의식의 일부로 남아 있을 수 있다. 남자가 되고 싶은 마음이 감춰졌고, 왜곡되었어도, 이 욕망은 그녀가 남성과 성적 관계를 할 때에 일어나는 문제의 뿌리가 될 수 있다. 이 욕망은 그녀가 남성과 신경증적으로 경쟁적이 되게 할 수 있고, 그녀가 여성의 역할을 가치 없는 것으로 보고 배척하게 할 수 있다.

사춘기(puberty)와 청소년기(adolescence)에 있는 소녀가 어려운 과업을 하는 것을 우리는 알았다. 소녀는 여성의 "위험한" 역할을 수용하는 것과 사랑하는 것을 학습하여야 한다(She must learn to accept and to love the "dangerous" role of the woman). - 소녀는 자기 보존의 자연 법칙(the natural law of self-preservation)보다 종족 보존의 법칙을 우선으로 하여야 한다. 소녀는 그녀 자신의 욕구와 안전보다 자녀를 낳는 것과 자녀의 복지(childbirth and the welfare of the child)를 중요하게 보아야 한다.

만약 소녀가 여성의 역할이 가치 있다고 격려받지 않으면, 만약 소녀가 남성의 역할이 여성의 역할보다 더 중요하다고 배우면, 소녀는 그녀의 여성성(feminity)을 배척하려고 할 것이고, 소년이 되려고 할 것이다. 여성이 여성성(feminitniy)을 두려워하고 배척하면, 성교할 때에 자주 질에서 반응을 할 수 없다. 그녀는 음핵이 작은 음경(small penis)이라고 생각하고, 그녀의 음핵에서 관능적 반응(the sensual responses of her clitoris)을 계속 할 수 있고, 질에서 관능적 느낌을 허용할 수 없다.

여아는 부모의 영향을 받아 여성의 역할을 배척할 수 있다(The young girl may be influenced to reject her feminine role by the mother as well as by the father). 만약 어머니가 여성인 것을 강하게 분노하면, 어머니가 많은 여성처럼 부인과 어머니의 역할이 품위가 낮은, 값이 낮은 역할이라고 느끼게 양육되었으면, 어머니는 이 태도를 딸에게 한마디 말도 하지 않고 전할 수 있다. 여아는 일상생활에서 어머니가 아버지에게 반응하는 것에서 이 태도를 보고, 어머니가 불평하는 것에서 이 태도에 관해 듣고, 어머니의 단념하는, 절망하는 태도에서 이 태도를 느낀다.

여아의 가치가 주어질 수 있는, 여아가 어렸을 때에 받은 "남성적" 방향을 내가 강조할 때에, 나는 독자가 혼란을 느끼게 하고 싶지 않다(When I emphasize this early "masculin". direction which a little girl's values may be given, I do not wish to confuse the reader). 많은 소녀는 "말괄량이" 시기("tomboy" stage)를 통과한다. 이 시기는 완전히 자연적인 시기이다. 만약 여아가 12세 이후까지 말괄량이 행동(tomboyism)을 계속 하지 않으면, 이 시기는 문제가 되지 않는다. 이것에 해당하는 남아의 자연적 행동은 여성의 몸짓이다. - 여아는 훌륭한 이성이 하는 것, 생각하는 것, 느끼는 것을 많이 배우려고 한다. 이 방식으로 여아는 아버지가 아닌 남성과 첫 우정을 나눈다.

우리는 사춘기를 "단짝 시기"라고 부르는 것을 기억하라(Remember that we called puberty "the chum stage"). 소녀는 "비밀"을 공유하는 동성의 친한 친구(a bosom companion of the same sex with whom she shares her "secrets")가 있다. 성장 과정의 이 부분에서 일어나는 큰 위험 중 하나는 이 단짝 관계에서 온다. 물론 가장 좋은 환경에서는 이 단짝 관계는 정상적 관계이다. 그러나 만약 선택된 단짝 친구가 이성과 성적 경험을 일찍이 한 것이 밝혀지면, 우정은 둘 중 더 순진한 친구가 해로운 경험을 하는 관계(harmful experiences for the more innocent member of the duo)가 될 수 있다.

사춘기를 시작하는 소녀(a girl entering puberty)는 한 살이나 두 살 위인 소녀에게 종종 매력을 느끼고, 이 새 친구를 이상화하고, 이 새 친구가 하는 행동을 훌륭하다고, 정당하다고 느낀다. 이 소녀들은 물론 이성애적 경험(any truly heterosexual experiences)을 할 준비가 되어 있지 않다. 그러나 나이 적은 소녀가 나이 많은 소녀를 흉내낼 수 있고, 소년과 성적 관계를, 나이 많은 남자와 성적 관계를 하고 싶어할 수 있다. 이때에 임신이 될 수 있는 것은 물론이고 청소년기를 거치지 않고 이 나이 때에 성교한 것 때문에 소녀는 성교를 영원히 혐오할 수 있다는 것을 나는 강조하고 싶다. 이 나이에 소녀가 성교한 경험은 소녀에게 심한 외상을 일으킬 수 있다. 소녀는 나이를 먹어도 이성을 완전히 멀리할 수 있다. 또는 그 성 경험 때문에 소녀는 많은 이성의 사람과 이 즐겁지 않은, 덜 익은 경험을 반복 행동화할 수 있다.

소녀는 특별한 개인을 사랑할 때까지 성교할 준비가 되어 있지 않다. 소녀는 성교가 의미 있는 방식으로 일어나게 하기 위해 청소년기의 백일몽 시기(the daydream stage of adolescence)를 통과하여야 한다. 소년은 이 시기를 통과하지 않는다. 소년은 이 시기를 통과할 필요가 없다. 소년은 소녀보다 어린 나이에 성교할 준비가 되어 있다. 우리가 성교의 생물학적 면만 관찰해도, 소녀는 성교할 때에 위험이 많다. 심리학적으로, 소녀는 Prince Charming(이상형의 남자)이 소녀를 좋아한다고 확신하여야 한다. 소녀는 Prince Charming을 확신할 때까지 꿈을 꾸어야 하고 잠을 자야 한다. 왜냐하면 만약 소녀를 좋아하는 사람이 거친 낯선 사람이면, 그 낯선 사람은 소녀의 꿈을 무너뜨리고 소녀의 꿈을 실현할 수 있는 소녀의 기회를 빼앗기 때문이다.

사춘기와 청소년기의 또 다른 위험은 부모가 과도하게 엄격하기 때문에 소녀가 독립하는 것을 소녀에게 위험한 것으로 해석하는 것이다(Another danger of both puberty and adolescence is that the parents will be overly strict, interpreting the move of the young one toward independence as a danger to her). 소녀가 일찍이 데이트하는 것은 반드시 비도덕적이라는 어머니나 아버지의 또는 어머니와 아버지의 음란한, 낯두꺼운 가정(prurient and thick-skinned assumption) 때문에 어쩔 수 없이 청소년기가 끝날 때까지 집에 머물러 있는 많은 소녀의 사례를 나는 보았다. 부모의 이 가정은 소녀가 대단히 적개적인 반응을 하게 자극할 수 있다. 이 가정은 부모가 소녀에게 "너는 우리에게서 독립할 수 없을 것이다. 너는 너 자신의 삶을 살 수 없을 것이다. 왜 너는 우리에게서 독립하려는 것을 포기하지 않니?"라고 말하는 것과 같다. 부모가 이것을 소녀에게 넌지시 말하고 소녀가 이것을 따르는지를 보려고 하지 않는 사실은 중요하지 않다. 부모가 소녀에게 하는 말은 소녀가 자주 해석하는 방법이다. 소녀는 소녀를 진정으로 해칠 어떤 것을 부모에게 저항하는 방식으로 할 수 있다.

부모에게 크게 반항하고 싶지만 부모를 무서워하기 때문에 과도하게 열정적인 부모의 권위에 복종하는 소녀도 부모에게 심각하게 영향을 받는다(Equally seriously affected, if not more so, is the young girl who *feels* extremely rebellious but who submits to overzealous parental authority out of fear). 나는 이 문제가 있는 여러 소녀를 보았다. 일반적으로 일어나는 것은 부당한 부모의 영향 때문에 청소년이 인격을 풍부하게 만드는 꿈을 실현하려 하지 않고 뒤로 물러나는 것이다. 이것은 소녀들을 여성의 경계(threshold of womanhood)에 머물러 있게 하고, 발달의 초기 단계에 속하는 정서적 의존(emotional dependency)에 빠지게 한다. 대체로 그런 소녀의 문제는 그런 소녀가 여인이 될 때에 반항한 소녀의 문제보다 심각하다.

나는 부모의 엄격을 관찰하는 때에 자유 방임을 옹호하지 않는다. 모든 소녀는 부모의 도덕 감정의 힘을 느껴야 한다. 부모는 소녀를 지도하고 소녀가 안전을 느끼게 한다고 모든 소녀는 느껴야 한다. 그러나 만약 부모의 도덕적 태도가 법령으로 규정되기보다 표현되고, 해석되면, 소녀는 부모의 도덕적 태도에 보다 더 정상적으로, 보다 더 건강하게 반응할 것이다.

우리는 여성이 성숙하는 발달단계와 성숙하는 과정에 만나는 함정을 보았다. 우리는 이 궁극적 정보(final information)를 알기 때문에 불감증을 볼 준비가 마침내 되었다. 그러므로 제3부는 불감증을 앓는 여성을 다루겠다. 나는 불감증의 종류와 정도가 어떻게 발달하는지, 불감증을 앓기 때문에 어떤 구체적 문제가 발생하는지를 당신에게 구체적 예를 들어 설명하겠다. 우리는 이 불감증을 앓는 개인이, 불감증에서 벗어나기 위해, 여성이 성숙하기 위해 통과하는 다리를 건너가기 위해, 거쳐야 하는 건설적 단계들을 검토할 것이다.

제10장

완전 불감증과 부분 불감증

우리가 앞 장(chapter)에서 불감증의 여러 유형(the various types of frigidity)을 토론하였지만, 지금 더 자세히 토론하는 것이 도움이 될 것이라고 나는 생각한다. 나는 불감증의 중요한 유형들을 사례 역사(case histories)에 의해 설명하겠다. 당신은 이 방법에 의해 각 문제의 생생한 그림을 얻을 수 있다.

사례 제시가 불감증을 자세히 이해하게 할 것(the case method of presentation is particularly helpful to a full grasp of frigidity)이라고 나는 생각한다. 문제에 사로잡힌 사람들은 그들 자신을 볼 수 있는 객관성(objectivity)을 일반적으로 잃고, 그들의 행동과 반응이 얼마나 신경증적인지를 그리고 그들의 행동과 반응이 어떻게 그들에게 영향을 주는지를 분명히 볼 수 없다. 같은 고통을 당하는 다른 여성의 진정한 이야기는 우리의 문제를 정확히 반영하고, 우리가 여성을 분명히 아마도 최초로 보게 한다. 왜냐하면 불감증마다 독특한 특성과 독특한 원인이 있기 때문이다.

그러나 당신은 이 사례들을 읽을 때에 각종 불감증에 있는 특수한 차이를 느낄 것이라고 나는 생각한다. 당신이 느낀 불감증에 있는 특수한 차이는 당신이 당신 자신의 이미지를 보게 할 것이다. - 당신이 느낀 불감증에 있는 특수한 차이는 당신이 당신 자신을 진단하게 할 것이다. 당신은 모든 불감증에 어떤 공통 특성이 있는 것을 보게 될 것이다. 이 두 사실(불감증에 특별한 차이가 있는 것과 모든 불감증에 공통 특성이 있는 것)을 아는 것은 불감증을 앓는 여성을 치료하는 것에 중요하다.

나는 불감증을 앓는 여성들의 이야기를 제시하면서 우리가 아동기부터 성인기까지(from childhood to adulthood) 만나는 함정들의 예들을 포함시킬 수 없다. 그 함정들을 이 책에 포함시키려면 더 많은 공간이 필요하다. 나는 우리 사회에 가장 공통적인 경험들에 의해 발생하는 불감증의 사례들(cases of frigidity caused by experiences most common to our socety)을 선택하겠다.

첫 사례는 완전 불감증(total frigidity)을 앓는 사례이다. 이 완전 불감증은, 우리가 불감증에 관해 앞에서 서술한 것에서 당신이 회상할 수 있는 것이지만, 여성이 앓는 가장 심한 성적 장애들(most severe forms of sexual disorder in women) 중 하나이다. 많은 여성이 이 불감증을 앓는다. 나는 지체하지 않고 우리가 Patricia Agnew라고 부르는 여성 사례를 당신에게 제시한다.

Patricia Agnew가 첫 면담을 하기 위해 나의 치료실에 왔을 때에 Patricia Agnew는 불감증을 나와 상담하기 위해 또는 그녀의 결혼 생활에서 일어나는 성적 문제의 결과를 토론하기 위해 오지 않았다. Patricia Agnew는 Patricia Agnew가 말하는 "신경쇠약"("another nervous breakdown")을 앓기 때문에 나에게 왔다.

Patricia Agnew는 이가 예쁘고 눈이 푸르고 크지만, 아름답게 보이지 않았다. 그녀의 모습은 눈에 잘 띄었다. 그녀는 그녀의 내적 태도(inner attitude)와 대조적으로 통통하였고, 가슴이 풍만하였고, 성적으로 매력이 있었다. 그녀는 미국인이 "성적으로 매력이 있다고 생각하는"("sexy") 이상(American ideal)이었다. 그녀의 입술은 두꺼웠고, 관능적(sensual)이었다. 그러나 그녀는 입술을 꼭 다물었다. 이런 그녀의 모습은 그녀가 까다롭다는, 비판적이라는, 올드 미스처럼 잔소리가 많다는 인상을 주었다. 그녀는 36세이었다.

그녀는 "신경쇠약"("nervous breakdowns" / 그녀는 신경쇠약이라는 병명이 그녀에게 분명히 해당되지 않지만, 신경쇠약이라는 병명을 계속 사용하였다.)이 재발된다고 말하였다. 그녀는 신경쇠약을 3년 앓았다. 그녀의 신경쇠약은 내적 긴장(inner tension)이 뚜렷이 증가할 때에 재발되었다. 그녀는 삶의 다양한 사회적 요구와 가족의 요구를 점점 대처할 수 없다고 느꼈다. 그녀 자신이 부적합하다는 느낌이 점점 자리를 잡았다. 그녀는 피곤을 느끼게 되었고, 우울하게 되었다. 마침내 그녀는 작은 과업을 너무 크게 보았고, 온종일 울기 시작하였다. 그렇게 하는 동안, 그녀는 만성 불면증(chronic insomnia) 때문에 고통을 받았고, 서너 시간 잠을 잘 수 있었을 때에 그녀가 범죄자들에게 쫓기는 악몽(nightmarish dreams)을 자주 꾸었다.

우리가 대화를 시작하였을 때에, 내가 Patricia의 개인적 문제(personal nature)를 토론하려고 할 때마다, Patricia는 나를 강력히 경계하게 되었다. 그녀는 의사인 내가 그녀의 급성 불안(acute anxiety)을 빠르고 쉽게 해결하는 방법을 찾을 것이라는 명백한 신념을 갖고 나에게 도움을 받기 위해 왔다. 그녀는 약(drugs)을, 해외여행(sea voyage)을, 마음 안에서 느꼈지만 타인에게 말하지 않은 것이 아닌, 그리고 그녀의 상태에 책임이 없는 모든 것을 처방받기 위해 나에게 왔다. 이런 회피하려는 것은, 쉬운 해결책을 갈망하는 것은 모든 불감증의 특성이다. 그러나 이 특성은 이 환자가 고통받는 유형의 불감증에 뚜렷이 있다.

그러나 Patricia는 나를 신뢰하게 되었고, 진정한 사실(the real facts)이 점점 나타났다. 그녀는 10년 동안 결혼 생활을 하였다. 자녀를 둘 낳았다. 하나는 6세이었고, 다른 하나는 8세이었다. 그녀의 남편은 사회적으로 저명하였고, 경제적으로 성공하였다. (내가 그와 서너 번 토론하였을 때에 보았듯이) 그는 점잖은, 매력이 있는, 날씬한, 키가 큰, 머리가 검은 미남이었다.

이 환자는 결혼 생활하는 동안 "한 시간의 행복"("one solid hour of happiness")을 가져 본 적이 없다고 나에게 마침내 말하였다. 그녀는 결혼 초부터 남편과 다투었다(From the very beginning she had quarreled with her husband). 그녀가 보기에, 첫 아들이 출생한 뒤에 가정불화(domestic strife)가 심해졌다. 그녀는 남편이 잔인(cruel)하게 되었고, 이기적(selfish)이 되었고, 요구적(demanding)이 되었고, 그녀의 욕구에 무감각(insensitive to her needs)하게 되었다고 느꼈다. 남편이 모든 상황에서 남편의 의지를 그녀에게 부과한다고, 그리고 그녀가 이 지배를 저항하는 것이 절대적으로 필요하다고 그녀는 믿었다. 그녀는 "만약 제가 싸우지 않으면, 그가 저의 성실을 파괴할 것처럼 저는 느꼈습니다. 그는 저를 노예로 만들고 싶어한 것 같습니다. 그가 노예가 되든 제가 노예가 되든, 그 이외 다른 것은 없습니다."("I felt as if he would shatter my integrity if I didn't put up a fight. It was as though he wished to have as a slave, nothing less; it was either he or I.")라고 말하였다.

싸움은 일반적으로 사소한 것 때문이었다. 그녀의 남편은 거의 변함 없이 서너 시간 안에 화해하려고 하였지만, 그녀는 그녀의 남편을 거절하였다. 그 결과로, 나쁜 감정이 일 주일 동안 또는 그 이상 동안 지속되었다. 그녀가 그녀의 남편을 용서할 준비가 되어 있을 때에, 그녀는 최초에 무엇 때문에 싸웠는지를 망각하였다고 고백하였지만, 그녀의 남편이 일탈 행위(transgressions)를 한 것 때문에 충분히 벌을 받았다고 그녀가 느꼈을 때에, 이 의지의 싸움(battle of will)은 또는 힘을 얻기 위한 싸움(power struggle)은 오직 끝난 것이 분명하다.

그녀의 남편이 그녀를 지나치게 비판한다고, 그녀의 남편이 그녀의 모든 것을 충분히 인정하지 않는다고 그녀는 느꼈다. (그녀는 그렇게 항상 느꼈다.) 그녀는 그녀의 옷 입는 방식을, 또는 그녀의 사회적 행동 방식을, 또는 그녀가 자녀를 통제하는 방식을 그녀의 남편이 좋아하지 않는다고 그녀는 믿었다. 그녀의 남편이 그녀를 어떻게 인정하지 않는지를 내가 그녀에게 질문하였을 때에, 구체적 예를 요구하였을 때에, 그녀는 구체적 답을 할 수 없었고 "저의 남편은 저를 저의 앞에서 칭찬합니다. 그러나 저의 남편이 저를 칭찬하지 않는 의미로 그 말을 하였다고 저는 말할 수 있습니다."라고 말하였다.

훗날, 나는 그녀가 특별히 말한 남편의 태도를 남편과 함께 검토하였다. 그녀가 옷을 아름답게 입는다고, 모든 사회 기능(social function)을 완벽하게 한다고 그는 처음부터 느꼈고 아직도 느낀다고 말하였다. "그녀는 모든 사람과 모든 종류의 대화를 할 수 있는 놀라운 재능이 있습니다."라고 그는 말하였다. 그리고 그녀가 자녀에게 지나치게 많은 것을 허용한다고, 그녀가 자녀를 지나치게 걱정한다고 그는 가끔 느꼈다. 그러나 이 문제에 있어 그가 그녀를 도울 수 없다는 것을 그는 일찍이 알았고, 그녀가 자녀에게 너무 친절한 성향에서 자녀가 나쁜 영향을 받지 않기를 오직 기도하였다. Patricia는 그녀의 병에서 회복되면서 Patricia가 남편의 것이라고 기술한 이 "비판적" 태도("critical" attitude)의 대부분은 Patricia의 개인 문제의 산물(a product of her personal problem)임을 점점 알게 되었다.

그녀의 또 다른 강력한 확신은 그녀의 남편이 그녀를 진정으로 사랑하지 않는다는 것이었다. 그가 그의 "이기적" 성적 욕구("selfish" sexual needs)와 그의 사업을 발달시키고 싶은 욕구 때문에 그녀를 이용하는 것에 주로 관심이 있다고 그녀는 느꼈다. 그녀의 남편은 결혼 초에 아버지의 공업 회사에 입사하였다. 그는 한때 회사 일 때문에 많은 파티를 열어야 하였다. 그의 부인이 손님을 잘 접대하는 것을 그는 곧 알았다. 그가 그녀의 품위 있는 파티에 강하게 의존한 것을 그녀는 그가 그녀를 이용한 것으로 오해하였고, 그녀는 "그는 저를 사랑하지 않습니다. 그는 저에게서 편리함을 찾습니다. 모든 깨끗하고 매력 있는 여인이 그에게 잘 맞을 것입니다."라고 확대하였다. 이 비합리적 신념에 다른 예기치 않은 것이 있었다. 그것은 감추어져 있었고 치료가 오래 진행된 뒤에도 나타나지 않았다. 그녀의 감정은 "그는 그의 힘으로 성공하지 않았습니다. 제가 현재의 그를 만들었습니다."("He didn't succeed on his own; I made him what he is, even if I never get the credit for it")라고 표현 될 수 있었다. 이런 밑바닥 감정을 가지고 얼마나 오랫 동안 남편에게 애정을 느낄 수 있는가를 상상하십시오.

면담시간이 계속 이어졌고, Mrs. Agnew는 나를 신뢰하게 되었다. 그녀는 그녀의 성생활을 자유롭게 토론하기 시작하였다. 그녀는 전생애 동안, 결혼 전에도, 결혼 뒤에도, 성적 쾌감을 경험하지 못하였다고 고백하였다. 그녀는 자위행위를 하지 않았고, 자위행위를 하려고 시도하지 않았고, 아동기에도 자위행위를 하지 않았다고 회상할 수 있었다. 키스나 애무는 그녀에게 아무 감각을 일으키지 않았다. 그녀는 남편이 절정감을 느끼는 것을 보고 약간 만족감을 느꼈지만, 처음부터, 성교를 싫어하였고, 성교를 종종 고통스러워하였다.

이 부부의 성생활은 거의 8년 동안 실제로 정지 상태이었다. 이 부부는 3

개월 간격을 두고 성교를 하였다. 성교는 저절로 일어나지 않았다. 남편은 실제로 성교하기 며칠 전에 "데이트"를 약속하여야 하였다. 그의 부인은 여러 번 그를 거절한 뒤에, 거절한 것 때문에 죄책감이 많이 쌓인 뒤에, 데이트를 약속하기 싫지만 약속하고 약속한 장소에서 만났다.

그녀는 데이트를 약속한 순간부터 불안하게 되었고, 그 불안은 불안이 가득 찬 상태가 되었다. 그녀는 약속을 깨고 싶었고 약속을 뒤로 미루었다. 그녀는 성교할 시간이 가까워오자 분노를 느꼈고, "왜 내가 성교를 하여야 하나?"("Why *must* I, why *must* I?")를 반복해서 혼자 말하였다. 남편은 기다리지만, 그녀는 성교를 준비하면서 (질에 피임도구[diaphram]을 넣고, 젤리[jelly]를 넣으면서) 한 시간을 끌었다. 그녀는 질 근육(vaginal muscles)이 수축되었기 때문에 피임도구를 넣는 것이 고통스러운 것을, 어려운 것을 자주 발견하였다.

그녀는 성교할 준비를 끝낸 뒤에, 순간적으로 비참하다는 느낌이 증가하였고, 사형장에 끌려가듯이 남편이 누워있는 침대로 갔다. 남편의 모습은 그녀에게 불쾌감을 주었다. 그의 알몸은 혐오감을 일으켰다. "그는 음경이 크고, 마르고, 창백하고, 추하다고 그녀는 보았다. 그는 큰, 역겨운 성적 기관이라고 그녀는 보았다."(She saw him as "skinny, white, and ugly, with an enormous penis. It was as if he were nothing but a big disgusting sexual organ.")

그녀는 애정을 느낄 수 없다고 - 그녀는 애정을 일으킬 수 없다고 말하지 않고 삶을 살았다. 그녀는 모든 행동이 수동적이었다는 것을, 그녀의 남편은 그녀가 성교를 거부하는 것에 반응으로 성교를 빨리 하였다는 것을 그녀는 회상하였다. 그녀는 반응할 수 없지만 그녀의 남편에 관해 불평한 것 중 하나는 남편이 성교를 기계적으로 성급하게, 애정을 보이지 않고 하였다는 것이었다.

그녀가 성교의 전 과정을 혐오하는 것에 그가 반응할 수 있다는 생각을 그녀는 전혀 할 수 없었다. 그녀는 성적 건강(sexual health)을 향해 대로(the road)를 가기 전까지 그가 그녀에게 부끄러워하며 접근한 것의 정당한 이유를 보지 못하였다. 그런 경우, 부인의 비난이 아무리 분명하게 비이성적이고, 사실이 아니어도, 부인은 절정감을 느끼지 못한 것을 남편 때문이라고 남편에게 책임을 지우는 것이 보통이다.

그녀는 성교한 뒤에 항상 우울하였다. 그녀는 "더럽고, 이용당하였다"라고 느꼈다(She felt "dirty and used".). 남편의 정액(semen)을 그녀는 혐오하는 것 같았다. 그녀는 "제가 원하는 것은 잠이 빨리 들고, 오늘 그 일을 다음 고통이 올 때까지 잊는 것입니다."("All I wanted was to get to sleep fast and to forget the whole episode until the nest ordeal became necessary,")라고 말하였다.

그런 상태에서 어떻게 결혼 생활이 존재할 수 있는지를 이해하는 것은 어렵다. 그러나 그런 결혼 생활은 많이 있다. 그런 결혼 생활은 우리가 이해하는 바와 같이 이혼하는 것으로 끝나지 않는다. 부인이 심한 불평(the bitter complainings)을 하고, 권력 투쟁(the struggle for power)을 하고, 사랑을 두려워(the fear of love)하고, 성을 무서워(the dread of sex)하지만, 나는 부부 사이에 잘 숨어 있는, 진정한 애정을 발견한다(I have found that there is usually a well-hidden but genuine bond of love between the couple). 남편은 지금 말싸움하는 파트너에게서 남편이 진정으로 사랑하는 것의, 진정으로 따뜻한 것일 수 있는 일부(a part that can be truly loving, truly warm)를 처음 본 것 같다. 그것은 오직 관계의 틈에서만 희미하게 보일 수 있다. 그러나 그녀가 어느 날 그녀의 진정한 자기(true self)

가 될 것이라는 희망이 그에게 항상 있었다. 난로 불은 약하지만, 그는 그가 할 수 있는 대로 그의 체온을 따듯하게 하였다.

그러나 우리는 완전 불감증을 앓는 여성의 그림을 보았으므로, 불감증의 원인을 자세히 찾아보자. 모든 불감증에 특별한 원인이 있다고 나는 말하였다. Patricia Agnew의 사례의 원인은 무엇이었나?

우리는 그녀의 문제의 기원을 이해하기 위해, 그녀의 어렸을 때의 역사를, 특히 부모와 그녀의 관계를 탐구하여야 한다. 그녀는 무남독녀(an only child)이었다. 그녀의 아버지는 분명히 그 집의 지배자(dominant figure)이었다. 그는 크게 성공한 사랑스런 남자(an extremely successful and lovable man)이었다. 그는 미덕(virtues)이 많았다. 그는 그의 어린 딸을 끝없이 인내하였고, 사랑하였다. 그녀는 어렸을 때부터 아버지를 "굉장히 아름다운 사람"("an enormously beautiful man")이라고 생각하였다고 그녀는 나에게 말하였다. 그리고 그녀는 그의 외모를 자세히 사랑스럽게 말하였다. - 그녀는 그의 외모를 "조각된 머리"("sculptured head"), "멋있는 다정한 두 눈"("wonderful deep kindly eyes"), "운동선수 같은 체형"("marvelously athletic figure")이라고 사랑스럽게 표현하였다. 물론 정신과 의사는 그런 도취된 표현(ecstatic description)에 관심을 기울이었다.

그녀의 어머니는 "부끄러워하고 매력이 없다"("mousy")라고 그녀는 표현하였다. 그녀는 어머니를 일반적으로 좋아하였지만, 어머니에게 강력한 긍정적 감정을 의식적으로 갖지 않았다.

Patricia는 분명히 "아빠의 딸"("daddy's girl")이었다. 정상적 환경에서는 이것은 나쁘지 않다. 만약 Patricia가 성적으로 자유롭게 컸다면, 만약 Patricia가 어렸을 때에 아버지에게 느꼈던 사랑하는 감정을 다른 남자에게 전이할 수 있었다면, Patricia가 어렸을 때에 아버지에게 애착한 감정은 정상적 발달의 오직 한 시기에 느낀 감정이었다.

Patricia와 내가 분명히 이해한, Patricia가 커서 불감증을 앓게 한, Patricia가 어렸을 때의 문제를 내가 여기에서 묘사할 필요는 없다.

아동은 출생 후 5년 동안 관능적인 작은 존재(very sensual little being)라는 사실을 당신은 기억할 것이다. Patricia는 인생 초에는 예외가 아니었다. Patricia는 인생 초에 느낀 감정을 정상적 과정에서 아버지에게 전이하였다. 그러나 집을 지배하는, 어머니를 중요하지 않게 하는 이 강력한 매력 있는 남자(아버지)는 유아의 성애적 감정(erotic feelings)에 너무 먼, 적합하지 않은 반응을 하였다. 아버지는 Patricia를 귀여워하였다. 아버지는 Patricia와 같이 끝없이 놀았다. 아버지는 Patricia를 심리적으로, 신체적으로 따듯하게 안았다. 아버지는 Patricia와 키스를 많이 하였다. 아버지는 Patricia를 껴안았다. 아버지는 Patricia를 칭찬하였고, 즐겁게 하였다. 아버지는 Patricia에게 사랑을 표시하기 위해 모든 것을 주었다.

아버지가 Patricia에게 그렇게 한 결과는? 아버지가 Patricia를 사랑한 강도는, 아버지가 Patricia를 다양하게 공격적으로 사랑한 형식들은, 아버지가 Patricia를 사랑하지 않은 강도는 Patricia에게 부정적 영향을 미쳤다. 간단하게 말하면, 아버지의 사랑은 Patricia의 싹트는 성을 과도하게 자극하였다. 이 강력한 남성의 사랑은 Patricia를 압도하였다. 그녀의 작은 자아(ego)는 그런 강력한 감정을 처리할 수 없었다. 아버지가 Patricia를 다양하게 공격적으로 사랑한 형식들은 Patricia를 놀라게 하였다. 그러므로 Patricia는 그런 감정들을 처리하기 위해 그런 감정들을 강하게 억압(repress)하여야 하였고, 그런 감정들의 존재를 부정(deny)하여야 하였다.

아동들은 그런 감정들을 억압할 수 있다. 당신은 이것을 아동기의 잠재시기(latency period of childhood)에 관한 토론을 한 이후 기억하게 될 것이다. 아동기의 잠재 시기는 약 6세에 발생한다. 아동기의 잠재 시기에 유아적 성(infantile sexuality)은 사춘기(puberty)까지 잠을 자기 위해 지하로 잠복한다. Patricia는 아버지에게 너무 일찍이 강력한 성적 반응을 하였다. 그 때문에 Patricia는 너무 일찍이, 4세에, 잠재기에 들어갔다고 우리는 말할 수 있었다.

Patricia는 이제 성(sex)을 회피하고 아버지를 "순진한 마음"에서(in complete "innocence") 존경할 수 있었다. Patricia의 아버지는 성공을 열정적으로 믿는 남자이었다. 그는 그의 넘치는 행복감, 인생을 사랑하는 것, 높은 지능 때문에 많은 것을 얻었다. 그의 어린 딸은 그의 사랑을 얻기 위해 끊임없이 성취하여야 한다고 느꼈다. 그러므로 그녀는 초등학교 1학년부터 대학 졸업하는 학년까지 정신적으로 뛰어나기 위해 노력하였다. 그러나 그녀의 아버지는 완벽주의자(perfectionist)이었다. 그는 최고의 명예(top honors)를 기대하였다. 그는 최고의 명예를 얻지 못하는 자신을 비웃었다. 그는 그 자신에게 요구하는 그것을 그의 딸에게 요구하였다. 그녀는 그의 자질을 가지지 않았기 때문에 그녀가 노력하는 모든 분야에서 그의 기준에 항상 도달할 수 없었다. 아무도 그의 기준에 도달할 수 없었다. 그녀는 그런 최고의 명예에 도달할 수 없을 때에 아버지의 사랑을 받을 가치가 없다고 느꼈다. 그녀의 아버지가 그녀를 사랑하지 않는다고 그녀는 느꼈다. 그는 이 감정을 교정하려고 하지 않았다.

만약 당신이 성장하는 아동의 정상적 발달단계(our normal stages of development)를 회상한다면, 당신은 Patricia Agnew가 결혼할 시기에 일루(first base)를, 또는 이루(second base)를, 또는 삼루(third base)를 밟지 않은 것을 쉽게 볼 것이다. 그녀는 정상적으로 성장한 것, 학교 성적이 우수한 것, 딸의 역할을 잘 하는 것, 데이트하러 나가는 것 같았다. 그러나 그녀의 감정적 성적 영역은(in the emotional and sexual sphres) 초기 단계에 멈추었다.

그녀는 아동기에 성(sexuality)을 심하게 억압하였기 때문에, 사춘기(puberty)를 시작하게 하는 성선의 변화(glandular changes)가 일어날 때에 그녀는 사춘기에 정상적인 성적 감정(sexual feeling)과 심리적 특성이 정상적으로 발달하지 않았다. 그 이유 때문에 그녀는 청소년 발달단계(adolescent phase of development)를 즉, 소녀가 성적으로, 심리적으로 사랑 활동을 준비시키는, 긴, 사랑스런 꿈을 꾸는 기간을 생략하였다. 어떻게 그녀는 그런 꿈을 꿀 수 있는가? 그것은 진정한 정상적인 성의 발달에 달려 있다. 그녀의 성은 유아기에 멈추었다.

그녀는 심리학적으로 유아이었다. 특출하고 싶은, 환경을 정복하려는 욕구는 잠재기에 물론 정상이다. 자연은 이 시기를 마련하였다. 자연은 자아(ego)가 성장할 수 있는, 자아가 사춘기와 청소년기의 성적 폭풍우와 스트레스를 대비할 수 있는 시간을 갖게 하기 위해 성을 발달하지 않게 하였다.

그러나 그녀는 사춘기와 청소년기를 통과할 수 없기 때문에, 잠재기에, 무성적(non-sexual)인, 경쟁적인, 아버지를 숭배하는, 아동기에 심리학적으로 머물었다.

Patricia는 남편에게 두 태도를 보였다. 첫째 태도는 말싸움할 때에 나타났다. 첫째 태도는 그가 이기적(selfish)이고, 매력이 없고(unattrractive), 사랑스럽지 않다(unlovable)고 그녀가 믿는 것이었다. 이 태도는 그녀의 감정이 아직도 그녀의 아버지(Daddy)에게 속해 있다는 사실에 기초하였다. 그녀가 그녀의 아버지에게 느끼는 과장된 아동기 감정을 갖고 다른 남자들을 그녀의 아버지와 비교하였다. 그 비교를 당하는 다른 남자들은 그녀의 사랑을 받을 가치가 없는 사람 같았다. 그녀의 남편은 그녀와 그녀의 이상(ideal)

의 사이에 있는 남자이었다. 그러므로 그녀가 그를 사랑하게 하고 싶은, 그녀를 그의 좋은 부인이 되게 하고 싶은 싶은 그의 정상적 욕구 때문에, 그는 그녀를 많이 증오하는 것 같고, 그녀에게 분노하는 것 같다. 그런 환경에서는, 성(sex)은 Lucrece의 강간(virtual rape of Lucrece)이었다. 남편은 그녀에게 어둠 속에서 무섭게 강간을 하는 자이었다. 아버지는 그녀가 진정으로 사랑하는 그녀의 애인이었다. 그녀는 아버지를 위해 그녀의 순결을 간직하여야 하였다.

다른 깊이 숨어 있는 태도는 이 태도의 정반대이었고, 이 태도와 모순이었다. 그녀의 마음의 이 측면에서, 그녀의 남편은 그녀의 아버지를 의미하였다. 그런 사람에게 성적 감정을 느끼는 것은 완전히 금기(taboo)이어야 한다. 그녀는 어렸을 때에 성적 감정을 억압한 것처럼 남편에게 느끼는 성적 감정을 억압하여야 한다. 그녀는 남편에게 느끼는 성적 감정을 억압하고 그 상태를 유지하여야 한다. 그녀가 뛰어나기를 그녀의 아버지가 바란 것에서(in all the things her father wanted her to exel in) 그녀는 뛰어나야 한다. 그녀는 남편에게 부인의 기능을 일차적으로 뛰어나게 하여야 한다. 이것은 필연적 함정이었다. 왜냐하면 그녀는 항상 부적합하고 열등하다고 느꼈기 때문이다. 그녀는 그녀 자신이 그가 만족할 수 있는 부인이 아니라는 것을, 그녀 자신이 그런 환경에서 그가 만족할 수 있는 부인이 될 수 없다는 것을 잘 의식하였기 때문에, 그녀는 그녀 자신이 부적합하고 열등하다고 언제나 느끼었다.

당신은 Patricia가 어떤 함정에 빠져 있는지 알 수 있다. 실제로, 만약 그녀가 도움을 받고 싶은 동기가 없었으면, 그녀는 문제에서 빠져나올 수 있는 출구를 발견하지 못하였을 것이다. 그녀가 주기적으로 "신경쇠약"("breakdowns")을 앓는 것은 그녀의 절망적인 상황을 분명하게 직접적으로 표현하는 것이었다.

그녀가 주기적으로 신경쇠약을 앓는 것은 그녀가 "저는 무력한 아동입니다. 저는 성장할 수 없습니다. 저는 아동이기 때문에 도움을 받아야 합니다."("I am truely a helpless child; I can do nothing grown-up. I must be taken care of as a child is.")라고 말하고 있는 것이었다.

그녀는 그녀의 잃어버린 성(lost sexuality)과 행복할 수 있는 능력(capacity for happiness)을 되찾았다. 뒤의 장(chapter)에서, 이 삶을 사는 Patricia Agnews가 그런 결과를 어떻게 얻을 수 있는지를 우리는 보겠다. 그러나 우리는 Agnews를 그만 말하기 전에, 일반적 관찰을 한 것을 하나 더 말하고 싶다. 만약 그녀가 남편을, 성을, 남성과 여성이 서로 진정한 사랑을 하는 것을 비합리적으로 반대하는 것이 지지를 받았으면, 즉 여성해방운동학파에 기초한 인생철학에 의해 정당화될 수 있는 것처럼 보였으면, 그녀가 어떻게 도움을 받지 않고 완전히 존재하였는지를 생각하라. 그녀의 문제들은 그런 관점에서 완전히 정상적이라고 생각될 수 있다!

Patricia는, 물론, 가장 심한, 성적 감정이 거의 없는 불감증을 상징한다. 이 주제를 분명히 하기 위해 우리의 불감증 척도(frigidity scale)를 회상하라. 이 척도에서 완전한 불감증은 0점 근처이다. 이 척도의 반대 쪽 맨 끝에 있는 여성은 성교하기 전과 성교하는 동안에 많은 성적 흥분(sexual excitement)을 느끼지만, 절정감을 느낄 수 없거나, 절정감을 너무 약하게 느끼고 성을 불만족하고, 그 때문에 성교 뒤에 의식적으로 불만족한 상태에 있다. (정상 상태[normalcy]는 절대적 상태[absolute state]이고 정도[degrees]로 표시될 수 없다.) 우리는 그녀를 불감증 척도 위 100 가까이에 평정한다. 그 의미는 그녀가 정상에 가깝다는 것이다. 이 두 극 사이에 성적 장애(sexual blocking)의 모든 정도가 있다.

(우리의 "남성 유형"["masculine type"] 같은 불감증보다) 정도가 낮은

불감증의 고통을 받는 여성은 Patricia의 인격 문제와 비슷한 인격 문제의 고통을 받는다. 이 문제는 정상 쪽으로 가면 갈수록 가볍다. 그녀들의 문제의 기본 구조는 Patricia의 기본 구조와 비슷하다. 그녀들의 문제의 기본 구조는 그녀들의 아버지에게 너무 강하게 너무 일찍이 애착한 것에 기초한다. 이 어렸을 때에 애착한 것은 성인기(adulthood)에도 작용한다. 이 어렸을 때에 애착한 것은 결혼 생활의 성적 문제와 대인 관계 문제를 일으킨다.

그러나 우리가 척도에서 성적 반응이 많은 쪽으로 갈수록, 정도의 차이는 불감증의 차이가 되는 것 같다. 척도의 중간에서 위로 갈수록 그녀의 성적 문제는 그녀가 배우자를 멀리하거나, 배우자를 함부로 대하거나, 배우자에게 무자비한 적개심을 나타내는 것과 또는 배우자에게 성적으로 이용당한다고 느끼는 것과 관계가 적다. 그것은 직접적 성적 욕구좌절과 밀접한 관계가 있고, 우리의 목표와 가깝지만 성취할 수 없는 Tantalus와 같은 감정(Tantalus-like feeling)과 밀접한 관계가 있다.

여기 내가 말하고 싶은 예가 있다. 나는 이 환자를 Joan이라고 부르겠다. 그녀는 나에게 왔을 때에 28세이었다. 그녀는 코끝이 높은, 일반적으로 관심이 없는, 인생이 즐겁기 때문에 미소 짓는 미녀이었다. 그녀는 2년 전에 결혼하였다. 그녀는 그녀의 문제를 숨기지 않고 나에게 솔직히 말하였다. 그녀는 성교하는 동안 굉장히 많이 흥분하였다. 그녀를 흥분시키는 시간이 필요하지 않았다. 그녀는 성교하는 동안 흥분한 상태를 유지하였다. 그러나 대부분의 경우, 그녀는 성교를 오랫동안 하였어도, 최고조에 전혀 도달하지 않았다. 그녀는 욕구가 좌절된, 기분이 풀리지 않은 상태이었다.

그러나 가끔 예외는 있었다. Joan은 성교를 10번 하는 중 대체로 한 번 최고조에 도달하였다. 그러나 그 최고조는 약하였고 불분명하였다. 그 최고조는 그녀를 충분히 만족시키지 않았다. 여기에 가장 중요한 것이 있다. 그녀는 이 최고조를 경험할 때마다 그 다음 날 아침에 심한 요통(腰痛 back pains)을 앓았다. 그 요통은 이삼일 계속되었다. 그 요통은 분명히 정신신체적(psychosomatic)이었다. 그녀는 짜증이 났고 불안하였다. 오직 그때에 며칠 동안, 그녀는 남편에게서 그녀의 개인적 문제(personal difficulties)를 경험하였다(It was *only* on such days that she experienced personal difficulties with her husband). 그녀는 별것 아닌 것으로 남편과 말싸움하는 자신을 발견하였다. 그녀는 남편에게 억지를 부렸고, 반론을 폈다.

그녀는 혼란된 상태에서 나에게 "저는 그것과 반대라고 생각합니다. 저는 최고조에 오르지 않을 때에 그와 지내는 것이 어려웠고, 제가 완전한 절정감을 느끼지 못하더라도, 최고조에 도달하면, 저는 즐거웠고 희망을 느꼈습니다."("I should think, that it would be just the other way around; that I would be difficult with him when I didn't come to any climax and pleased and hopeful when I did, even if it wasn't the perfect orgasm.")라고 말하였다.

그러나 Joan은 이 가정을 오직 논리적으로 하였다. 마음은 합리적 사고에 의해 반드시 움직이는 것은 아니다. 그녀는 그녀 자신의 요통과 불안 반응 뒤에 있는 합리를 이해할 수 있었을 때에 나을 수 있었다.

Joan의 문제는 가벼웠다. Joan의 부부 관계는 건전하였다. 그녀는 그녀의 남편이 신체적으로 매력적이라고 생각하였고 그녀는 그녀의 남편을 존경하였다. 그녀는 그녀의 부부의 사회생활을 즐겼고 그녀의 남편이 동료를 집에 초대하여야 할 때에 이용당하였다고 또는 속았다고 느끼지 않았다. 그녀의 남편이 동료를 집에 초대하여야 할 때에 그녀는 안주인(hostess)의 역할을 즐기었다. Joan의 부부는 성적 생활 이외에 다른 것에 진정한 문제가 없었다.

이 성적 문제는 대단히 빨리 해결되었다. 왜냐하면 성적 문제는 Joan의 인격 안에 가볍게 있었기 때문이다. 우리는 Joan의 인격을 탐구할 때에 Joan의 문제의 구조가 Patricia Agnew의 문제의 구조와 같은 것을 발견하였다. Joan의 문제와 Patricia Agnew의 문제는 Joan과 Patricia Agnew가 초기 아동기에 아버지에게 과도한 애착을 하였고 그 애착이 해결되지 않은 것이 같았다. Joan의 문제와 Agnew의 문제가 다른 것은 Joan의 애착이 Agnew의 애착보다 많이 가벼운 것이다. 그러므로 Agnew의 문제는 영향을 오랫동안 미쳤지만, Joan의 문제는 Joan의 인격 전체를 포위하였다. 그러므로 Joan의 문제는 Agnew의 문제보다 훨씬 쉽게 해결되었다.

Joan의 부녀 관계가 Agnew의 부녀 관계보다 파괴력이 약한 것은 두 가지이었다. 첫째로, Joan의 아버지는 Joan이 출생한 때부터 6년 동안 Joan을 과도하게 사랑하지 않았고, Joan에게 과도하게 관심을 기울이지 않았다. 둘째로, Joan의 어머니는 인격이 대단히 독특하고 강하였다. Joan은 인격이 형성되는 동안에 좋은 모녀 관계를 유지하였다. 이것은 Joan의 아버지가 Joan에게 과도한 영향을 미치는 것을 상당히 많이 억제하였다. 이것은 Joan이 그녀 자신의 성을 건강한 방식으로 동일시하게 하였고, Joan이 애인, 부인, 어머니인 것이 좋은 것이라는 감정을 갖게 하였다.

Joan의 불감증은 서너 치료시간 안에 치료되었다. 어느 날, Joan은 나에게 왔다. Joan은 뜻 밖의 승리를 한 것 같았다. Joan은 지난 번 성교에서 Joan이 경험한 가장 강력한 절정감을 경험하였다. 그러나 그녀는 보통 때처럼 성교한 그 다음 날 불안하였고, 심한 요통을 앓았다.

Joan은 이것을 말할 때에 갑자기 "저는 가장 놀라운 꿈을 꾸었습니다. 저는 그 꿈이 생각났습니다."라고 말하였다. Joan은 놀이터에 있는 그네를 타고 있었고, 나에게 말하였고, Joan의 아버지는 Joan을 밀었다. Joan은 "저는 그네를 높이 높이 탔습니다. 저는 날으는 것 같았습니다. 그네를 타는 느낌이 좋았습니다. 저는 아버지가 그네를 계속 밀기를 바랐습니다. 저는 주변을 보았습니다. 아버지는 범죄자가 되었습니다. 아버지는 저를 붙잡았습니다. 저는 비명을 질렀습니다. 어쨌든 아무도 저의 비명을 들을 수 없다는 것을 저는 알았습니다. 그때, 저는 대학에서 우리가 강간에 관해 토론하고 있었을 때에 여자 친구가 저에게 한 말이 갑자기 생각났습니다. 그 여자 친구는, 만약 여자가 강간당할 때에 저항하면, 살해될 수 있다고 말하였습니다. 그리고 그 여자 친구는 만약 강간을 당하면, 오직 긴장을 이완하고 강간을 즐길 것이라고 말하였습니다. 저는 그 여자 친구가 한 이 말이 생각났습니다. 저의 꿈에서 범죄자는 저를 강간하였고 저는 그 강간을 즐겼습니다. 꿈에서, 저는, 실제 생활에서 느껴지 못한 강력한 최고조에 도달하였습니다."라고 말하였다.

그녀는 이 시점에 잠에서 깨었고, 다시 잠이 들었고, 악몽(nightmare)을 꾸었다. 그 악몽은 "내가 범죄 행위를 하였기 때문에 여자 경찰관들이 나를 추적하고 있었다. 여자 경찰관들은 나를 거의 잡았다. 그러나 나는 도망쳤다. 마침내 여자 경찰관들 중 한 여자 경찰관이 나를 잡았다. 내가 그 여자 경찰관의 얼굴을 보았을 때에 그 여자 경찰관은 나를 보고 다정하게 웃고 있었고, '저에게 끔직한 일이 아닙니다. 걱정하지 마십시오.'라고 말하였다." 이다.

Joan의 꿈이 무엇을 의미하는지를 당신이 아는 것은 어렵지 않다. 아버지가 밀고 있는 그네는 Joan이 어렸을 때에 아버지에게 느낀 성적 감정을 의미한다. Joan이 어렸을 때에 아버지에게 느낀 성적 감정이 너무 직접적일 때에 Joan은 아버지를 강간범으로 전환함으로써 아버지에게 느낀 성적 감정을 왜곡하였다. 실제로, Joan은 강간범이라고 느낀 사람이었다(Actually *she* was the one who felt lke the criminal). 그것은 그 다음 꿈에서 Joan이 경찰에게 추적당하는 것으로 증명된다(It is borne out by the fact that in the following dream she was pursued by the police). Joan을 추적하는 경찰이 여자 경찰관이라는 것은 의미 있다. 왜냐하면 여아(Joan)는 어머니에게 강한 죄책감을 느꼈기 때문이다. 여아는 아버지에게 금지된, 금기인 성적 감정을 느꼈기 때문에 어머니에게 강한 죄책감을 느꼈다. 여자 경찰관의 용서하는 태도는 여아의 좋은 모녀 관계를 의미하고, 그리고 여아가 아버지에게 느낀 성적 감정을 극복할 수 있는 내적 준비가 되어 있는 것을 의미한다.

이것보다 현대정신분석의 이론을 잘 설명하는 것은 있을 수 없다. 이것은 Joan에게 분명하였다. Joan을 추적하는 여자 경찰관들에 관한 꿈에 의해 표현된 공포(terror)는 그 꿈을 다룬 치료시간이 끝나기 전에 사라졌다. Joan은 남편과 성숙한 만족스런 성교를 할 수 있는 준비가 되었다. 그녀(Joan)는, 열정(passion)이 최고조에 도달하였을 때에, 남편에게 느끼는 그녀의 욕구(her feelings for her husband)가 그녀가 아버지에게 한때 느꼈던 "무서운" 감정(the "dangerous" feelings she had once felt for her father)을 무의식적으로 생각나게 하기 때문에, 그녀가 완전한 성적 사랑을 무서워하는 것을 의식하였다. 그래서 그녀는 남편에게 느끼는 그녀의 욕구를 최고조로 만족할 수 없었다. 그녀의 두려움의 비합리적 기초를 그녀가 이해한 것은 그녀가 그 두려움을 느끼지 않게 하였다.

제11장

남성 같은 여성

그녀는 눈에 띄게 잘생긴 여성(a strikingly handsome woman)이었다. 나는 나의 치료실에 앉아 있는 그녀를 보았다. 나는 그녀의 외모가 지극히 여성적인 것(extreme femininity)에 놀랐다. 그녀의 갈색 머리는 윤이 났고, 깨끗하였고, 부드러웠다. 그녀의 얼굴은 뽀얗다. 그녀는 화장과 복장에 세심한 신경을 썼다. 모든 것이 완벽하였다. 나는 내가 생각하였던 것을 회상하였다. "그녀는 많이 완벽하였다. 그녀는 어떤 역할을 하기 위해 옷을 입는 것 같았다"("Perhaps a little too perfect. It's almost as if she is dressing for a role").

첫인상은 언제나 정확하지 않다. 그러나 이 사례에서 내가 느낀 첫인상은 정확하였다. 나의 새 환자는 불감증(frigidity) 때문에 고통을 받았다. 나는 이 새 환자를 Toni라 부르겠다. (그 새 환자의 별명은 남자의 이름이었다.) 불감증은 "남성 콤플렉스"("masculinity complex")라고 자주 불린다. Toni는 "음핵에서 절정감을 느끼는 여성"("clitoridal woman")이었다. 음핵에서 절정감을 느끼는 여성의 일반적 특성을 우리는 조금 전에 보았다. Toni의 사례는 불감증 환자의 너무 전형적이고 그래서 불감증의 우리가 잘 아는 유형의 면들을 설명한다. 그러므로 나는 여기에서 불감증을 설명하기 위해 Toni를 선택하였다.

나는 첫 면담시간에 Toni의 명석한 사고(clear thinking), 논리적 두뇌(logical mind), 감동이 없는 정서(emotionless), 남성처럼 솔직하게 말하는 특성(masculine forthrightness)이 Toni의 부드러운 여성의 모습을 남성처럼 보이게 하는 것을 볼 수 있었다. Toni의 복장은 Toni가 Toni의 진정한 문제를 세상 사람들과 Toni 자신이 보지 못하게 무의식적으로 하는 것이었다.

Toni는 30세로 결혼 생활을 7년 하였고 5세 아들이 있다. Toni는 지난 2년 동안 심한 편두통(severe migraine headaches)을 앓았다. Toni는 어떤 때는 주 3회 편두통을 앓았다. 이 두통은 그녀의 부부 사이에 문제가 발달하는 것과 거의 동시에 시작하였다. 부부의 문제는 원인이 그녀 자신에게 있다고 그녀는 솔직히 말하였다. 그녀는 남편을 갑자기 존경하지 않게 되었다. 남편에게 야심이 없는 것(no ambition of any kind)과 남편이 "잘난 체하는 것"("insufferably smug and complacent")을 그녀는 어느 날 보았다. 남편은 그 자신의 운명을 개선할 욕구가 전혀 없었다. 남편은 "중요하지 않은, 쓸데없는 일"("inane and useless projects")을 작은 방에서 하며 시간을 보내거나, 또는 "텔레비젼을 보며"("glued to the television set") 저녁 시간을 보내거나, 또는 "소용 없는 사람들"(a few "useless men")과 포커를 하며 시간을 보내었다.

남편의 수동성(passivity) 때문에 그녀는 설명이 되지 않는 분노를 남편에게 나타내었다. 그녀는 나에게 "만약 모든 것을 남편에게 맡기면, 우리는 사회적으로 경제적으로 타락할 것이라는 것을 저는 그 순간에 알았습니다. 저는 그런 목적이 없는 사람을 견딜 수 없습니다."("I realized in that moment that we could rot, socially and financially, if it were up to him, I can't stand such pointlessness in a man.")라고 불쾌하게 말하였다.

나는 그녀에게 그녀의 부부가 어떤 사회적 활동을 하는가 질문하였다. 그녀는 부부가 2년 전까지 대단히 활동을 많이 하였다고 나에게 말하였다. 그녀는 "우리의 친구들 대부분은 원래 저의 친구들이었습니다. 남편의 친구들은 우리가 결혼 생활을 시작한 지 1년 안에 남편을 떠난 것 같습니다. 남편의 친구들은 어쨌든 재미가 없었습니다. 저는 재미가 있었습니다. 저는 남편에게 흥미를 잃기 시작한 뒤에, 남편을 존경하지 않기 시작한 뒤에, 저는 사회적 활동을 하지 않기 시작하였습니다. 저의 남편은 사회적 활동에 관심이 없는 것 같습니다. 남편은 모든 것에 관심이 없는 것 같습니다."라고 나에게 말하였다.

Toni는 직업 세계에서 크게 성공하였다는 것이 밝혀졌다. 그녀는 일류 여자대학을 졸업하였다. 그녀는 그녀의 학년에서 특출하였다. 그녀는 특별 활동을 대단히 잘 하였다. 그녀는 "저는 캠퍼스에서 정말로 인기 많았습니다."("I was a really Big Woman On Campus")라고 행복하였던 대학 시절을 그리워하는 듯이 말하였다. 그녀는 대학원에 갔다. 그녀는 Columbia University에서 경영학 박사를 받았다. 그녀는 박사 학위를 받고 곧 미국에서 가장 큰 상품 기획사의 구매과에 입사하였다.

Toni는 입사한 지 5년 안에 그 회사의 여성 의상을 구매하는 총책임자가 되었다. 실제로, 이 자리는 이 종류의 높은 자리들 중 하나이었다. 왜냐하면 상품 기획사는 거대하기 때문이었다. 그녀의 년봉은 25,000달러 이상이었다.

이 급여는 주식회사 법을 전문으로 변호하는 법률회사의 하위 직원으로서 남편이 받는 급여의 정확히 3배이었다는 것을 나는 이 시점에 알고 놀라지 않았다.

Toni가 실업계에서 대성공을 하였기 때문에 크게 기쁜지 기쁘지 않은지를 나는 Toni에게 질문하였다. Toni는 성공한 것을 결혼하기 전과 결혼 후 약 2년 동안 자만(自慢)하였다고 나에게 말하였다. Toni의 남편도 Toni가 성공한 것을 기뻐하였다. 그러나 아기가 태어난 뒤, Toni의 남편은 Toni가 하는 활동에 관심이 점점 적어졌다. Toni도 실업계에서 활동하는 것 때문에 죄책감을 점점 많이 느꼈다. Toni는 아기를 등한시하고 있다고 항상 느꼈다. Toni는 아기가 잘 있는지를 알기 위해 집에서 아기를 돌보는 보모(nurse)에게 하루에 다섯 번 또는 여섯 번 전화를 걸었다. Toni는 나에게 "두 달 전에 저는 저의 상사(boss)를 만나러 갔습니다. 저는 직장을 그만 두고 싶다고 또는 시간제 일(part-time job)을 하고 싶다고 저의 상사에게 말하였습니다. 저의 상사는 크게 당황하였고, 큰 급료를 즉시 제시하였고, 제가 굉장히 중요하다고 저에게 여러 번 말하였습니다. 저의 마음 한 쪽은 굉장히 기뻤습니다. 그러나 저는 저의 상사를 떠난 뒤에 우울하였습니다. 저는 제가 아기를 돌보지 않는다고 크게 느꼈습니다. 그러나 저는 제가 제시 받은 큰 돈에 사로잡혔다고 느꼈습니다. 그리고 저는 만약 제가 저의 일을 정말 그만두면, 저는 집에서 곧 지루하게 될 것이라고 느꼈습니다."라고 말하였다.

Toni가 지금까지 말한 것은 음핵에서 절정감을 느끼는 여성의 전형적 그림(classical picture of clitoridal woman)과 일치하였다. 음핵에서 절정감을 느끼는 여성들은 예외 없이 (가끔 매력이 있는) 수동적인, 의존적인 남성과 결혼하고, 그리고, 마침내, 남편의 의존심과 욕구의 부족을 신랄하게 비판하고, 결혼 생활의 평형을 무너뜨린다. 음핵에서 절정감을 느끼는 여성들은 그녀 자신을 지배할 남성을 원하지만, 이 바람은 환상이다. 왜냐하면, 그녀들은 그녀들의 수동적 남성이 자기주장하는 것을 견딜 수 없기 때문이고, 그녀들은 그녀들의 수동적 남성이 자기주장할 때에 그 자기주장을 좋지 않게 처리하기 때문이다. 그런 여성들은 남성적 성취의 세계에서 잘 성공한다. 그리고 만약 그들은 자녀가 있으면, 그들이 자녀를 소홀히 취급한 것 때문에 죄책감을 느낀다.

Toni의 또 다른 특징은 자녀를 낳는 것을 두려워하는 것이었다. Toni는 임신한 동안 대단히 심하게 우울하였다. Toni는 임신한 9개월 동안 신체적 고통을 느꼈다. Toni는 분만 시간(time for delivery)이 왔을 때에 "나는 죽고 있다고 확신"("absolutely certain that I was going to die")을 하였다.

정신과 의사는 이것을 모두 알면, Toni의 성적 생활의 성질을 거의 추측할 수 있다. Toni의 성적 생활의 성질은 한동안 면담시간에 나타나지 않았다. 나는 자세한 것을 요구하지 않았다. 그러나 사실들은, 장황하게 나타났을 때에, 음핵에서 절정감을 느끼는 여성(clitoridal woman)을 여러 부분에서 특징 짓는 성적 반응의 특별한 유형을, 끝없이 틀린 정보를 일으킨 사색을 하게 한 성적 반응의 특별한 유형을 표현하였다. 이 형태의 불감증이 우리 사회에 너무 많이 퍼져 있는 사실 때문에 음핵에서 성적 만족감을 느끼는 여성의 형식이 완전히 정상이라고 믿는 집단이 생겼다. 이 집단은 떠들석하고 많은 책을 출판하였다. 만약 그 집단의 결론을 세상이 널리 받아들이면, 이 집단은 나의 의견으로는 헤아릴 수 없는 해(harm)를 세상에 줄 수 있다.

Toni는 키스(kissing)나 다른 형태의 전희(前戲 foreplay)에 일반적 반응을 하지만, 우리가 성적 감각이 "음핵에 집중된 여성"이라고 부르는 여성("clitorally centered")이다. 예를 들면, Toni는 남편이 Toni의 등을 문지르는 것을 즐겼고, 남편이 Toni의 음순(陰脣 labia)을 자극하는 것을 좋아하였다. 그러나 Toni는 전희가 음핵에 국한되는 것을 선호하였다. 만약 남편이 Toni의 음순을 4~5초 이상 쓰다듬으면, Toni는 불쾌하게 되고 남편에게 음순을 만지지 마라고 말하였다.

절정감(orgasm)은 거의 언제나 음핵에서 한정되었다. Toni가 그런 절정감을 느끼는 동안, Toni의 질(vagina)은 내분비물이 나와 미끄럽게 되지만, Toni는 질에서 쾌감(pleasurable sensations)을 전혀 느끼지 않는다. Toni는 절정감을 느끼는 순간, 질이 수축하는 것을 느낄 수 없고, 남편이 음경을 Toni의 질 안에 깊이 빨리 삽입하기를 바라지 않는다. 남편이 음경을 부인의 질 안에 깊이 빨리 삽입하기를 부인이 바라는 것은 정상적 절정감을 느끼는 것이다.

반대로, Toni는 성교하는 것보다 남편에게 손으로 자위행위받는 것을 선호하였다. Toni는 성교를 회피하기 위해 남편의 음경을 손으로 자극하였다. 또는 Toni와 Toni의 남편은 성교하고, 성교가 끝난 뒤에, 일반적으로 Toni의 남편은 Toni의 성기를 자극하였다.

그러나 Toni는 성교하는 동안 음핵에서 절정감(clitoral orgasm)을 가끔 느낄 수 있었다. 성교하는 동안, Toni가 위에 있고, 남편이 밑에 누워있을 때에, Toni는 음핵에서 절정감을 느낄 수 있었다. Toni는 정황의 영향을 많이 받았다. Toni는 여성이 상위에 있는 체위(position)로 성교할 때에 절정감을 느낄 수 있었다. Toni는 여성이 상위에 있는 체위로 성교할 때에 Toni의 음핵이 남편의 음경과 더 직접 접촉할 수 있었다고 나에게 말하였다. 이 사실은 맞는 말일 수 있다. 그러나 나에게 흥미 있는 것은 Toni가 중요한 사실을 분명하게 말하는 정도이었다. 우리 사회에서는 남성이 성교할 때에 위에 있는 체위가 전통이기 때문에, 이런 종류의 문제가 있는 여성들은 치료 초에 대단히 불안하기 때문에 여성이 위에 있는 체위를 즐긴다는 말을 하지 않는 것을 나는 종종 발견한다.

Toni는 가정의 재정적 문제와 사회적 문제를 책임진 것과 같이 성적 문제도 책임을 졌다. Toni가 모든 성교를 거의 언제나 시작하였다. Toni의 남편은 Toni의 관능적 기분(sensual mood)에 민감하지 않다고 말하는 것으로써 Toni는 이 사실을 나에게 말하였다. "남편은 제가 던지는 단서를 알아차리지 않는 것 같습니다. 그래서 저는 욕정을 느낄 때에 남편을 쫓아가야 합니다."("He just doesn't seem to pick up any cues that I throw out, so I have to go after him when I feel passionate.")라고 Toni는 말하였다. Toni가 즐기는 성교 체위는 우리 사회에서 남성과 여성이 성교하는 체위의 반대라는 것(that this is a reversal of the usual pattern in sexual love between men and women in our society)을 주목하라. 우리 사회에서는 여성이 성교를 가끔 시작하나, 남성이 성교를 일반적으로 시작한다.

Toni가 나에게 오기 전 2년 동안에 Toni와 남편 사이의 관계는 악화되었지만, 성교한 양은 감소하지 않았다는 것을 주목하는 것도 흥미롭다. Toni는 성교를 주도하는 자이었다. 그 때문에 Toni는 성교를 조절하였다. Toni와 남편 사이가 악화되었지만, 성교한 양은 감소하지 않은 것은 Toni가 성적 감정(sexual feeling)과 다른 정서를 분리하였다는 것을 가리킨다. 대부분의 여성과 다르게, Toni는 부부의 사이가 악화된 기간에 사랑하는 의식적 감정을 느끼지 않는 사람과 성교할 수 있었다.

나는 Toni의 안정을 무너뜨리지 않고 나와 Toni의 토론을 Toni가 남편에게 분노를 느끼기 시작한 때, Toni가 나에게 오기 2년 전에 맞추었다.

그 중요한 시기에 삶을 자세히 재구성하는 것이 중요하다고 나는 Toni에게 강조하였지만, 우리의 토론은 맨 처음에 아무 것도 재구성하지 않았다. 오래 토론한 끝에 Toni는 중요한 사실을 말하기 시작하였다. Toni는 남편에게 강한 비판적 감정을 갑자기 느끼기 이틀 전에, 인생에서 처음으로 질에서 즐거운 감각(pleasurable vaginal sensations during intercourse)을 느꼈다.

Toni는 그날 밤에 남편에게 매우 따듯한 감정을 느꼈다. Toni는 그날 밤에 남편과 성교하기 전에 지금까지 경험하지 않은 애정이 Toni의 전체에 가득 차 있는 것을 느꼈다. Toni와 남편은 보통 하는 전희(preliminary love play)를 하지 않고 성교를 시작하였다. Toni는 성교를 하는 중간 쯤에 질에서 느끼기 시작하였다. 그 느낌은 절정감을 느낄 때까지 지속되었다. 그때에 그 절정감은 음핵에서 느끼는 절정감으로 넘어갔다. Toni는 성교 뒤 놀랐고 매우 기뻤다. 그러나 Toni는 모든 경험을 곧 "망각"("forgotten")하였다.

Toni가 남편에게 분노를 느끼는 것(Toni's anger at her husband)과 편두통을 앓는 것(her migraines)은 이 성적 경험 바로 뒤에 시작하였다는 것을 우리는 의심할 수 없다. 그리고 Toni가 남편에게 분노를 느끼는 것과 편두통을 앓는 것은 밀접한 관계가 있다는 것을 우리는 의심할 수 없다. Toni가 불감증을 앓게 한 Toni의 인격 구조와 Toni가 경험한 심리적 사건은 Patricia의 것과 다르고, Joan의 것과 다르다. 그러나 Toni와 Patricia와 Joan는 하나가 똑같다. Toni와 Patricia와 Joan이 질에서 진정으로 느끼는 성감(real vaginal sensation)과 질에서 절정감을 느끼는 것(vaginal orgasm)을 두려워하는 것은 깊은 것이고, 변하지 않는 것이다.

이 두려움은 음핵에서 절정감을 느끼는 여성의 또는 남성 같은 여성(the clitoridal or masculine woman)의 기본 감정이다. Toni는 그녀 자신이 질에서 성감을 느끼는 것을 굉장히 무서워하는 것을 인정하지 않고, 그 대신 무의식적으로 Toni와 남편의 관계(her personal relationship with her husband)를 무너뜨렸고, Toni가 사랑한 남편의 특성들을 훼손(毁損 denigrate)하였다. - 남편의 매력을, 긴장을 이완할 수 있는 남편의 능력을,

남편이 조용히 따듯하게 이해하는 것을, 남편이 환경에 끌려다니지 않는 것을, 일상 생활에서 매일 일어나는 작은 따듯한 사건을 즐겨야 한다고 주장하는 것을 Toni는 비하하였다. Toni는 그녀 자신의 문제의 진정한 성질을 보지 않기 위해, 그녀의 문제(difficulties)를 남편에게 전가(轉嫁)하여야 하였다. 남편은 수동적이지만, 매력이 많은, 사랑스런 남성이기 때문에, Toni는 문제를 만들어야 하였다.

질(vagina)은 여성성의 중심이고, 여성적 사랑의 중심이다. 여성이 사랑을 두려워하면, 질에서 느끼는 성감(vaginal sensations)을 무의식적으로 차단하게 된다. 그러나 만약 여성이 삶을 사는 중에 성적 쾌감을 느끼면, 여성은 불안을 심하게 느낄 것이고, 여성은 할 수 있는 방법으로 성적 쾌감을 느끼지 않으려고 할 것이다. 이것은 우리가 이 문제의 심리학적 구조를 보게 한다.

음핵에서 절정감을 느끼는 여성(the clitoridal woman)은 대단히 일찍이 그녀 자신이 여성인 것을 거부하였고, 그녀 자신의 여성적 물건(things of womanhood)을 사용하려고 하지 않았다. 음핵에서 절정감을 느끼는 여성은 여성의 상태는 위험한 것이고 굴욕적 역할을 하는 것이라고 느끼게 되었다. 음핵에서 절정감을 느끼는 여성은 남자만 강력하고 안전하다고 느끼게 되었고 남성만을 동일시한다.

성적 구조(sexual anatomy)를 제외하면, 10세 이하의 남아와 여아를 심리적으로, 또는 내분비선으로 구별할 수 있는 것은 없다. 남자가 되고 싶은 욕구는 여아가 달성할 수 없는 욕구이다. 우리가 성적 구조를 생각하면, 남자가 되고 싶은 여아의 욕구는 여아가 달성할 수 없는 욕구이다. 여아는 음핵(clitoris)이 있다. 여아는 음핵을 음경(penis)이라고 생각할 수 있다. 또는 여아는 음핵을 음경이 생기기 시작하는 것이라고 생각할 수 있다. 음핵은 작지만 의학 용어로 "음경과 비슷한 것"("the homologue of the penis")이다. 음핵은 발기(勃起 erect)할 수 있다. 음핵에 귀두(龜頭 head)가 있고, 포기(包皮 prepuce)가 있다. 남성이 되는, 여성을 회피하는 백일몽을 무의식적으로 꾸는 여아는 음핵과 음경이 유사한 것에 관심을 많이 기울인다.

Tony가 그 사례이었다. 그런 사례들은 아버지가 여아를 배척하였다. 여성인 것이 좋은 것을 여아가 경험하게 하는, 여아에게 여성의 안전을 제공하는 아버지의 충분한 사랑을 여아가 받아야 하는 발달단계(stage of development) 동안에 아버지는 여아를 오직 무시하였다. 아버지는, 많은 사람의 말에 의하면(by all accounts), 대단히 냉정한 사람(very cold man)이고, 그의 직업에 열중하였고, 부인과 여아에게 무관심하였다. 남성이 여성을 배척하는, 남성이 여성에게 적개적인 개념은 Toni의 깊은 곳에 있다. Toni보다 3세 어린 Toni의 남동생을 아버지는 Toni를 대하는 방식의 정반대 방식으로 대함으로써 Toni를 깊이 자극하였다(the concept that men rejected women, were actively hostile to them, was very much deepended in Toni by the fact that her father behaved in exactly an opposite manner to her brother, who was three years younger). Toni의 남동생은 아버지에게 있는 적은 양의 관심과 헌신의 대부분을 받았다.

환자의 보고는 우리가 신뢰할 수 있지만 항상 완전히 의존할 수 있는 것은 아니다. 나는 Toni의 이야기의 신뢰성을 검토할 수 있는 행운이 있었다. Toni는 성장한 뒤에 남동생과 긴밀한 관계를 유지하였다. Toni의 요구에 의해 나는 Toni의 남동생을 만났다. Toni는 Toni의 아버지가 Toni와 Toni의 어머니를 회피한 정도를 이해하였다.

그때에, 만약 Toni의 어머니가 온화한 여성다운 여성이었으면, Toni의 사랑할 수 있는 능력은 결정적으로 손상을 입지 않았을 것이다. 그러나 환경은 여아에게 불리하게 작용하였다. Toni의 어머니는 (남편의 인격에 반응하기보다 그녀 자신이 남성화된 여성[masculinized woman]이었기 때문에) 아들이 3세된 때부터 아동들과 함께 집에 머무는 것을 거부하였다. Toni의 어머니는 친구와 함께 양장점을 개업하였다. 그 양장점은 잘 되었다. Toni의 어머니는 모든 시간을 그 양장점에서 보내야 하였다. Toni의 어머니는 저녁 식사 시간을 집에서 드물게 보냈다. 여아는 7세부터 14세까지, 주중에, 하루에 한 시간 이상 동안, 토요일에, 반나절 이상 동안, 어머니를 보지 못하였다.

Toni는 여성의 가치를 어린 시절에 지원받지 않았다는 것을 우리는 아는 것이 어렵지 않았다. Toni는 남성적 활동(male activities)을 함으로써만, 남성적 목표(male goals)를 달성함으로써만, 안전을 느낄 수 있었다. Toni의 어머니는 Toni의 남성적 활동을 지지하였다. Toni는 남성적 활동을 할 수 있을 때에 남성적 활동을 하지 않았는가? Toni는 Toni의 아버지와 Toni의 남동생의 관계에 의해 사물을 판단하였다. 여성은 사랑을 받기 위해 남성이어야 한다는 결론에 Toni는 매우 일찍이 도달하였다(She very early reached the literal conclusion that in order to achieve love a woman really had to *be* a man).

만약 Toni가 남성(male sex)을 무의식적으로 동일시한 것의 성적 측면을 우리가 검토할 수 있기를 바라면, 우리는 Toni가 면담시간에 가져온 꿈을 오직 검토하여야 한다(If we were to examine the purely sexual side of Toni's unconscious identification with the male sex, we would only have to examine the dreams she brought to our sessions). 치료 초에, Toni는 남자 복장을 한 또는 남성 스포츠(male sports)를 대단히 잘한 꿈을 자주 가져왔다. 나는 믿기 어려운 꿈을 기록하였다. 그 꿈은 Toni

가 Yale대-Harvard대 미식축구경기에서 Harvard대 팀의 quarterback을 맡은 공격수로 뛰는 아주 우수운 꿈이었다. 나는 Toni가 4번 touch-down을 하였다고 나의 노트에 기록하였다.

Toni가 아동기에 남자가 될 수 있다고 믿었는지를 Toni는 의식에서 회상할 수 없었다. Toni보다 장애가 심한 여성은 소녀 시기(girlhood)에 그런 의식적 환상을 한 것을 자주 기억하였다. 그러나 Toni는 깊은 수준에서 그런 변형(metamorphosis)의 가능성을 생각한 것을 우리는 의심할 수 없다. 시간이 흐름에 따라, 물론, 현실과 Toni의 높은 지능은 Toni의 욕구를 변형하였고 왜곡하였다(reality and her own good intelligence modified and disguised her wish). Toni는 신체적으로 외형적으로 음경을 크게 함으로써 남아가 되겠다는 욕구를 억압하였다. 그리고 Toni는 음경을 크게 함으로써 남아가 되겠다는 구체적 생각을 남성적 의미의 성취를 하는 환상으로 대치하였다. Toni는 고등학교와 대학에서 지적 과외 활동(a world of intellectual and extracurricular activity)을 하였고, 놀라운, 거의 전설적인, 기록을 세웠다. Toni는 대학에서 과 대표가 되었고, 학교 신문의 편집자가 되었고, 대학의 문학 써클의 장이 되었다.

Toni는 음핵을 자극하는 자위행위(clitoral masterbation)를 청소년기에 포기하지 않았다. 정상적 환경에서는, 소녀는 음핵을 자극하는 자위행위를 포기하고, 적어도 포기하려고 한다. Toni가 어렸을 때에 성욕을 이완한 형식을 Toni는 집착하였다. Toni는 음핵을 자극하는 자위행위를 매일 적어도 한 번 하였다(She clung to this early form of sexual release with almost grim determination, masturbating daily at least once). 음핵을 자극하는 자위행위가 정상적으로 포기되었을 때 이후에도 음핵을 자극하는 자위행위를 계속 한 것은 어렸을 때에 여자인 것을 거부한 것의 연속이었다.

우리는 이때에 Toni가 남성적 가치를 받아들인 충분한 이유를 인정하고 싶을 수 있다. 그러나 우리는 Toni가 Toni의 여성적 면을 강력히 포기한, 여성적 면을 두려워한 이유를 의심한다. Toni의 어머니가 Toni에게 지적 방식으로 성을 가르쳤다는 것(Toni's sex instruction was handled in an apparently intelligent manner by her mother)을 우리가 알 때에 그 의문은 우리가 급하게 처리하여야 하는 것이 된다. 성(sex), 월경, 임신, 등등을 Toni의 어머니는 Toni에게 Toni가 호기심을 만족할 수 있는 시기에, 조용히, 명확히 설명하였다.

Toni는 충격을 받지 않았다. 아무도 Toni를 유혹하지 않았다. 어려운 사건이 Toni에게 발생하지 않았다.

많은 소녀는 지극히 외상적인 경험을 함으로써 성을 싫어할 수 있다. 그러나 그런 경험은 여성이 나중에 성적 장애를 갖게 되는 절대적 필수조건(absolute prerequisite)이 아니다. 만약 당신이 우리가 앞에서 토론한 것을 회상한다면, 여성의 역할을 하기 위해 여성은 생물학적 심리학적 의미의 개체 보존의 자연 법칙(natural law of self-preservation)을 지키지 않아야 한다는 것을 당신은 기억할 것이다. 여성은 자녀를 낳고 자녀를 안전하게 성숙시키기 위해 시간을, 존재를, 다른 목적을 - 여성 자신의 삶을 - 희생할 의지가 있어야 한다.

만약 인격이 형성되는 시기에 여아가 이 역할을 할 준비를 하지 않으면, 만약 여성이 바람직한 것으로, 명예로운 것으로, 사랑스런 것으로 취급받지 않으면, 여성은 여성의 역할을 자동적으로 싫어할 것이다. 여성의 역할은 어린 마음에 매우 위험한 것으로 보일 것이다. 세월이 지나갈 때에, 아무 것도 여성이 여성의 역할을 싫어하는 것을 틀린 것으로 입증하지 않는다. 현실에 의해 수정되지 않은 아동의 두려움은 원래대로 있거나 증가한다.

다른 말로 말하면, 적합하게 준비되어 있지 않은 아동이 여성의 현실을 대면하는 것은 외상이다. Toni가 그 사례이다. 자녀에게 모든 것을 주고 희생하는 진정한 사랑은 죽음을 의미한다고 Toni는 확신하였다. Toni는 나에게 오기 2년 전, 남편과 진정한 성적 쾌락을 경험할 순간에 진정한 성적 쾌락을 거부하였고, 진정한 성적 쾌락을 의식하지 않으려 하였고, 그런 위험한 감정을 일으킨 남자를 사랑하지 않으려고 하였다.

나는 음핵에서 절정감을 느끼는 여성의 순수한 유형을 선택하였다. 그러나 모든 음핵에서 절정감을 느끼는 여성이 Toni처럼 분명한 남성화(masculination)를 보이지 않는다는 것을 나는 분명히 말히고 싶다. 시장에서 성공한 여인은 남성적 동기의 지배를 반드시 받는다고 나는 말하지 않는다. 여성은 집에 머물러 있을 수 있고, 부인과 어머니로써 의무를 완수할 수 있고, Toni가 직면한 기본 문제 때문에 고통을 받을 수 있다. Toni처럼 남성화한 많은 여성은 남성을 모방하는 것을 학습하지 않았다고 우리는 말할 수 있다.

Helene Deutsch는 "...남성 콤플렉스(masculinity complex)는 여성의 환경과 갈등을 일으키는, 여성에게 남아 있는 여성적 내적 세계와 갈등을 일으키는 적극적 공격적 성향의 지배(predominance of active and aggressive tendencies)를 받는 것이 특징이다. 남성 콤플렉스는 가장 원시적 현시(顯示 primitive manifestation)이다. 남성성(masculinity)은 여성적 성향의 직접적 (direct enemy of feminine tendencies)으로 나타난다. 남성성은 여성적 성향의 기능을 흩뜨린다."라고 말하였다.

Toni는 이 서술에 확실히 꼭 맞는다. 그러나 Toni는 이 종류의 문제를 가진 다른 여성처럼 남성을 두려워하는 것과 남성에게 부끄러워하는 것을 극복할 수 있었고, 두려움 또는 부끄러움 없이 여성의 본성을 품을 수 있었다.

제12장

정신적 불감증

불감증을 앓는 여성이 난교를 하는 것(the problem of sexual promiscuity in women suffering from frigidity)은 일반적 문제이다. 불감증을 앓는 여성이 난교를 하는 것은 성적으로 느끼고 싶은 욕구(a desire to be sexually awakened)에서 발생한 문제라고 우리는 말할 수 있다. 이 방식으로 불감증을 해결하려는 여성들은 진정한 성적 만족을, 진정한 관계를 느끼지 못하게 하는 장벽을 다음 남자가 무너뜨릴 것이라고 느낀다. 이 방식으로 불감증을 해결하려는 여성들은 태어날 때 갖고 나온 성애적 권리(erotic birthright)를 다음 남자가 복구할 것이라고 느낀다. 물론 불감증을 앓는 여성은 실망할 것이다. 왜냐하면 내적 문제를 외적으로 해결할 수 있는 방법은 존재하지 않기 때문이다.

그러나 위에서 말한 난교와 일치하지 않는 난교의 형태가 있다. 이 난교의 형태는 사랑하는 대상을 찾는 것이 아니고, 이상한 모순적인 형태의 불감증과 연결된 뿌리 깊은 성격적 성향(a deep, characterological tendency)이다. 이 장애 때문에 고통받는 여성을 우리는 정신적으로 불감증을 앓는 환자(the psychically frigid type)라고 이미 규정하였다. 정신적으로 불감증을 앓는 환자는, 만약 성적 반응(sexual reactions)만이 우리의 정의(definition)를 결정하면, 완전히 정상적 여성이라고 우리는 볼 수 있다. 정신적으로 불감증을 앓는 여성(psychically frigid woman)은 성적 전희(sexual foreplay)에 쉽게 반응한다. 그녀의 절정감(orgasm)은 일반적으로 깊고 만족스럽다. 처음에 우리는 그녀의 반응을 자세히 검토하여도 성적 불감증(sexual frigidity)이라고 분류될 수 있는 문제를 나타내는 반응을 그녀에게서 찾을 수 없다.

그러나 정신적으로 불감증을 앓는 여성은 분명히 심각한 문제가 있다. 그녀는 한 남성과 친근한 관계를 오랫동안 유지할 수 없다(She seems to be unable to form a close relationship that will endure). 사랑은 일시적이라는 내적 관념에 그녀는 충실하다(She is apparently devoted to an inner ideal of transiency in love). 사랑은 일시적이라는 것이 그녀에게 대단히 중요하다는 사실을 그녀는 가끔 의식하지 않는다(Sometimes she is not conscious of the fact that tranciency in love is so important to her). 그러나 그녀의 사랑한 경력은 그녀의 사랑이 일시적인 것을 말한다. 그녀는 기혼 남자(married men)를 또는 여성에게 만성적으로 적개적(chronically hostile to women)인 그리고 여성을 배척함으로써 여성과 관계를 언제나 끝내는 남자를 배우자로 선택할 수 있다. 또는 그녀는 자신을 사랑하지 않을 수 있다. 그녀는 뜨내기 배우자(the partner of the moment)에게 일반적으로 성실하다. 그녀는 이 번 외도가 지속하기를 희망한다고 때때로 입으로만 말한다. 그러나 그녀는 의식에서 그런 희망을 하지 않는다. 만약 관계가 영속할 것 같으면, 그 관계를 끝낼 이유를 그녀는 찾을 것이다. 여기가 그녀의 성적 문제가 보이는 곳이다. 만약 그녀가 관계를 끝낼 수 없으면, 그녀는 파트너에게 성적으로 불감증이 반드시 된다.

내가 이 유형의 불감증을 여기에 포함시키는 이유를 우리는 의심할 수 있다. 왜냐하면 그녀의 문제는 우리가 불감증이라고 일반적으로 생각하는 신체적 불감증의 하나가 아니기 때문이다. - 그녀의 문제는 성적 감정(sexual feeling)을 차단하고 질에서 절정감을 느낄 수 없는 그런 신체적 불감증의 하나가 아니다. 내가 치료한 이 종류의 사례에 근본적 성적 관계(a profound sexual involvement)가 있기 때문에 나는 이것을 의심할 수 있다. 어렸을 때에 파괴적인 성적 경험(early and destructive sexual experiences)은 (일반적으로 유혹받은 성적 경험은) 타인과 정서적으로 관계를 형성할 수 없게 한다.

지금까지 우리가 토론한 사례들에서 보면, 너무 일찍이 성적 경험을 한 것 때문에 아동은 아동의 모든 성적 성질을 영구히 억압할 수 있다. 자극을 많이 받은 것은 불안이 된다. 불안 때문에 어린 개인(little individual)은 관능(sensuality)을 무자비하게 억압한다. 어린 개인은 성적 경험을 위험한 불쾌한 것으로 느낀다.

우리는 정신적 불감증 환자가 성에 무의식적 반응을 하는 것을 본다. 우리가 어렸을 때에 받은 자극은 즐거운 관능적 반응(a pleasurable sensual reaction)을 일으킨다. 그리고 우리는 이 자극을 강력히 기억한다. 그러나 여아 때에 발생한 심각한 죄책감(deep guilt)은 전치(轉置)된 강한 심리적 반응(a displaced psychological reaction of great intensity)을 일으킨다.

이 인격 구조를 자세히 이해하기 위해 전형적 사례(a typical case)를 보자.

Molly M.은 사회의 규칙을 따르지 않고 자유롭게 사는 Bohemia 사람(a passionate bohemian)이었다. Molly는 처음 나의 치료실에 왔을 때에 Bohemia의 최신 유행하는 옷을 입었다. Molly는 춤출 때에 신는 신

(dancing slippers)을 신었고, 오스트리아의 티롤 지방의 농민이 입는 몸에 꼭 붙는 스커트와 브라우스(a dirndl-effect skirt and blouse)를 입었고, 긴 면 양말(long cotton stockings)을 신었다. Molly는 머리를 뒤에서 묶었고 화장을 하지 않았다. 그녀는 Greenwich Village(예술가가 많이 사는 New York의 한 지역)에 살았다. 27세이었다. 그녀는 22세에 대학을 졸업하였고 그때부터 같은 장소에 살았다. 그녀는 직업이 좋지만 이국풍의 주택지(exotic teenement)에 사는 것을 좋아하였다.

Molly는 무섭기 때문에 나에게 왔다. Molly는 지난 2년 동안에 2번 임신하였고, 임신중절을 2번 하였다. Molly는 마지막 임신중절을 3개월 전에 주택의 지하실에서 조산원의 도움으로 하였다. 마취하지 않고 임신중절 수술을 하였기 때문에 Molly는 심하게 고통스러웠고, 자궁에 염증이 심하게 생겨 입원을 하여야 하였다. 만약 Molly가 자녀를 임신할 기회를 잃지 않았다면, 다음 번에 자녀를 임신할 기회를 잃을 것이라고. Molly가 입원하여 있을 때에 산부인과 의사는 Molly에게 경고하였다. 그때에 Molly는 생활방식을 바꾸겠다고 결심하였지만, 최근에 Molly에게 감정이 없는, 다른 사람을 돌볼 수 있는 능력이 없는, 돈 한 푼 없는, 미술을 공부하는 학생과 성교를 하였다. 이 두 사람의 관계는 결혼하는 관계가 될 수 없었다.

그러나 Molly의 이야기를 보자.

Molly는 성생활(sexual life)을 13세에 시작하였다! Molly는 고등학교 상급생과 외도(affair)를 하였다. - Molly는 그 외도를 "자동차 뒷좌석 외도"("back-seat" affair)라고 불렀다. - 그리고 Molly는 그 외도를 1년 계속하였다. 자동차 안은 성교하기 좋은 환경이 아니지만, Molly는 성교를 맨 처음 한 때부터 성적 반응(a total sexual response)을 하였다.

그때부터 Molly는 40명 이상과 외도를 하였다. 모든 외도는 1년 이상 지속되지 않았다. 그중 몇몇은 1주나 2주 동안만 지속하였다. Molly는 모든 외도를 결혼에 적합하지 않은 남성들과 하였다. 왜냐하면 그 남성들은 이미 결혼하였거나 정서적으로 결혼할 수 없었기 때문이다.

Molly는 지성인(an intellectual)이라고 자처했지만 지성인은 아니었다. 그러나 Molly는 지능이 높은 소녀(an intelligent girl)이었다. Molly는 어느 기업의 주보사의 연구원(a researcher on a weekly trade paper)이었다. 그녀의 일은 그녀가 연구부의 장이 될 물망에 오르게 하였다. 그녀의 직장은 그녀의 생활의 "품위 있는" 면("respectable" side)을 의미하였다. 그러나 그녀는 대학생 때에 잠깐 불편(uneasiness)하였지만 그녀의 성적 행위의 "정당성"(the "rightness" of her sexual conduct)을 의심하지 않았다. 그녀는 외도할 때마다 그를 사랑한다고 믿었고, 그리고 한 남성과 외도하였고, 동시에 두 남성과 외도하지 않았다. 그녀는 진행중인 사랑(the current love)이 끝날 때마다 안도감(feelings of relief)을 느꼈다.

만약 Molly가 성(sex)을 대하는 태도가 자유로운 환경에서 태어났다면, Molly의 행동은 설명될 수 있는 것 같다. 그러나 Molly가 태어난 환경은 인습적(conventional)이 아니었다. Molly는 Boston의 근처에 있는 작은 New England 도시에서 태어났다. 아버지는 그 도시에 있는 작은 은행의 장(President)이었고, 교회와 도시의 사건(civic affairs)에 적극적으로 관여하였다. 어머니는 교회의 간부이었고 학교 이사회의 임원이었다. Molly의 아버지와 어머니의 결혼생활은 좋았다. 그들의 가정생활(domestic life)은 평화로웠다. 그들은 싸우지 않았다. 그들은 시민으로서 하여야 할 의무를 가장 자주 이행하였다. 그들은 세 자녀를 진정으로 사랑하였다. 두 딸은 Molly보다 나이가 많다. 그들은 가장 인습적인 삶(conventional lives)을 살았다. 그들은 대학을 졸업한 뒤에 결혼하였고 각각 두 자녀가 있다.

무엇이 Molly가 Molly의 환경에 반항하게 하였는가? Molly가 한 남성과 관계를 만들 수 없는 뿌리는 무엇인가? Molly의 정신적 불감증의 원인은 무엇인가?

이 종류의 사례를 잘 아는 정신과 의사는 환자가 어렸을 때에 어떤 종류의 유혹을 받았을 가능성을 생각한다. Molly는 어렸을 때에 어떤 종류의 유혹을 받았다.

Molly는 어렸을 때에 받은 유혹에 관해 처음에 토론하고 싶어하지 않았다. 그리고 Molly는 유혹받은 사건에 특별한 의미를 부여하려고 하지 않았다. Molly가 유혹받은 사건은 Molly에게 특별한 또는 영구적인 영향을 미치지 않은, Molly가 지금 앓는 증상과 관계가 없는, 독립된 사건(isolated occurrence)이라고 Molly는 생각하였다. 사실이 밝혀지면서 이 사건이 Molly 문제의 핵심이라는 것이 밝혀졌다.

Molly는 6세 때에 유혹을 받는 사건이 발생하였다. Molly의 집에서 세 집 떨어진 집에 60대 초의 노인이 살았다. 나는 그 노인을 Mr. Brown이라고 부르겠다. Mr. Brown은 몇 년 전에 상처(喪妻)하였고 혼자 사는 부유한 노인이었다. Mr. Brown은 모든 사람에게 우호적이었고, Molly의 아버지는 저녁 산보를 하였고, 산보하는 중에 Mr. Brown의 집에 들렀고, Mr. Brown의 베란다에서 Mr. Brown과 한두 시간 동안 잡담하였다고 Molly는 기억하였다. Mr. Brown은 가끔 Molly의 집에서 저녁 식사를 하였다. Molly는 Mr. Brown이 아버지가 다니는 은행의 임원(director)인 것을 나중에 알았다. Mr. Brown은 Molly의 부모나 성인에게 확실히 의심을 받는 사람이 아니었다.

Molly는 Mr. Brown의 집 밖에서 줄넘기를 또는 돌차기를 가끔 하였다. 어느 날 Mr. Brown은 Molly를 집 안으로 데리고 들어갔고, Molly에게 케이크 한 조각과 10센트를 주었다. Molly는 기뻤다. 그 후, Mr. Brown은 Molly를 집으로 데리고 들어갔고, 항상 Molly에게 사탕을 주었다. Mr. Brown은 즐거웠고 친절하였다. Molly는 Mr. Brown을 좋아하였다. 언제 이것이 처음 발생하였는지를 Molly는 기억할 수 없었다. 그러나 Molly가 Mr. Brown의 무릎 위에 앉는 것이 Molly가 Mr. Brown을 자주 방문하는 것의 필요한 부분(an integral part of her frequent visits)이 되었다. Mr. Brown은 Molly에게 이야기를 하였고, Molly의 머리를 헝클어뜨렸고, 팔 또는 손을 만졌다. Molly는 Mr. Brown이 자기를 만지는 관능(sensation)을 좋아하였다. Molly는 너무 어렸기 때문에 Mr. Brown이 자기에게 나쁜 짓을 한다고 생각할 수 없었다.

Molly는 Mr. Brown을 거의 매일 방문하게 되었다. 그때 어느 날 Mr. Brown은 Molly의 질(vagina)을 만졌다. Molly는 전체 사건을 분명히 회상할 수 있었다. Molly는 Mr. Brown이 손을 떠는 것을 지각하였고 대단히 창백하게 보였다고 기억하였다. Molly의 지각은 대단히 민감하였다. Molly는 두 다리를 오무려 Mr. Brown의 손이 Molly의 질을 누르게 하였다. 이때에 전체 "사건"(whole "affaire")이 Molly를 크게 흥분시키게 되었다. Molly는 거의 한 달 동안 Mr. Brown을 자주 방문하였다.

Mr. Brown이 어린 여아의 음핵을 애무(caresses)만 하지 않은 것에 우리가 주목하는 것이 중요하다. Mr. Brown은 오랜 시간이 지난 뒤 마침내 그의 손가락으로 Molly의 처녀막(hymen)을 뚫었다. Molly는 처녀막이 뚫린 것 때문에 아팠고, 그 아픔 때문에 처녀막이 뚫린 것을 기억한다. 그러나 Molly는 쾌감(sensations of pleasure)이 고통보다 컸다는 것을 회상하였다. 그 뒤에 Mr. Brown은 Mr. Brown의 집에서 Molly를 만날 때마다 Molly의 질을 자극하였다.

이 유혹은 오랫동안 지속되었다. 어떤 날 Molly가 Mr. Brown의 무릎 위에 앉아 있을 때에 Mr. Brown은 음경을 꺼내 Molly의 몸에 문질렀다. Molly는 이때에 성의 쾌감(pleasures of sexuality)을 느끼기 시작하였다. Mr. Brown이 음경을 꺼내 Molly에게 문지르는 행동은 Molly에게 이상하지 않았다. 성인 남성의 음경의 모양과 크기는 Molly를 놀라게 하지 않았다. 성인 남성의 음경의 모양은 보통 아동을 놀라게 하였으나 Molly를 놀라게 하지 않았다. Molly의 질은 너무 작기 때문에 음경의 일부를 질 안으로 들어오게 할 수 없었다. Mr. Brown은 어쨌든 음경을 Molly의 질에 삽입할 수 없었다. 그렇지만, 어린 Molly는 몸으로 Mr. Brown의 몸을 누르는 것이 고통스럽지만, Mr. Brown의 몸을 눌렀다.

이 사건은 Molly의 괴상한 충격적인 경험을 끝냈다. Mr. Brown은 죄책감에 붙잡힐 것 같은 두려움에 압도되었다. Molly가 Mr. Brown을 방문하기 위해 전화를 걸었을 때에 Mr. Brown은 집에 없었다. Mr. Brown은 2년 동안 집에 돌아오지 않았다. Mr. Brown이 집에 돌아올 때까지 Molly는 그 사실을 의식에서 쫓아버렸거나 적어도 미결 상태로 두었다.

Molly는 이 유혹을 회상하는 것이 어렵지 않았다. 그러나 Molly는 그 경험과 연결된 다른 감정을 주로 죄책감을 다시 붙잡는 것이 어렵다는 것을 알았다.

우리 이 문제를 자세히 검토하자. 첫째로 왜 Molly는 이 전체 경험을 하면서 충격을 받지 않고 흥분하였는가? 두 이유가 있다. 첫째로, 유혹은 아동이 좋아하는 사람에 의해 이루어졌다. Mr. Brown은 Molly의 가족의 친구이었다. Mr. Brown은 Molly의 아버지와 어머니보다 Molly에게 수용을 받는 또는 신뢰를 적게 받지 않았다.

둘째로, Molly는 유아적 성의 단계(stage of infantile sexuality)에서 잠

재기(latency period)로 가지 않았다. 성은 잠재기 동안, 사춘기(puberty)까지 잠복한다. Molly는 관능적 경험에 의해 흥분할 수 있었다. Molly는 1년 또는 2년 뒤에 그 상황을 수용할 수 없었을 것이다. 아마도 Molly는 그 상황을 충격이나 공포로 반응하였을 것이다. 그 상황은 다른 종류의 불감증, 아마 완전 불감증(anesthesia of total frigidity)에 기여하였을 것이다.

그러나 Molly는 Molly 자신이 한 반응 때문에 죄책감을 느낀 것이 분명하였다. Molly는 Molly가 Mr. Brown에게 경험한 것을 부모에게 말하지 않았다. - Molly가 Mr. Brown에게 경험한 것을 부모에게 말하지 않은 것은 Molly가 죄책감을 느낀 것을 가리킨다. Molly를 Mr. Brown이 유혹한 것과 그 유혹에 Molly가 느낀 쾌감을 Molly의 의식(conscious mind)과 Molly는 분리하였고, Molly를 Mr. Brown이 유혹한 것과 Molly가 나중에 한 비인습적 행동의 연결을 Molly는 끊었다. 만약 Molly가 죄책감을 느끼지 않았다면, Molly는 그런 분리를 하지 않았을 것이다.

Molly는 잠재기(latency period)에 성적 경험을 하지 않았다. Molly는 일찍이 Molly의 집단에 있는 다른 소녀들과 다르게 행동하기 시작하였다. Molly는 12세에 옆집 소년과 애무를 시작하였고, 만약 성적 관계를 하려는 Molly의 의도를 그 옆집 소년이 놀라지 않았으면, Molly는 옆집 소년과 성관계를 하였을 것이다. Molly는 13세에 여러 나이 많은 소년들 중 하나를 만나기 위해 밤에 몰래 나갔다. Molly는 이때 어느 날 성교를 하였다. Molly는 그 소년과 약 1년 동안 배회(徘徊)하였다. 이 소년은 고등학교를 졸업하였고 대학을 다니기 위해 그 곳을 떠났다. Molly는 곧 고등학교 다른 상급생과 성관계를 하기 시작하였다.

그때부터 고등학교와 대학을 다니는 동안 성적 관계(sexual affaires)는 파트너를 바꿔가면서 이어졌다. Molly가 인습적 도덕(conventional morality)에 양보한 것은 위에서 말한 바와 같이 두 남자와 동시에 성적 관계를 하지 않는 것이었다.

Molly가 10대가 되자 행동의 다른 면이 나타났다. Molly는 Molly 자신의 사회계층에 속하지 않는 다른 사람을 많이 찾았다. Molly는 15세 때에 "말괄량이"("wild")가 되었고, 밤 늦게 집에 들어왔고, 부모에게 복종하지 않았다. Molly는 Molly가 만난 고등학교 학생과 또는 대학교 학생과 애정 관계를 하지 않으려고 하였다. Molly는 낮은 경제 계층의 소녀 집단과 사귀었다. 낮은 경제 계층의 소녀 집단은 무도회에서 남자들에게 말을 걸고 성교하는 생활을 주로 하였다. Molly는 이 방식으로 대중 음악을 연주하는, Molly의 가족이 인정할 수 없는 여러 사람을 만났다. Molly는 Molly의 가족이 인정할 수 없는 것에 신경을 쓰지 않았다. Molly는 Molly의 가족이 "굉장히 지루하다"("unutterably bored")고 느꼈다. Molly는 "가족이 그들의 생활방식에 빠져 있다"("they were sunk in their way of life")고, "재미없는, 의미 없는 삶을 산다"("joyless and pointless existences")고 느꼈다.

이렇지만, Molly는 좋은 성적을 유지하였고, 대학에 입학하였다. - 이 사실은 Molly의 인격이 분열되어 있는 징후(sign)이다. 대학에서 Molly의 외도는 끊임없이 계속 되었다. Molly는 Molly의 사회적 영역 밖에서 친구를 사귀었다. Molly는 어느 한때 흑인의 노동조합 조직자와 외도하였다. Molly는 다른 한때 Italy계 항만 노동자와 외도하였다. Molly는 또 다른 한때 Molly의 대학 동창생의 아버지와 외도하였다. (Molly는 대학에서 좋은 성적을 유지하였다.) Molly는 대학을 졸업하자 Greenwich Village에 매력을 느꼈고, 사회의 규칙을 따르지 않는, 성생활을 자유롭게 하는 삶(bohemian social and sexual existence)을 갑자기 시작하였다. Molly는 언제나 후회하지 않았거나 양심의 가책을 받지 않았다. Molly는 부모의 삶과 크게 다른 이 삶을 계속 살았다. Molly는 이 삶을 "건강한 동물성"("healthy animality")이라고 말함으로써 그녀의 자존심을 유지하였고, 대부분의 사람은 욕구좌절과 절망의 삶을 산다고 즐겨 말하였다.

Molly가 성인이 되었어도 부모에게 느끼는 반감(animosity)은 감소하지 않았다. Molly는 나에게 왔을 때에 부모를 2년 동안 방문하지 않았다.

Molly가 어렸을 때에 받은 유혹은 무덤이었다(The consequences of Molly's earlly seduction *were* grave). 그러나 Molly가 이 상황을 대처하기 위해 발달시킨 심리 구조는 우리가 이해하기 어려운 것이 아니다.

인간은 쾌락원칙에 의해 행동한다(Human beings are largely guided by the pleasure principle.). 이것은 아동기에 가장 분명히 나타난다. Molly는 어렸을 때에 성적 쾌락을 많이 경험하였지만, 성적 쾌감을 경험한 것 때문에 죄책감도 많이 느꼈다. Mr. Brown이 외지로 떠났을 때에 Molly는 잠재기에 들어갔다. 그러나 Molly는 사춘기에 들어갔을 때에 성욕이 다시 나타났다. Molly가 최초에 성적 경험한 것(the original sexual experience)은 Molly의 사춘기에 Molly의 인격 모형을 형성하였다. Molly는 감수성이 강한 어린 나이에 이상할 정도로 성을 즐겼고, 성을 찾았다.

그러나 무의식적 삶에서, Molly는 쾌락을 경험한 것 때문에 죄책감을 느꼈다. Molly는 어른이 느끼는 전의식적 관능(precocious sensuality)을 느꼈기 때문에 성욕을 탐닉할 수 있기 위해 죄책감을 제거할 수 있었다. 아동기에, 이 종류의 죄책감은 항상 부모의 금지(parential prohibition)와 연결된다. 그 때문에 Molly는 부모를 제거하였다. Molly는 부모가 Molly 자신에게 중요한 것을 부정함으로써, 부모에게 느끼는 다정한 감정을 억압함으로써, 부모가 "멍청하다"("stupid")고, "사랑이 없는 답답한 사람"("oveless squares")이라고, "관능이 한 방울도 없다"("without a drop of sensuality")고 말함으로써 부모를 제거하였다.

Molly와 나는 Molly의 삶과 감정을 계속 탐색하였다. Molly가 쾌락을 얻기 위해 비싼 대가를 지불하고 이 방어기제를 만들었다는 것이 분명하여졌다. Molly는, 성을 즐기기 위해, (Molly가 Mr. Brown에게 받은) 최초의 유혹의 성질이 성에 있어야 한다. (Molly가 Mr. Brown에게 받은) 최초의 유혹은 사회가 금지되는, 죄를 짓는 행위이다. Molly의 이 행위는 Molly의 부모에게 혐오감을 준다고 Molly가 생각하는 사람과 관계가 있다. 그 관계는 영원한 관계(a permanent and abiding relationship)가 될 수 없다. 왜냐하면 그 관계는 영원한 관계가 되면, 금지되는 죄를 짓는 행위가 될 수 없기 때문이다.

물론, 이 관계에서는 사랑이 결혼과, 또는 자녀를 낳는 것과, 또는 결혼이나 자녀를 낳는 것의 기쁨과 연결될 수 없다. 왜냐하면, 만약 어떤 남성이 사회가 인정하는 행동을 하면, "Molly에 의해 좋게 보이면"("meant well by her"), Molly를 좋아하면, Molly는 그 어떤 남성을 Molly의 부모와, Molly의 부모에게 인정받는 것과 연결한다. Molly가 이것을 하면, 이것은 Molly 안에 있는 성적 감정을 죽일 것이다. Molly는 그 어떤 사람에게 불감증을 느끼게 된다.

Molly는 물론 영원한 관계를 맺지 않으려고 하는 것의 밑에 깊은 불안이 있었다. Molly와 나는 작업하는 동안에, 그리고 Molly가 Molly의 문제의 의미를 보기 시작한 뒤에, Molly는 품위 있는 남성들과 관계를 맺으려고 노력하기 시작하였다. Molly가 그 관계를 맺으려고 노력하는 과정(Molly가 만난 젊은 의사와 그 관계를 맺으려고 노력하는 과정)에서 꾼 꿈은 문제를 아주 명료하게 보여준다.

이 꿈 속에서 Molly는 자동차의 뒷좌석에 앉아 인턴의 제복을 입은 젊은 남성과 키스를 하고 있었다. Molly는 그 젊은 남성과 키스를 하는 때에 매우 흥분하였다. Molly는 그 젊은 남성과 성교하겠다고 결심하였다. 이때에, 그 젊은 인턴은 "저와 결혼하십시오."("Please marry me")라고 말하였다. 그 인턴의 그 말이 끝나자, Molly는 겁이 나기 시작하였고, 어떤 무서운 일이 일어날 것처럼 느꼈다. Molly는 몸이 떨리는 것을 느끼기 시작하였고 자동차를 내리고 싶었다. 그러나 Molly는 너무 무서웠고 그래서 내릴 수 없었다. Molly는 자동차 밖에 어떤 남성의 얼굴을 보았다. 그 남성은 야회복(evening dress)을 입었다. 그 어떤 남성의 모자에 큰 미국 돈 표지가 있었다. 그 어떤 남성은 Molly와 인턴에게 총을 겨두었고 "너희 둘은 죽어야 한다."("Both of you must die")라고 분명히 말하였다. 그 순간에 Molly는 겁에 질려 이 공황(恐慌)상태(an absolute panic)에서 깨었다. 이 공황 상태는 한 시간 이상 지속 되었다.

꿈에 나온 인턴은 물론 Molly가 아는 젊은 의사를 상징한다. 미국 돈 표지가 있는 모자를 쓴 남자는 은행원 Molly의 아버지를 상징한다. Molly는 성이 은밀하면 성을 원한다. 성은 품위 있는 것이 되면, ("저와 결혼하십시오."가 되면) Molly의 숨어 있는 죄를 지은 행동은 세상에 알려지게 될 것이고, Molly의 아버지는 Molly를 가장 엄한 방법으로 벌할 것이다.

Molly는 아동기에 Mr. Brown에게 유혹받은 것에 관한 죄책감을 해결하지 않았다. Molly의 전체 생활은 이 아동기 경험을 중심으로 구축되었다.

Molly와 젊은 의사(인턴)의 관계는 결실되지 않았다. 그러나 우리의 작업과정에서 Molly는 마침내 좋은 남성을 만나 결혼하였다. Molly는 그녀 자신을 통찰한 토대 위에서 결혼할 때까지 성교하지 않았다. Molly는 결혼 초에 성교할 때에 성적 반응을 하였지만 결혼한 지 몇 주 지나 완전한 불감증을 앓게 되었다.

이 반응은, Molly가 인턴을 두려워한 것처럼 남성을 평생 두려워한 것을 의미한다. 그러나 Molly는 Molly 자신의 정신적 불감증을 인정하였고 의미가 분명하지 않은, 의미가 없는 관계로 도피하는 것을 멈추었기 때문에, 이 문제의 해결은 시간의 문제이었고, Molly가 전에 대면하려고 하지 않은 죄책감을 "훈습(燻習)하는 것"("working through")의 문제이었다.

Molly의 사례가 표현하는 정신적 불감증의 형태는, 나의 경험에 의하면, 아동기 유혹(childhood seduction)에 의해 언제나 발생하였다. 그 유혹은 일반적으로 4세와 7세 사이에 발생한다. 아동은 죄책감을 동반한 강한 관능적 쾌감(sensual pleasure)을 느끼며 유혹에 반응한다. 이 죄책감을 아동은 부모를 멀리함으로써, 부모의 가치를 받아들이지 않음으로써 처리한다. 다른 사람과 우호적 영속적 관계가 끝나면, 성적 쾌감은 끝난다. 좋아하지 않는 사람에게 빠지면, 좋아하지 않는 사람과 그 좋아하지 않는 사람에게 빠진 사람의 관계는 은밀하다; 그 관계가 결혼 생활하는 관계로 발전 될 가능성이 있게 되면, 급성 불안이 발달한다(It must be furtive, indulged in with unlikely persons; acute anxiety develops if there is any danger that it will lead to marriage).

유혹은 Molly의 사례처럼 완전하지 않아야 하거나 또는 직접적이 아니어야 한다. 성인의 성교 장면을 아동이 한번 본 것이 아동을 유혹하는 작용을 아동에게 한 사례를 나는 안다. 그 사례에서, 환자의 쾌락 반응은 환자가 어렸을 때에 아버지에게 느낀 성애적 감정(erotic feelings)과 연결이 된다. 만약 여아가 여아의 "나쁜" 욕망("evil" wishes)을 다른 사람에게 옮기면, 여아의 "나쁜" 욕망은 만족될 수 있다는 암시가 여아의 마음에 있다. 여아가 크면, 이 암시는 성적 행동의 모형이 된다. 여성의 성욕은 아버지의 이미지와 너무 밀접하게 연결된다. 그러면 애정 대상(love object)은 아버지의 이미지와 될 수 있으면 달라야 한다.

"진보적" 부모들("liberal" parents)은 때때로 모르는 사이에 자녀를 유혹한다. 멀지 않은 과거에 특정 "자유로워진" 가정은 또는 지적 가정은 집에서 일종의 나체주의에 빠지게 되었다(Not too long ago it became the practice among certain "liberated" or intellectual families to indulge in a species of nudism within the home). 이것은 현대 심리학의 특정 공헌을 잘못 이해한 것에, 주로 제지의 개념(concept of inhibition)을 잘못 이해한 것에 기초하였다. 부모들은 그들의 자녀가 제지되지 않게 또는 자녀의 성과 관련된 신체 부분이 쉽게 자극받지 않게 하고 싶었다. 그런 부모들은 아들과 딸 앞에서 나체로 뽐내는 것을 어려워하지 않았다.

이 태도를 믿는 부모들은 그들이 취하는 태도의 이유를 정교하게 만들었고 그 정교하게 만든 이유를 제시하였다. 특정 저의 환자들에게 징후들이 있으면, 나는 많은 아동들이 집에서, 부모가 기대한 나체주의에 "건강한" 반응("healthy" reaction to nudism)을 하지 않는 것을 증명할 수 있다. 아버지의 나체는 6세 여아에게 너무 자극적일 수 있다. 여아는 충격으로 또는 흥분으로 또는 충격과 흥분으로 아버지의 나체에 반응할 수 있다. 어머니의 나체를 보는 것이 허용된 아들도 그럴 수 있다.

우리는 부모에게 성애적 고착이된 것은 성장 과정의 시기(stage)를 만드는 것을 보았다. 다른 사회에서든, 원시 사회에서든, 우리 사회에서든 나체는 욕망이 가득 찬 감정(lustfull feelings)과 연결된다. 가족의 나체주의(family nudism)는 자녀에게 불필요한 자극을 주어서 자녀가 부모에게 영원히 고착하게 만든다고 그래서 강한 죄책감을 느끼게 한다고 나는 확고히 믿는다. 그 결과는 아동을 직접적 유혹한 것과 비슷할 수 있다.

정신적 불감증(psychic frigidity)은 우리가 상황 불감증(situational frigidity)이라고 부른, 일시적 정서 상태(temporal emotional condition)와 자주 혼동될 수 있다. 상황 불감증 때문에 고통받는 여성(basic sexual problem)은 기본적 성적 문제가 없다. 상황 불감증 때문에 고통받는 여성의 반응은 언제나 정상적이고 절정감도 만족스럽다. 그러나 그녀의 성적 반응의 일시적 쇠퇴를 일으키는 현실적 문제가 그녀의 생활에서 일어난다.

여성은 이 사실에 의해 심한 정서적 장애가 될 수 있다. 내가 한 예를 들겠다.

Anne S.는 35세이었다. Anne은 10년 동안 행복한 결혼 생활을 하였다. Anne은 결혼 생활의 초 7년 동안에 두 자녀를 낳았다. 두 자녀는 모두 여아이다. Anne은 성교하는 것보다 임신하는 것과 어머니 역할을 하는 것을 더 두려워하지 않았다. Anne의 양육은 정신의학적 관점에서 훌륭하였다. Anne은 훌륭한 애인이었고, 어머니이었고, 부인이었다.

Anne은 나에게 오기 6개월 전에 셋째 자녀, 아들을 낳았다. 짧은 시간 안에 그 아들은 몽고증 환자(mongoloid 다운증후군[down]을 가진 환자)라는 것이 밝혀졌다. Anne은 여러 주 동안 결정하지 못하고 있다가 의사와 남편의 압력에 항복하였다. 그 아들은 기관에 의뢰되었다. Anne은, 나에게 왔을 때에, 아들이 선천성 결손(congenital defects) 때문에 두세 달 안에 사망한다는 것을 알았다.

Anne은 이 자녀를 낳고 남편과 성적 관계를 다시 시작 하였을 때에 완전히 반응할 수 없었고, 성교를 하기 싫었다. 이것은 그녀를 당황하게 하였다. 그녀는 성교하기 싫은 것은 한 주 또는 두 주 안에 사라질 것이라고 생각하였다. 그러나 성교하기 싫은 것은 사라지지 않았다. 그녀는 사랑할 수 있는 능력을 또는 적어도 남편을 사랑할 수 있는 능력을 상실할까 봐 두려웠다.

그 두려움 때문에, 그녀는 정신과 의사에게 갔다.

Anne은 반응할 수 없는 것의 의미를 틀리게 판단하지 않을 수 없었다. Anne은 선천성 결손을 앓는 자녀를 낳은 것이 어머니에게 줄 수 있는 타격의 크기를 과소평가하였다. 슬픔(grief)과 다른 기본 감정(profound emotions)은 사랑할 수 없게 한다. 우리가 우리 자신을 신뢰하지 않게 된다. 그런 상황에서 우리가 정서적으로 위축되는 것은 정상적이다. 사실상 그런 상황에서 정서적으로 위축되는 것은 바람직하다. 손상된 감정은 치유되어야 한다. 정서적으로 움직이지 않는 것이 좋은 치료적 처치(therapeutic procedure)이다.

시간은 이 종류의 정상적 정서 상태에 되돌아오게 하는 특효약이다. 이 사례에서 Anne의 자녀는 병원이 예측한 대로 2개월 안에 사망하였다. Anne의 상황 불감증(situational frigidities)은 Anne의 자녀가 사망한 뒤에 3개월 동안 계속되었고 그 뒤 완전히 사라졌다.

우리가 본 바와 같이 여성의 성은 심리적이다. 일시적 상황 불감증(temporary situational frigidities)은 통계가 없지만, 많은 사람이 앓는다. 일시적 상황 불감증은 다양한 환경에 의해 발병될 수 있고 1주일 또는 2주일부터 1개월 또는 여러 개월 계속 될 수 있다. 일시적 상황 불감증을 앓는 시간은 환경의 심각성에 달려 있다. 나는 사랑하는 부모의 죽음, 아동의 (비교적 가벼운 병일지라도) 질병, 남편의 경제적 걱정, 어려운 출산, 등등 같은 여러 원인에 의해 발병한 일시적 상황 불감증을 보았다.

자동차를 운전하는 능력을 자랑하는, 대단히 세심한 부인이 첫 교통 위반 통지서를 받았을 때에 서너 밤 동안 성교를 하지 않았다. 그녀는 거리의 주차 금지 도로에 너무 오래 주차하였다. 그녀에게 교통 위반 통지서를 발부한 경찰은 그녀에게 꾸중도 하였다.

우리가 상황 불감증을 진정으로 알아야 하는 것은 상황 불감증이 심각하지 않다는 것이고, 그리고 상황 불감증이 여성의 미묘하게 균형을 이룬 성적 성질의 정상적 범위 안에 있고, 시간과 함께 확실히 통과하는 것이다. 우리가 필요한 유일한 치료는 우리가 인내하는 것이다.

이 사례들은 불감증의 주요 형태(the major forms of frigidity)이다. 이 사례들을 제시한 나의 의도는 세 가지이다. 첫째로, 당신의 불감증이 어떤 종류의 불감증인지를 이해하는 것이 중요하다. 둘째로, 각종 불감증의 특징을 당신이 아는 것이 당신에게 도움이 될 수 있는 것이다. 셋째로, 모든 불감증에 기본 특징이 있는 것을 이해하는 것이 필요한 것이다. (상황 불감증은 예외이다.) 왜냐하면, 모든 불감증에 기본 특징이 있는 것은 우리가 각 불감증을 하나의 해결방식으로 해결하는 것을 허용하기 때문이다.

이 최종 정보를 명심하고 불감증이 해결될 수 있는 방식에 우리의 관심을 기울일 때가 되었다.

제13장

사랑의 힘

우리는 우리의 여행의 마지막 가장 중요한 부분에, 우리가 진정한 사랑에 도달할 수 있는 방법을 검토할 수 있는 단계(the point where we can examine the means by which real love can be achieved)에 왔다. 진정한 사랑(real love)은 무엇인가, 진정한 사랑이 삶에 작용하는 역할은 무엇인가, 진정한 사랑의 구성 요소는 무엇인가를 검토하자.

많은 사람은 사랑할 때에 발생하는 문제 때문에 사랑하지 않게 된다. 많은 사람은 사랑을 얻을 수 있는 희망을 잃으면, 사랑을 경시하고 사랑의 중요성을 축소한다. 내가 불감증 환자에게서 첫 면담시간에 듣는 말 중 하나는 "사랑은 중요하지 않다고 저는 생각합니다. 어쨌든 행복한 결혼 생활은 많지 않습니다. 저는 사랑보다 더 중요한 것이 있다고 생각합니다."("Well, it really doesn't matter, I suppose; there aren't very many happy marriages anyway. And I suppose there are more important things than love.")이다.

이런 종류의 모든 성향을 여기서 지금 교정하자.

사랑이라는 단어를 넓은 의미로 말하면, 사랑할 수 있는 능력은 인간의 가장 중요한 특성이다. 사랑은 세상 사람들의 모든 행위(actions), 희망(hopes), 열망(asperations)이 기초한 능력(faculty)이다. 사랑이 없으면, 인간에게 인류애(brotherhood)가 있을 수 없고, 문명의 개념(concept of civilization)은 우리가 모르는 것이고, 우리가 생각할 수 없는 것이다. 사람은 개인적 욕동, 욕구, 식욕이 오직 현실인, 근본적으로 격리된 개인이다(Men would be essentially isolated individuals whose personal drives, needs, and appetites would be the only realities to them). 고독, 무서운 고독(사랑할 수 없는 사람은 내가 말하는 의미를 모를 것이다)은 인간의 운명이다(Aloneness, a terrible loneliness [those who cannot love will know what I mean], would be mankind's lot).

사랑은 합일(union)을 의미한다. 사랑의 심오한 의미는 합일이다. 사랑은 개인들의 합일(union between individuals), 여성과 여성의 합일, 남성과 남성의 합일, 남성과 여성의 합일이다. 사랑은 우리의 가장 기본적인 근본적인 충동(the most basic and profound urge we have)이다. 선행(善行)을 하고 싶은 사랑의 힘은 무한하다.

우리는 우리를 사랑할 때에 우리 자신에게 이익이 되는 행동을 하고, 우리의 파트너(우리의 파트너가 자녀이든, 이웃이든, 애인이든)를 사랑할 때에 우리의 파트너에게 이익이 되는 행동을 한다. 우리는 사랑의 합일(union of love)에서, 사람과 자연의 핵심적 합일(essential oneness of man and nature)을 경험할 수 있고, 세계가 우리의 가정(home)이라는 것을, 세계의 모든 사람이 우리 가족의 구성원(members of our family)이라는 것을 알 수 있다. 사람은 이 방식으로, 사랑으로, 혼자가 아닌 것을 알 수 있고, 마음(mind)을, 심정(heart)을, 몸(body)을 나눌 수 있는 사람이 없을 때에 느끼는 고통과 불안을 비난하지 않는다.

우리는 이 행복한 합일(happy unity)의 개념을 남성과 여성의 사랑에서 가장 선명하게 본다. 성적 사랑의 행위(act of sexual love)는 행복한 합일의 직접적 표현이다. 서로 모르던, 최근까지 낯이 선, 두 사람이 신체적으로 결합하고, 신체적 포옹을 하는, 서로 아는 사이가 된다. 그 두 사람은 기적처럼 합일된다. 남성은 그 자신의 어떤 것을, 그의 정액(sperm)을 여성의 안에 넣는다. 여성의 몸의 일부는 이것을 받아들인다. 여성의 몸의 일부는 이것과 결합된다. 여성의 몸의 일부와 이것은 하나(one flesh)가 된다.

이 결합(merging)은 하나가 다른 것과 결합하는 기쁨(joy)과 안락(comfort)이 될 수 있고, 창조적 행위(creative act)가 될 수 있다. 그 결합으로 자녀가 창조될 수 있다. 그러므로 사랑을 언제나 특징짓는 결합의 근본적 결과는 생산(productivity)이고 창조(creation)인 것을 우리는 본다.

만약 이 신체적 결합(physical coupling)이 잘 되면, 신체적 결합은 경이적(miraculous)이다. 인간적 삶의 형태가 아닌 다른 것에 의해 경험이 공유되지만, 신체적 결합은 경이적이다. 그러나 인간은 동물과 분명히 다르다. 인간은 마음이 있다. 마음도, 몸도 결합할 수 있는 능력이 있고, 결합할 수 있는 욕구가 있다. 몸과 마음이 결합하면, 인간은 근본적 기쁨을 느낀다. 남성과 여성의 몸과 마음이 결합할 때에, 남성과 여성이 하나(a unity)가 될 때에, 우리는 우리가 사랑이라고 부르는 것의 최고의 표현을 본다.

두 사람이 사랑하는 하나로 결합할 수 있을 때에, 두 사람의 개인적 마음이 그 결합과 관련이 있으면, 특정한 것이 두 사람에게 발생한다.

첫째로, 각자는 그 자신의 잠재 능력(potentialities)에 많이 접근할 수 있다. 심리적 사랑을 할 때에 발생한 결합은 필연적으로 창조적이다. (신체적 사랑을 할 때에 발생한 결합은 창조적이다.) 각 사랑하는 사람은 각자의 진정한 자기(true self)에 가까이 갈 수 있다. 항상 사랑한 사람은 이 내적 개화(內的 開花 this inward blossoming)를, 다른 사람의 사랑에 의한 수정(受精 fecundation)을 안다. 일할 때에, 놀 때에, 삶의 내적 활동과 외적 활동(all the inner and outer activities of life)을 할 때에, 개인은 그 전보다 훨씬 생기가 넘치고 생산적이 된다.

사랑의 또 다른 중요한 면이 있다. 내가 말한 바와 같이, 우리의 사랑하는 파트너(love partner)는 우리 자신만큼 중요하게 된다. 그러므로 사랑받는 사람의 행복은 사랑하는 사람에게도 중요하다. 타인을 돕는 것, 타인을 기쁘게 하는 것, 안전하게 하는 것, 자유롭게 하는 것, 그 자신이 되게 하는 것은 타인의 주요 관심(chief concern of the other)이 된다. 이 사실 때문에, 진정한 사랑은 한 사람이 다른 사람을 지배하는 것이 되지 않고, 두 사람 사이에서 일어나는 힘을 얻기 위한 투쟁(a struggle for power)이 되지 않는다. 사랑의 결합(the mersion of love)에 의해 타인의 독특성(uniqueness)과 개성(individuality)은 고귀하게 되고, 사랑받는 사람의 특수한 성질을 보호하게 된다. 사랑이 있는 집에 부인의 권리나 욕구를 무시하는 남성이 또는 남편과 경쟁하는 여성이 없다. 우리는 우리만큼, 우리가 성장할 수 있는 만큼, 타인의 가치를 중시하는 것(the value)은 삶의 중요한 가치가 된다.

그녀의 사랑하는 사람에게 그녀가 부여한 높은 가치 때문에 그녀의 사랑하는 사람을 그녀가 이해하는 것을 그녀는 그녀의 가장 중요한 활동 중 하나로 만든다. 이 이해는 사랑을 촉진하고 사랑은 이해를 촉진한다. 그러므로 사랑하는 사람을 이해하는 것과 사랑하는 사람에게 사랑을 받는 과정은 대단히 역동적이다. 그녀는 그녀의 사랑하는 사람에 관해 알면, 그녀의 사랑하는 사람의 인격의 뿌리까지 알 수 있고, 그녀의 사랑하는 사람과 그녀를 깊게 결합할 수 있다. 그런 이해는 물론 그녀의 사랑하는 사람의 모든 반응에 그녀가 민감한 것을 함축한다. 그리고 그 이해는 그녀가 그녀 자신을 긴급하게 (창조적으로) 탐구하게 한다. 그러므로 깊은 심리학적 결합(deep psychological communion)을 방해하는 장애물이 발생할 수 없다.

이것들은 진정한 사랑의 결과들의 일부이다. 나는 진정한 사랑의 결과들을 나열하였다. 패배를 반복함으로써 사랑을 얻기 위한 투쟁에서 용기를 잃고, 그러므로 사랑의 중요성을 축소하는 경향이 있는 사람에게, 사랑은 그렇지 않다는 것을 나는 반증(反證)하는 것으로써, 사랑을 생각나게 하는 것으로써, 진정한 사랑의 결과들을 나열하였다. 사랑만큼 중요한 것이 삶에 없다. 사실, 나의 한 환자가 사랑을 할 수 없는 시기를 되돌아보고, “사랑이 없으면, 인생에 아무것도 없습니다.”라고 말하였다.

만약 우리가 사랑의 가치를 축소하면, 우리는 사랑을 얻기 위한 싸움에서 이길 수 없다. 불감증을 앓는 여성은 무엇보다 이것을 깨달아야 하고 사랑을 얻기 위한 투쟁을 포기하지 않아야 한다. 사랑이 대단히 중요한 것을 완전히 아는 것은 사랑을 할 수 있는 능력을, 사랑을 받을 수 있는 능력을 얻기 위해 한 발짝을 크게 내딛은 것일 수 있다.

만약 우리가 사랑에 관해 방금 말한 것을 요약하면, 우리가 발견한 것 무엇이 사랑의 핵심적 특성인가? 사랑의 핵심적 특성은, 타인을 있는 그대로 볼 수 있는 능력이고, 그의 개인적 특질에 관한 모든 것보다 그를 존중할 수 있는 능력이고, 그를 사랑하고 (그와 결합하기를 바라는) 능력(the ability to see the other person *as he is* and to esteem him above everything else for his individual quality, indeed to love him (and so want to merge with him) for it)이다.

다른 한편, 만약 내가 제시한 여러 형태의 불감증의 사례 역사(case histories)와 내가 제시한 불감증에 관한 모든 사실을 우리가 요약할 수 있으면, 우리는 우리가 앞에서 본 사실의 반대 사실(opposite facts)을 발견할 것이다. 불감증을 앓는 여성은 아무리 다양하더라도, 그녀가 사랑하고 싶은 남성을 있는 대로 보지 않는다(*she never sees the man she wants to love as he is.*). 그의 개별적 본질적 특질은 그녀에게 알려져 있지 않고, 그의 특질을 그녀는 알 수 없다. 그는 그녀가 과거부터 투사(projections)한 것들이다. 그는 그녀가 유아기와 아동기에 두려워한 것, 실수한 것, 오해한 것들의 합성물이다. 그러므로 사랑의 진정한 합일(real union of love)은 그녀가 마력으로 만든 준괴물(quasi monster) 때문에 불가능하다.

그러므로 불감증을 앓는 여성의 주요 과업은 그녀가 일반적으로 남성에게, 특별히 그녀의 남성에게 투사한 것을 제거하는 것임을 우리는 볼 수 있다. 그녀는 그녀가 투사하는 것들을 볼 수 있어야 하고, 제거할 수 있어야하고, 남성이 여성에게 진정한 역할을 하는 것을 볼 수 있게 되어야 하고, 남편이 독특하고 남편에게 모든 잠재 가능성이 있는 것을 볼 수 있게 되어야 한다.

이것은 첫 단계이다.

그녀가 이 첫 단계를 마칠 때에 그녀가 들어가야 하는 다음 단계가 있다. 만약 내가 사랑에 관해 서술한 것을 우리가 생각하면, 사랑은 우리 자신 안에 있는 대단히 큰 안전을, 우리 자신의 독특성과 본질적 여성성(essential feminity)을 수용하는 것을 포함한다는 것을 우리는 알게 된다. 그러나 불감증을 앓는 여성은 우리가 본 바와 같이 여성성을 두려워하고, 배척하고, 그리고 여성성은 위험한 함정이라고 느낀다. 그녀는 이 기본적 부정적 태도를 완전히 바꾸는 것을 학습하여야 한다. 그녀는 이 여성관(view of womanwood)이 얼마나 아동적이고, 틀리고, 얼마나 전적으로 자기를 서술한 것인지 보아야 하고, 이 여성관을 포기하여야 한다.

그러므로 우리는, 불감증에 심리학적 합일(psychological union)에 들어가는 문(door)과 성적 합일(sexual union)에 들어가는 문이 있고, 그 두

문이 닫혀 있고 잠겨 있는 것을 본다.

만약 이 두 문이 다시 열릴 수 있으면 불감증을 앓는 여성은 그녀의 문제를 해결할 것이다.

이 두 문은 열릴 수 있는가? 이것은 과도한 단순화(oversimpliflcation)가 아닌가? 이 두 질문에 나는 모호하지 않은 답을 할 수 있다. 첫 질문에 네라고 답할 수 있고, 둘째 질문에 아니오라고 답할 수 있다. 이것이 문제의 두 뿌리이다. 문제의 두 뿌리를 정면으로 공격하라. 문제의 두 뿌리를 해결하라. 과업의 주요 부분은 해결되었다.

제14장

자유를 얻는 단계

정서적 문제를 해결하는 과정(the resolution of an emotional problem)은 초기와 중기와 종결로 구성되어 있다. 우리는 과정을 출발하기 위해, 이 과정을 계속 가기 위해 두 분명한 접근이 필요하다.

첫 단계는, 문제의 성질과 문제의 의미를 이해하기 위해, 우리의 지능으로 파악할 수 있는 문제와 관련 있는 모든 외부 사실을 파악하기 위해, 문제의 성질을, 문제의 의미를 객관적으로 파악하는 것이다(the first step is to grasp the problem *objectively* to understand its nature, its implications, to learn all the *outside* facts about it one can grasp with one's intellect).

우리는 모든 사람에게 중요한 이 첫 단계에 왔다. 만약 당신이 지금까지 이 책을 읽었다면, 당신은 불감증에 관한 많은 객관적 사실을 알았을 것이다.

불감증이 무엇인가를, 불감증이 요구하는 비용을 당신은 알았다. 왜 여성이 불감증을 앓는지를 당신은 알았다. 왜 여성이 불감증에 걸리는지를, 어떻게 불감증이 개인에게서 시작하는지를, 어떻게 불감증이 다른 형태를 취할 수 있는지를 당신은 알았다. 어떻게 여성이 그녀 자신의 인격을 남성화

(masculinize)하려고 하였는지, 어떻게 여성이 성을 전적으로 회피하려고 하는지를 당신은 알았다. 왜 이 불행한 시도가 성공될 수 있는지(why these unhappy attempts *can* be successful), 왜 이 불행한 시도가 타고난 생물학적 심리학적 잠재 가능성(inherent biological and psychological possibiliteis)인지를 당신은 알았다.

이 종류의 객관적 이해는 굉장히 중요하다. 이 객관적 이해는 우리를 편견에서 벗어나게 하고, 우리가 틀린 해결책을 찾지 않게 한다. 이 객관적 이해는 우리가 불감증의 궁지의 진정한 성질(real nature of the dilemma of frigidity)을, 불감증의 본질적 심리 구조(essentially psychological structure)를 대면하게 한다. 이 객관적 이해는 개인적 책임이 있는 그러나 숨어 있는 영역을 벗긴다.

만약 여성이 이 종류의 객관적 지적 이해(objective intellectual understanding)를 하지 않으면, 여성은 불감증을 직접 이해할 수 없다. 왜냐하면, 여성은 불감증의 성질을 알려고 하지 않기 때문이다. 이 종류의 지식은, 우리를, 진정한 여성이 성숙하기 위해 통과하는 다리의 끝에 데리고 갔다.

그러나 여성은 이 다리를 건너가기 위해, 객관적 방식(objective manner)을 이해하는 것보다 더 많은 것을 하여야 한다.

불감증의 문제를 해결하는 둘째 중요한 단계는 주관적 접근(*subjective* approach)을 요구한다. 즉 여성은 그녀 자신을 성숙(maturity)하지 못하게 방해하는 그 자신의 태도(attitudes)와 정서(emotions)를 조사하여야 한다. 우리는 이 방법으로 얻는 지식을 통찰(insight)이라고 부른다. 만약 우리가 우리의 불감증이 기초한 태도와 감정을 진정으로 통찰할 수 있으면, 문제는 완전히 풀릴 수 있다.

그 순간에, 불감증은 큰 질서(a big order)처럼 보일 수 있고, 불감증을 통찰하는 것은 두려운 단어일 수 있다. 모든 여성은 그녀 자신의 정서가 굉장히 복잡한 것을, 그녀 자신의 정서를 이해하는 것이 굉장히 어려운 것을, 인간이 굉장히 다면적(multi-faceted)인 것을 안다.

그러나 전체 주관적 접근은 대단히 단순하게 될 수 있다는 것을 나는 당신에게 말하고 싶다. 불감증은 좁은 개천에서 물의 흐름을 막는 통나무와 같다. 만약 통나무 두 개가 또는 세 개가 얽혀 물의 흐름을 막는 장애물이 되면, 그 뒤에 떠내려오는 통나무들은 그 장애물 뒤에 쌓이게 되고 어떤 때는 수 마일 쌓여 복잡한 미로(maze)가 형성된다. 우리가 이 통나무 미로를 제거하기 위해 하여야 할 것은 물의 흐름을 처음에 막은 통나무 두 개 또는 세 개를 치우는 것이다. 그러면 그 뒤에 쌓였던 다른 통나무들은 떠내려 갈 것이다.

우리가 불감증이라고 부르는 정서적 통나무 더미는 두 신경증적 태도(two basically neurotic attitudes)에 의해 고정된다. 첫째 태도는 남성을 대하는 태도(an attitude toward men)이고, 둘째 태도는 진정한 여성성을 대하는 태도(an attitude toward real womanhood)이다. 우리는 여러 형태의 불감증에서 이 태도를 보았고, 이 태도가 어떻게 작용하는지를 보았다. 만약 여성이 그녀 자신 안에 있는 이 두 태도를 파악할 수 있으면, 만약 여성이 그녀 자신 안에 있는 이 두 태도를 제거할 수 있으면, 그녀의 인격은 건강과 성숙 쪽으로 자유롭게 다시 흐를 것이다. 통찰은 이 방해하는 태도를 제거할 수 있고 계속 제거할 수 있다.

불감증을 앓는 여성이 이 두 태도를 어떻게 통찰할 수 있는지를 우리 먼저 보자.

당신이 먼저 하여야 할 것은 실제적인 것이다. 당신은 처음부터 매일 일정 시간을 혼자 있어야 한다. 혼자 있는 시간은 10분일 수 있고, 30분일 수 있고, 1시간일 수 있다. 그러나 당신은 정기적으로 혼자 있어야 한다. 당신의 마음이 비교적 걱정과 의무가 없는 시간에 당신이 혼자 정기적으로 있을 수 있다면, 이것은 당신에게 많은 도움을 줄 것이다.

당신은 이때에 통찰을 얻기 위해 무엇을 하는가? 당신은 당신 자신이 남편이나 애인에게 느끼는 부정적 정서를 진정으로 느껴야 한다(You start, on the simplest level possible, to let yourself *really* feel your negative emotions about your husband or sweetheart). 이때에 당신의 유일한 목적은 남편이나 애인에게 느끼는 당신의 부정적 감정을 나타나게 하고, 그 부정적 감정을 찾고, 그 부정적 감정을 충실히 경험하는 것이다(Your only aim at this point is to let these negative feelings come to the surface, to seek them out, experience them to *the full*).

작은 그러나 반복 나타나는, 남편이나 애인이 당신을 짜증나게 하거나 귀찮게 하는 것(irritation or annoyance)을 찾아라. 하찮은 것일 수록 좋다. 하찮은 그것에 정신을 집중하라. 그것에 당신의 정서와 생각을 집중하라.

불감증을 앓는 한 환자의 사례 역사에서 나온 예를 나는 당신에게 제시하겠다. 이 여자 환자의 남편은 매일 아침마다 침대에서 일어나 화장실에서 옷을 입었다. 그는 언제나 면도칼을 싱크대 위에 놓았고, 그의 잠옷을 화장실의 구석에 두었다. 이것은 그녀를 짜증나게 하였다. 그녀는 이것에 관해 그에게 여러 번 말하였다. 그는 그의 행동을 며칠 동안 고쳤지만, 그의 옛 버릇으로 항상 다시 돌아갔다.

환자의 결혼 생활에 관한 작은 정보를 환자는 나와 첫 토론 과정에서 아주 우연히 말하였다. 그때에 그녀는 남편의 이 사소한 잘못을 조금 짜증나게 하는 것(a minor annoyance)으로 말하였다. 조금 뒤, 그녀는 그 주제를 세 번째 말하였다. 그녀가 짜증난다고 말할 때마다 나는 그녀가 그것을 말하게 격려하였고, 그것에 관한 그녀의 정서를 충분히 느끼게 하였다. 이 하찮은 것에 관한 그녀의 감정에 많은 것이 있다(there was a good deal more in her *feelings* about this apparently trifling matter than she suspected)고 나는 생각한다고 그리고 그녀가 이것을 여러 번 말하였기 때문에 나는 이 생각을 하였다고 나는 그녀에게 말하였다.

문제가 너무 사소하기 때문에 관심을 기울일 수 없다고 그녀는 맨 처음에 말하였다. 생각할 중요한 것이 많다고 그녀는 말하였다. 그녀는 나의 격려를 받으면서 그녀는 그녀의 진정한 감정을 추적하였다. 내가 생각한 대로 그녀의 평범한 저항 밑에 사방이 뚫린 정서적 동굴(emotional cave-of-the-four-winds)이 있었다.

그녀의 남편의 "지저분한 행동"(her husband's "sloppy actions")은 그녀를 "짜증나게"("annoy") 하였고, "분노하게"("enraged") 하였다. 그녀의 말에 의하면, 남편의 지저분한 행동은 "나를 굴복시키려고 하는" 그의 욕구(his desire "to humiliate me")를 의미하였고, "그는 내가 그를 쫓아다니며 그를 위해 모든 것을 하는 존재라고 생각한다."("he thinks I have nothing to do but pick up after him, to wait on him hand and foot.")를 의미하였다. 그녀는 그 일을 깊이 생각할수록 점점 많이 분노하였다. 그녀의 분노는 그녀가 남성 전체를 대하는 기본 태도가 되었다. 남성들은 오직 여성들을 노예화하고 싶어하고, 이용하고 싶어한다. 남성들은 다른 인종이고, 여성보다 우월하고 싶어한다. 남성이 여성에게 원하는 것은 성이고, 또는 여성에게서 얻을 수 있는 모든 것이다. 남성은 힘이 강하다. 그러므로 남성은 위험하다. 만약 여성이 여성의 적개심을 남성에게 보이면, 남성은 남성의 신체적 힘을 여성에게 사용할 것이다. 그녀는 이런 생각을 계속 하였다. 분노와 적개적인 두려워하는 태도는 겉 표면 아래에 쌓이었고, 불감증을 구성하는 벽돌과 모르타르(bricks and mortar)이었다.

우리는 우리 자신의 감정을 발견하기 위해, 여기에서 인용한 예와 같이 일상 생활에서 하찮은 짜증을 선택한다. 당신의 남편이 사람들 앞에서 하는 행동이 당신을 난처하게 하는가? 당신의 남편은 짜증을 부리는 습관이 있는가? (화장실에서 배우자가 하는 습관은 자신을 탐색하는 좋은 출처이다.) 남편은 더러운가? 남편의 옷을 입는 취향이 당신을 짜증나게 하는가? 당신의 남편은 자녀에게 관심이 없는가? 그렇지 않으면, 당신의 남편은 당신에게 관심이 없고 자녀에게 관심이 많은가? 당신의 생활에서 당신을 짜증나게 하는 인자가 무엇인지를 당신은 아는가? 당신을 짜증나게 하는 것을 선택하고 그것 밑에 있는 감정을 끝까지 탐구하라.

당신이 당신의 감정을 나타낼 때에, 당신을 짜증나게 한 당신의 남편의 특성에서 남성에 관한 일반성(broad generalities)으로 얼마나 빨리 당신의 생각이 옮겨가는지를 주목하라. 위에서 말한 사례에서, 여성은 남편이 짜증을 나게 하는 것(annoyance)에서 모든 남성에게 느끼는 분노(rage)로, 숨은 동기를 말하는 것에로 - 여성을 노예로 만들고 싶어하는 것, 여성을 이용하고 싶어하는 것에로 - 즉시 옮겨 갔다.

진정한 사랑과 생산적 결혼 생활을 할 수 없는 정신적 분위기(spiritual climate)를 그녀의 기본적 태도가 만드는 것을 분명히 볼 수 있게 한 것은 남성에 관한 그녀의 일반성(generalities)이었다. 우리를 압제한다고 우리가 생각하는 사람(tyrant)을 우리는 어떻게 진정으로 사랑할 수 있는가?

이 고도의 정서적 조사는 즉시 될 수 있는 일이 아니다. 불감증 환자가 처음에 여러 번 정서적 조사를 하는 동안에 강한 감정이 또는 정열적 일반화(passionate generalizations)가 일어나지 않는 것을 발견할 수 있다. 그러나 만약 불감증 환자가 정서적 조사를 꾸준히 하면, 불감증 환자는 강한, 부정적인 감정이 있는 곳에 도달할 것이다. 우리는 그런 감정이 불감증에 항상 존재하는 것을 발견하였다. 만약 그런 감정이 존재하지 않으면, 불감증은 없다.

불감증을 앓는 여성은 그런 감정의 강도를 두 이유 때문에 의식하지 않았다. 만약 당신이 그 두 이유를 알면, 당신은 그 감정을 표면에 용감하게 나타나게 할 수 있다.

이 정서가 숨어 있는 첫째 이유는 정서의 강도가 강한 것이다. 이 정서는 처음에 크게 느껴졌다. 이 정서는 밑바닥이 없는 감정의 샘(a bottomless well of feeling)에서 올라오는 것 같았다. 그러므로 세월이 가는 동안 우리는 감정을 숨기는 것을, 감정을 우리 자신에게도 숨기는 것을, 감정을 최소화하기 위해 하찮은 것에 연결하는 것을 - 감정의 존재를 부정하는 것을 학습하였다.

감정을 인지함으로써, 우리는 감정의 강도가 크지 않은 것(the fact that their intensity is *not* overwhelming)을, 우리가 경험한 정서는 분명한 한계가 있는 것(the emotion one experiences has very definite limits)을 경험할 수 있다. 감정은 밑바닥이 없는 샘에서 나오지 아니한다.

이 문제를 접근할 때에 그녀가 그녀 자신에게서 찾은 남성에게 배척받은 강한 기본 감정이 올라올 때에 울지 않으려고 한 여성을 나는 회상한다. 그녀는 "만약 저는 울기 시작하면, 울음을 멈추지 않을 것이라고 느낍니다."라고 나에게 말하였다. 그녀는 관심을 얻기 위해 과장된 태도(being histronic)를 보이지 않았다. 그것은 그녀가 정말로 느끼는 것이었다. 그러나 그녀가 울부짖었을 때에 그 울음은 30분 지속하였다. - 그리고 그 울부짖음은 영원히 끝났다. 그녀는 감정을 표현하지 못하였을 때에 끝이 없는 것으로 보였던 정서가 대단히 구체적 한계가 있는 것을 알고 많이 회복되었다. 그녀는 그때부터 정서를 무서워하지 않았고, 정서를 많이 편하게 대하였다.

여성이 남편(과 일반적으로 남성)에게 느끼는 감정이 표현되는 것을 두려워하는 둘째 이유는 여성이 느끼는 감정이 옳다는 믿음이다. 감정은 여성의 무의식에 또는 근본적 신념으로 의식적 마음에 존재한다. 그녀의 비합리적 감정이 현실에 기초하고 있는 것을 그녀의 마음의 일부가 굉장히 확고히 믿는 것을 여성은 대면하고 싶지 않기 때문에, 여성은 감정이 위험하게 되지 않게 하기 위해 감정을 가두어 둔다.

그러나 당신의 부정적 감정이 현실을 나타낸다고 당신의 일부가 아무리 믿어도, 그 감정은 현실을 나타내지 않음을 아는 것은 치료를 도울 것이다. 당신의 조사(investigation)는 당신이 감추는 두려움이 타당함을 증명하지 않는다. 당신의 조사는 당신이 감추는 두려움이 타당하지 않음을 증명한다. 이 깊은 곳에 숨은 믿음(deep and hidden convictions)은 여성이 어렸을 때에 주로 부모와 자녀의 관계에서, 그리고 이차적으로 형제자매의 관계에서 형성된다. 이 깊은 곳에 숨은 믿음은 여성이 아동기와 소녀기의 두려움과 오해를 방어하기 위해 세운 근본적 비합리적 감정이다. 이 깊은 곳에 숨은 믿음은 현실적 기초가 없다. 이 깊은 곳에 숨은 믿음은 남성(male)과 직접적 관계가 없고, 남성의 상황과 직접적 관계가 없다.

당신이 당신의 가장 깊은 곳에 숨은 믿음을 찾아내기 시작할 때에 이것을 아는 것이 굉장히 중요하다. 이 부정적 태도가 아무리 현실적이라도 오직 감정이고 현실이 아니라는 것(they are *only* feelings, not reality)을 기억하라. 당신은 이 사실을 명심할 때에 이 감정을 자각하려 할 것이고, 의식하려 할 것이다.

남편에게 또는 모든 남성에게 품을 수 있는 모든 부정적 감정을 탐색할 때에 자신에게 무자비하라고 나는 여성에게 조언한다. 당신이 분명히 모르는 그러나 당신의 감정을 가리키는 한 부분을 또는 두 부분을 보았을 때에 멈추지 마라. 당신의 마지막 적개적인, 비합리적인 정서와 태도를 두려워하지 말고 들춰내라.

나에게 온 한 여성은 남성에게 느끼는 부정적 감정에 관해 다섯 치료시간을 열심히 작업하였다. 그녀가 그녀의 남편에게 작은 짜증이 그녀를 불안하게 하며 그녀가 구역질나게 자주 된다고 고백하였을 때에 우리는 공동 조사를 시작하였다.

우리는 그녀가 고백한 것에 관해 계속 질문하였고, 겉으로 보기에 부드러운 사람의 표면 아래에 남성에게 느끼는 적개심이 많이 숨어 있는 것을 곧 발견하였다. 남성이 여성을 이용하고 싶어하고 여성의 의지를 꺾고 싶어한다는 정통적 신념을 그녀가 가진 것을 우리는 발견하였다. 그녀가 매일 일어나는 많은 일들을 이 신념에 비춰 해석하는 것을 그녀는 곧 깨달았다. 그녀의 남편, 편집자(an editor)는 저녁 때 집에서 일을 가끔 하여야 하였고, 그래서 그의 일이 끝날 때까지 텔레비젼의 소리를 낮춰달다고 그녀에게 요구하였다. 그가 집에서 하는 일이 까다로운 것(exacting)임을 그녀는 알았지만, 그녀는 그의 요구가 그녀의 "권리"를 침해하는 것(infringement of her "rights")이라고 생각하였고, 그 요구에 많이 분노하였다. 그녀가 그의 옷을 세탁소에 가져가는 것, 그의 직장 동료를 접대하는 것, 그의 "지저분한" 연구("filthy" study)를 정리하는 것 같은 평범한 일을 하는 것 때문에 그녀는 분노를 느꼈고 그 분노를 숨겼다.

우리는 이 모든 것을 하나씩 탐색하였다. 그러나 우리의 누구도 그 문제를 그만 토론할 때가 되었다고 느끼지 않았다. 우리를 피하는 것(something that eluded us)이 있었다. 그녀도 나도 그것을 확실히 느꼈다. 그러므로 우리는 그것을 끈질기게 탐색하였다. 숨어 있는 감정이 마침내 나타났다. 그녀가 처음에 호소한 것(her first complaint)에 돌아왔다. 그녀가 남편에게 신체적 구타를 당하였는지를 나는 그녀에게 질문하였다.

그녀는 "남편에게 구타를 당하지 않았지만, 남편이 저를 때리려 하는 것을 자주 느낍니다."라고 말하였다.

나는 그녀의 남편이 착한 남자라는 것을 알고 그 문제를 끈질기게 탐색하였다. 남성은 원하는 것을 얻기 위해 그의 우수한 체력을 여성에게 사용하고도 양심의 가책이 없다는 강한 무의식적 신념이 그녀에게 있는 것이 곧 밝혀졌다. 다른 말로 말하면, 그녀는 남성이 여성에게 기본적으로 적개적이라고 느낄 뿐만 아니라 남성이 여성에게 굉장히 폭력적이라고 느꼈다.

이것은 기괴한 신념이었다. 이 신념은 비합리적이라는 것을 나의 환자는 곧 깨달았다. 남자에 관한 그녀의 생각은 그녀가 어렸을 때에 그녀의 가학적 아버지(sadistic father)를 기억한 것에 기초한다. 그녀의 아버지는 그녀의 어머니를 가끔 때렸다. 그녀는 남성의 이 신체적 구타를 조금 억압한 것이 중요한 것을 깨달았을 때에 어렸을 때부터 심하게 방해받은 심리적 성장을 다시 할 수 있었다.

그러나 내가 강조하고 싶은 것은 그녀가 숨어 있는 태도를 끈질기게 탐색하여야 하는 것이다. 만약 그녀가 첫 몇몇 부정적 감정을 그녀가 벗김으로써 그녀의 문제의 핵심에 도달하였다고 가정하면, 그녀의 자기 조사(self-investigation)는 성공될 수 없다. 그녀가 실제로 그녀의 정서 검사를 끝까지 하였다고 느끼지 않은 사실을 표시하라(Please mark the fact that she did not *feel* she had come to the end of her emotional inventory until she had actually done so). 중요한 태도가 우리 자신 속 깊이 숨어 있을 때에, 만약 우리가 우리 자신에게 정직하면, 우리는 우리의 그 중요한 태도를 감지할 수 있다.

그러나 만약 당신이 당신 자신을 매일 끈질기게 탐색하면, 당신은 당신이 남성에게 분노하고 부정적 태도를 취하는 것을 느낄 때가, 아동기부터 남겨진 감정의 찌거기에 도달할 때가 올 것이다. 당신은 회복을 향해 중요한 단계를 올라갔다. 물의 흐름을 막는 통나무가 제거되었다.

왜 이 단계가 반드시 오는가?

현대 정신의학의 중요한 공헌 중 하나는, 우리의 태도와 감정이 의식되지 않을 때에만 또는 반쯤 의식될 때에만 우리에게 해를 계속 줄 수 있다는 사실을 확정한 것이다. 불감증을 앓는 여성이 고통스러워하는, 젊었을 때에 실수한 것의 흔적은 일단 의식화되면, 그 흔적의 해를 주는 많은 부분은 힘을 자동적으로 잃는다. 불감증을 앓는 여성이 젊었을 때에 실수한 것의 흔적은 의식되면, 그 흔적은 판단을 받는다. 우리의 지능은 그 흔적을 쉽게 폭로된 무지라고 볼 수 있다. 그 흔적이 의식되면, 감추어진 두려움, 분노, 방어, 틀린 태도에 의해 발달이 막인 인격은 건강한 쪽으로 자연스럽게 다시 발달한다.

그 흔적을 의식함으로써 인격이 다시 발달할 수 있는 여성은 남편을 있는 대로 이해할 수 있게 된다. - 그 여성은 모든 남성을 있는 대로 볼 수 있게 된다. 우리의 배우자의 독특성을 이해할 수 있는, 돌볼 수 있는 특별한 능력은 사랑의 중요한 필수조건이다.

만약 불감증을 앓는 여성이 그녀 자신의 비합리적 감정을 내가 기술한 방법으로 탐색하지 않으면, 남성에 관한 모든 객관적 정보는, 그 정보가 나온 출처가 무엇이든, 쓸모없다. 남성에 관한 여성의 숨어 있는 감정(her *hidden* feelings about men)은 아직도 지배적이다. 그러나 숨어 있는 감정이 올라와 밖으로 나오면, 그녀는 남성에게 투사(projection)하지 않고 남성의 말을 있는 대로 들을 수 있다. 우리는 다음 장(chapter)에서 다음 단계로 가겠다. 우리가 다음 단계로 가기 전에 다른 것, 우리가 우리의 감정을 통찰하는 것

(further insight into one's feeling)이 있다. 우리 자신의 감정을 통찰하는 것은 우리가 다음 장(chapter)으로 가는 것에 많은 도움이 될 것이다.

불감증 때문에 고통받는 여성은 남성의 성(the male sex)에 부정적이고, 그리고 다른 독특한 특징(very marked characteristic)이 있다. 불감증을 앓는 여성은 잃어버린 성과 심리적 성숙을 회복하지 못하게 하는 강력한 환상을 한다(They are subject to powerful *fantasies* which militate against the recovery of their lost sexuality and their psychological maturation). 이 환상을 무자비하게 탐색하고 터뜨리는 것이 매우 중요하다. 만약 이 환상을 탐색하고 터뜨리지 않으면, 이 환상은 환자가 사랑스런 부인과 어머니인 운명보다 더 좋은 운명이라는 건강하지 않은 신념을 유지하는 불행한 기능을 한다(If they are not, they serve the unhappy function of preserving of preserving the unhealthy conviction that one deserves a far better fate than that of being a beloved wife and mother).

그런 환상(fantasies)은 우리가 남성에게 느끼는 부정적 감정처럼 보일락 말락한 정도로 자주 숨어 있다. 그런 환상은 청소년기부터 또는 그 이전부터 우리에게 있는 백일몽(daydreams)이다. 그런 환상의 파괴적 힘은 백일몽을 꿈꾸는 자가 꿈이 실현될 수 있다고 믿는 사실에서, 만약 그녀가 그녀의 꿈을 실현하는 것을 그녀의 남편과 가족이 방해하지 않으면 그녀의 꿈은 실현될 수 있다고 믿는 사실에서, 파생한다.

이 환상은 힘이 강할 수 있고 끈질길 수 있다. 이 환상은 꿈꾼 자가 어렸을 때부터 배우가 되고 싶어한, 무용가가 되고 싶어한, 음악 연주자가 되고 싶어한 것에서 일반적으로 나온다. 그러나 꿈꾼 자는 의사, 또는 법률가, 또는 운동선수, 외교관 등등이 되고 싶어할 수 있다. 그 욕망들은 실현될 수 없다. 백일몽을 꾸는 자는 터무니 없는 공상에 빠지는 것을 무시한다. 나는 불감증을 앓는 여성 40명을, 아니 50명을 치료하였다. 그 불감증을 앓는 여성들은 마음의 논리적 건전한 표면 밑에서 어느 날 연기(演技)학교에 가고, 주인공의 역을 맡고, 또는 피아노 교습(piano lessons)을 받고, 유명한 음악 연주자가 되는 것을 아직도 믿는다.

그런 환상은 백일몽을 꾸는 자가 현실을 처리할 수 없다고 느끼는 사실에서 힘을 얻는다. 불감증을 앓는 여성은 현실 생활의 상황을 부적합한 방식으로 처리하고 있기 때문에, 그런 환상을 정열적으로 다룬다. 그런 환상은 그녀가 열등감을 느끼지 않게 한다. 만약 당신이 사랑할 수 없으면, 무엇이 문제인가라고, 만약 당신의 남편이 당신을 이용하면, 당신의 상황에 묶어 두려고 하면, 무엇이 문제인가라고, 그녀의 무의식은 말한다. 내일 - 어쨌든 어느 날 - 당신이 아름다운 것을, 매력 있는 것을, 위대한 연기자, 또는 의사, 법률가, 인디안 추장인 것을 당신은 보여 줄 것이다.

불감증을 앓는 여성은 남성에게 부정적 감정을 느끼는 것처럼 그런 방식으로 그런 부정적 환상을 한다. 첫째로, 그녀는 환상이 활발하게 일어나게 하여야 한다. 그녀는 그녀 자신이 극단의 단장이라고, 의사라고 상상하여야 하고, 그녀의 무의식이 환상적 꿈을 꾸게 허용하여야 한다. 백일몽이 꾸어지게 하라. 백일몽의 규모(magnitude)를, 거창한 품질(grandiose quality)을, 번쩍이는 빛(glitter)을, 매력(glamor)을 주목하라.

환상의 모든 부분이 경험될 때에, 만약 당신이 이 백일몽의 단순한 면을 깨달을 수 없으면, 어떤 삶이 당신에게 좋을 것인지를 상상하라(When all the details of the fantasy have been experienced, allow yourself to imagine what life would be like for you if you were *never* able to realize any single aspect of this daydream). 만약 당신이 그런 전망에

서 우울을 느끼면, 만약 당신이 그런 황홀을 군 꿈을 깨닫지 못하고 인생을 생각한 것이 허망처럼 보이면, 당신은 중요한 경험을 하였다. 당신은 당신의 환상을 충분히 경험하였다. 환상이 당신의 정서적 삶에 어떤 중요한 작용을 하였다고 당신은 생각할 수 있다.

우울을 두려워하지 마라. 당신의 환상에서 벗어나려는 당신의 첫 의식적 시도를 할 때에 오는 허전한 감정(feeling of emptiness)을 두려워하지 마라. 그 두려움은, 깨닫지 못한 백일몽에 의존하는 삶보다 훨씬 풍부한 정서적 삶의 시작일 수 있다. 만약 당신은 당신의 백일몽을 항상 깨닫지 않으면, 삶이 무엇과 같은지를 며칠 동안 계속 상상하라. 당신의 우울은 특정 깊이보다 깊이 들어가지 않는 것을, 그리고 삶이 무기력하지 않다는 것을 주목하라. 그리고 당신은 박탈받는 느낌(feeling of deprivation)을 견딜 수 있는 것을 주목하라.

나는 이 마지막 말을 할 때에 자기 암시(auto-suggestion)를 하지 않고 있다. 계속 꾸는 백일몽은 우리가 약물에 또는 알코올에 습관되어 있는 특성이 있다. 백일몽을 꾸는 사람은 오랫동안 약물에 의해 - 깊이 자리 잡은 백일몽에 의해 현실을 다루는 것을 학습하였다. 그녀는 이것을 자각하지 않고 심리적 마취(psychological narcotic) 없이 삶을 살 수 없다고 느끼게 되었다. 그녀는 심리적 마취를 분명히 끊어야 한다. 그녀는 심리적 마취 없이 삶을 사는 것이 지루하지 않다는 것을, 어렵지 않다는 것을 점점 깨달았다.

다음 단계는 백일몽을 폭발시키는 것(to explode the day dream)이다. 이 단계는 서너 냉정한 논리로써 끝날 수 있다. 젊음이 한창일 때에 형성된 백일몽은 현실에서 기능을 못하는 것을 많은 사람은 깨닫고 현재에 열정적으로 살기 위해 백일몽을 오래 전에 포기하였다. 그러나 불감증을 앓는 여성은 백일몽을 계속 꾸는 이유가 있기 때문에 백일몽이 합리적인지를 면밀히 검토하지 않았다.

15세 이하의 세 자녀가 있는, 35세된, 아직도 무용수가 될 수 있다고 느끼는 여성을 나는 안다. 그녀는 이 신념을 자세히 보면서, 무용수가 되겠다는 환상을 굉장히 심각하게 생각하는 것에 점점 놀랐다. 마침내 그녀는 평생 환상을 한 것을 대면할 준비가 되었다고 느꼈을 때에 사실들과 질문들을 기록하였다. 그 기록을 나는 여기에 제시한다.

1. 나는 무용수가 되기 위해 적어도 5년 동안 무용을 배워야 한다. 나는 하루에 약 8시간 무용을 연습하여야 한다. 나는 이 훈련을 받을 수 있는가?
2. 만약 나의 마음이 그 훈련을 받을 수 있다면, 나의 몸은 그 어려운 작업을 견딜 수 있는가?
3. 만약 내가 그 어려운 작업을 견딜 수 있다면, 나는 매일 만나는 나의 세 자녀와 나의 관계를 포기할 할 수 있는가?
4. 만약 내가 모든 장애물을 극복하고, 나의 꿈대로 유명한 무용수가 된다면, 1년에 8개월 동안 여행을 하여야 한다. 이것은 내가 나의 남편과, 나의 자녀와 1년에 8개월 동안 떨어져 있는 것을 의미한다. 내가 이것을 원하는가? 만약 내가 이것을 할지라도, 나는 이것을 정서적으로 받아들일 수 있는가?

이 질문들의 답은 '모두 할 수 없다'이다. 그녀는 그녀가 오랫 동안 환상한 것을 상식적으로 검토한 결과, 그녀는 마침내 환상에서 벗어났다.

당신의 백일몽을 제거하기 위해 많은 생각이 필요하지 않다. 가상적 미래보다 열정적 현재에서 사는 방식을 명료화함으로써 많은 생각을 하지 않고 당신의 백일몽을 제거할 수 있다. 위에 제시된 질문을 당신 자신에게 질문하고 정직하게 답을 하라.

나는 여러 형태의, 여러 정도의 불감증을 앓는 여성들의 사례사를 제시할 때에, 그녀들의 문제의 근원을 많이 제시하였다. 우리가 여성적 성숙(feminine maturity)을 얻기 위해 우리의 어린 시절에 자주 파묻힌 경험에 관한 지식을 얼마나 발굴하여야 하는가를 나는 질문하고 싶었다.

나의 의견으로는, 불감증 때문에 고통받는 대부분의 여성들은 아동기에 경험한 문제를 모두 샅샅이 파악하지 않아야 한다. 그녀들이 아동기에 경험한 것이 외상적인 증거는 그녀들이 지금 문제를 가진 사실에 포함되어 있다. 사람들이 그들의 깊은 강한 정서를 갖게 한 것은 언제나 당면한 문제(immediate problem)이다. 우리의 문제에 의해 우리의 방법을 느끼는 기법(the technique of “feeling” one’s way through one’s problem)은 내가 말한 바와 같이 불감증을 현실적으로 치료하는 방법이다. 그러므로 우리의 현재 정서가 우리의 자기 검사의 중요한 자료(major material one’s of self-examination)를 구성한다.

현재의 감정과 태도를 실재로 이해하는 것은 과거를 나타낸다. 왜냐하면 현재의 태도는 과거에 확정되었기 때문이다. 현재의 태도는 만들어진 다음에 아주 조금 변화하였다.

왜 나는 나의 사례사(case histories)에서 불감증이 아동기에 발달한 것을 자세히 탐구하는가? 같은 이유 때문에, 우리가 제4부를 접근하기 전에, 나는 불감증에 관한 모든 다른 객관적 사실들을 제시하였다. 우리는 불감증의 문제 전체에 관한 의식적 지식(conscious knowledge)을 많이 가질수록 우리 자신의 문제의 책임을 더 많이 진다. - 우리는 우리 자신의 문제의 책임을 대면할 수 있다. 지식은 우리가 정신적 성숙을 하지 않으려 하는 것의 기초인 무지와 미신(ignorance and superstition)에서 벗어나게 할 수 있다.

나는 어렸을 때에 경험한 것을 자세히 검토하는 것을 또는 어렸을 때에 경험한 것을 깊이 생각하는 것을 반대하지 않는다. 어렸을 때에 유혹(seduction)을 받은 또는 강간(rape)을 당한 사례처럼, 어렸을 때에 경험한 것은 우리의 현재 감정을 치료적 방증(傍證 therapeutic sidelight)을 할 수 있다. 그러나 성장하는 동안에 인격이 형성된 과정을 자세히 탐색하는 것은, 전문가의 도움을 받지 않으면, 혼란될 수 있다. 성장하는 동안에 인격이 형성된 과정을 자세히 탐색하는 것은 회복하기 위해 꼭 필요한 것은 아니다. 그러므로 우리가 어렸을 때에 경험한 것을 자기 검사하는 것이 즉시 도움을 주는 것 같지 않으면, 나는 우리가 어렸을 때에 경험한 것을 자기 검사하는 것을 완전히 포기한다. 나는 현재 고통을 일으키는 나의 문제를 "느끼는 것"("feeling through")에, 아동기 태도(childhood attitudes)가 지금 여기(the here and now)에서 일으키는 해를 느끼는 것("feeling through")에 한정한다.

내가 여기에서 추천하는 우리의 부정적 정서를 통찰하는 단계들은 우리가 성숙의 길로 가야하는 가장 어려운 단계들이다. 만약 당신이 그 단계들을 갈 수 있으면 성숙의 길의 고통스런 부분은 끝날 것이다. 자연스럽게 발생하는 회복 과정의 남은 부분은 더 많은 정보를 얻는 것이다. 회복 과정의 남은 부분은 새 감정이 우리 자신 안에서 커지고 확장되는 것을 허용하고, 함정들을 피해 가게 하는 생활 지도를 수용하는 것이다. 당신은 내가 말하려고 한 것을 다음 장들(following chapters)에서 볼 것이다.

제15장

남성의 성 : 새 지평

앞 장(chapter)에 서술된 자기 탐색(self-exploration)은 잠복한 감정, 태도, 환상을 나타나게 한다. 자기 탐색은 잠복한 감정, 태도, 환상을 일으키고, 그 감정, 태도, 환상에 이성과 판단의 밝은 빛(the bright light of reason and judgment)을 비춘다. 자기 탐색은 심리적 분위기(psychological atmosphere)를 초자연적 방식으로(miraculously) 맑게 한다.

가장 도움이 되는 다음 단계는 남자의 성을 재평가하는 것(re-evaluation of the male sex)이다. 불감증을 앓는 여성은 남성이 진정으로 무엇인가에 관한 지식이 지극히 적다. 남성에 관한 그녀의 태도는 먼 과거에 형성되었고, 그 이후 거의 변화하지 않았다. 그 때문에 그녀는 아동의 눈으로 남성을 본다(child's-eye view of men). 부모는 아동에게 힘(power)이다. 마찬가지로 남성은 여성에게 힘이고 사람이 아니다. 그녀는 그녀 자신의 아동기에 두려워한 것, 희망한 것, 욕구를 남성에게 투사(projection)한다. 그리고 여성은 그 투사한 것을 현실(reality)이라고 보고 행동한다.

다음 단계는 여성이 남성을 의식적으로 재평가하는 것(conscious revaluation of men)이다. 다음 단계는 남자의 성(male sex)이 진정으로 무엇인지를 여성이 학습함으로써 성취될 수 있다. - 다음 단계는 남자의 성(male sex)이 여자의 성(female sex)과 어떻게 다른지, 남성이 일상 생활에서 하는 방식으로 생각하게, 행동하게, 느끼게 무엇이 하는지를 여성이 학습함으로써 - 그리고 이 학습한 지식과 그녀가 나타낸 부정적 태도와 부정적 감정을 대조함으로써 들어갈 수 있는 단계이다. 이 방식으로 여성은 남편을 있는 대로 이해하게 되고, 독특한 특성과 개성이 있는 남편을 사랑할 수 있게 된다.

남성의 핵심적 특성(central characteristic of the male)은 그리고 남성과 여성을 가장 분명하게 구별하는 특성은 공격성(aggressiveness)이다.

남성의 특성이 공격적인 것은 남성이 구애(wooing)를 주로 주도적으로 하는 사실에 가장 분명히 나타난다. 남성은 추적하는 자이고 여성은 추적을 받는 자이다. 남성은 구애를 하는 자이고, 성을 주도한다.

남성이 남녀 관계에서 공격적 활동을 하는 것은, 남성의 정자(sperm)가 원시적 생물학적 형식(primordial biological form)에서 공격적 행동을 하는 것과 비유된다. 당신이 아는 바와 같이 정자(spermatozoon)는 현미경으로 볼 수 있는 작은 꼬리로 이동하는 단세포(individual cell)이다. 정자들은 질 안에 넣어진 뒤에 능동적으로 난자를 찾아 난자와 결합한다(the individual sperm *actively* seeks out and joins the ova). 난자는 수동적으로 정자를 기다린다(the ova has been *passively* waiting for the sperm). 이 생리학적 비유는 남녀 관계에서 남성이 근본적으로 성적으로 심리적으로 공격적인 것을 잘 표현한다.

남성의 공격성은 일반적으로 외부 세계를 정복하는 것(mastery of the

outside world)을 지향한다. 남성은 공격성을 어린 시절부터 보인다. 남성이 선택하는 스포츠는 신체적 공격과 거의 관계 없다. (물론 여아도 어렸을 때에 스포츠를 좋아하지만 사춘기에 포기한다.) 남성은 달리는, 돌진하는, 달려드는, 던지는, 때리는 스포츠를 좋아한다. 남성은 청소년기에 그런 공격적 행동과 관련된 기술을 습득하며 세월을 보낸다. 그런 공격적 행동과 관련된 기술을 정복하고 싶은 소년의 공격욕의 내용은 다른 소년과 경쟁하는 것이다. 다른 소년보다 잘 하고 싶은 소년의 욕구는 그 자신의 숙련된 기술을 외부 세계에 알리는 것이다.

이 기본적 공격욕은 정신적 영역(mental sphere)에서도 분명히 나타난다. 소년의 열정(chief passion)은 소년이 그 자신을 둘러싼 외부 환경을 정복하는 것에 있다. 소년의 열정은 축구에서 나온 용어를 사용하면, 소년이 "상대방을 궁지에 빠뜨리는 것"("throwing it for a loss")에 있다. 이 욕구는 소년이 세상의 또는 우주의 어떤 면을 앎으로써 외부 환경을 통제하기 위해 과학자가 되게 한다. 또는 이 욕구는 소년이 실업가(businessman)가 되어 경쟁이 심한 시장에서 투쟁하며 살게 한다. 또는 이 욕구는 소년이 세상의 "왜"("why")를 적극적으로 증명하는 철학자가 되게 한다. 소년은 인생에서 무엇을 하든 그의 영역으로 선택한 환경을 정복하기 위해 공격하여야 한다.

삶의 역할을 크게 정의하는 이 기본적 공격 때문에 소년은 소녀보다 많은 자유를 부여받는다. 이것 때문에 남성은 삶에서 많은 자립(self-reliance in the individual)을 요구한다. 남성의 자립을 사회는 인정하였다. 남성은 여성보다 아동기에 가정의 보호를 짧은 기간 동안 받아야 한다.

여성은, 남성과 대조적으로 외부 세계를 향한 공격욕이 적다. 여성의 활동은 대체로 내부를 향한다. 심리학적으로 말하면, 여성은 그녀의 최종적 생물학적 기능(final biological function)에 알맞게 형성되어 있다. 여성의 본성(the very center of her nature)에 적합하게, 여성은 어머니의 역할(motherhood)을 준비한다. 이 사실이 여성의 정신 에너지의 방향을 결정한다. 여성이 아동기에 관심 가진 것은 이것을 분명히 보여준다. 여아는 인형을 갖고 논다. 여아는 소꿉장난을 한다. 여아는 어머니의 주변에 있는 것을 좋아하고, 결혼 생활을 환상하고, 그녀의 내적 기능에 관심이 많다. 여아는 물론 외부로 향할 수 있는 일정량의 관심과 공격욕이 있다. 그러나 그녀의 내적 환경이 또는 외적 환경이 이 특성을 사용하라고 강요하지 않을 때에 그녀의 내적 환경은 또는 외적 환경은 그녀에게 이차적이 된다.

여성은 지적 능력이 근본적으로 내적(inward)이다. 여성의 가장 강력한 능력은 그녀의 직관(intuition), 즉 그녀 자신의 내향적 본성(her own inward nature)에게 자문을 함으로써 타인을 이해할 수 있는 마력(magical ability)이다. 여성의 이 능력은 남성의 객관적 "지적" 이해 능력(man's objective "intellectual" type of understanding)과 대조적이다.

나는 남성의 본질적 성격학적 구조(the essential characterological structure of the male)를 서술하고, 그 남성의 본질적 성격학적 구조를 여성의 본질적 성격학적 구조와 대조한다. 나는 그렇게 함으로써 사람들을 있는 대로 서술하지 않고 사람들의 절대적 성격 유형(absolute types)을 서술하고 있다. 실재로, 대부분의 남성은 수동성이 내향성이 있고, 정상적 여성들은 일정량의 공격성이 있다. 그러나 정상적 남성은 주로 사람을 만나 이야기하는 것을 좋아하고 공격적이다. 정상적 여성은 주로 그녀의 내부를 향한다.

남성의 공격성과 남성이 외부 세계에 관여하는 것의 직접적 결과로서 또는 간접적 결과로서, 남성은 여성의 특성과 정반대인 특정 행동양식(certain behavioristic patterns)이 발달한다. 불감증을 앓는 여성은 그녀의 남편이 그녀에게 관심이 없는 것을, 또는 약한 것을, 또는 그녀를 멀리 하는 것을, 또는 그녀에게 잔인한 것을, 또는 그녀를 이용하고 싶어하는 것을 남편이 볼 수 있게 하기 위해 남편의 속성을 이용할 것이다. 그녀는 남성을 보는 객관성이 없기 때문에 남편이 그녀와 다른 것에서 그녀가 남편을 멀리하는, 두려워하는, 적개심을 느끼는 원인을 찾을 것이다.

일상 생활에서 일어나는 이 행동적 차이의 예들을 나는 당신에게 제시하겠다.

자녀를 낳는 것(the bearer of children), 생활의 둥지를 만드는 것(the nest-maker), 집 안에 있는 모든 것은 여성에게 중요하다. 여성은 그녀의 집을 많이 자랑한다. 그녀는 깨끗한 부엌의 싱크대, 맑은 유리창, 먼지 없는 마루를 좋아한다. 그녀는 자기의 방을 깨끗이 정돈하려고 한다. 그녀는 집을 깨끗이 정돈하고 정돈된 상태가 유지되기를 바란다.

남편이 자랑하는 사실을 이를 테면, 남편이 그의 일을 그가 외부 세계에서 성취한 것을 자랑하는 사실을 여성은 오해하기 대단히 쉽다. 남편은 그의 집이 깨끗한 것을 당연한 것으로 생각한다. 남편은 부인의 기준에 의하면, 깨끗하지 않을 수 있고, 지저분할 수 있다. 남편은 그의 옷을 여기 저기에 던져 놓을 수 있고, 싱크대에 그릇을 너저분하게 넣어 둘 수 있고, 재털이를 사용하는 것을 잊을 수 있고, 등등 집안을 어지럽힐 수 있다. 이것들은 물론 유쾌하지 않은 것이다. 그러나 불감증을 앓는 여인은 이것들을 일반화하려고 할 것이다. 불감증을 앓는 여인은 그녀의 남편이 그녀에게 본질적으로 무관심한 것(essential indifference to her)을 지적하는 것으로 이것들을 사용할 것이다.

남성은 집에 있는 새 깔개를 새 의자를 알아보지 않을 수 있다. 그는 망가진 계단을 고치는 것 또는 끊어진 전구를 갈아 끼는 것 같은 집안 일을 강요받는 것을 견디지 못할 수 있다. 남성의 이 태도를 여성은 분명히 이해할 수 없다. 여성은 남성의 이러한 종류의 행동을 남성이 여성에게, 가족에게 무관심한 증거로 쉽게 해석할 수 있다. 남성의 이 행동은 남성이 여성에게, 가족에게 무관심한 증거가 아니다. 이것은 남성에게 일어나는 일이다. 여성이 남성의 일에 얼마나 자세히 관심을 기울일 수 있는지를 생각하면, 이 생각은 여성에게 도움이 될 것이다. 집은 여성의 일터이다. 남성이 집에서 그렇게 행동하는 것은 놀라운 것이 아니고, 남성이 집을 사랑하지 않는 것을 나타내지 않는다.

남성이 쉽게 오해받을 수 있는 다른 것은 남성이 여성보다 사회적이고 남성이 활발한, 때때로 다양한 사회적 생활을 찾는 것이다. 이것도 남성의 공격성의 일부이다. 여성은 사람들과 함께 있는 것을 좋아하지만, 집에 있는 것을 일반적으로 좋아한다. 가까운 친구들과 어울리는 것은 여성에게 충분하다. 불감증을 앓는 여성은 남편의 적극적 사회 활동을 중요하게 취급할 수 있다. 불감증을 앓는 여성은 남편에게 만족하지 않는다. 남성은 여성에게 불편을 느끼고 불만스러워한다.

남성이 사교 모임에서 원기 왕성하게 적극적으로 활동하는 것을 여성은 자주 오해한다. 남성은 때에 따라 조용할 수 있지만, 때때로 말을 많이 하고 싶어할 수 있고, 대화를 열정적으로 크게 할 수 있다. 그의 경쟁욕 때문에 그는 논쟁할 수 있고 심한 언쟁을 할 수 있다. 여성은 일이 순조롭게, 아주 우호적으로, 조용히 진행되기를 바란다. 그녀의 남편의 정상적 사회적 적극성은 거칠고 세련되지 않은 태도로 그녀에게 보일 수 있다. 그녀의 남편의 정상적 사회적 적극성은 그녀를 놀라게 할 수 있다. 그녀는 그것을 그에게 대면시킨 뒤에 그가 점잖을 빼며 걸었다고, 타인의 칭송을 받기 위해 자기를 자랑하였다고, 혼자 우쭐대었다고 그를 비난할 수 있다. 그녀는 그에게 그의 남성적인 것(maleness)을 오직 대면시키는 것이다.

남성과 여성의 매우 이상한 차이는 고통과 피로에 반응하는 차이이다. 여성은 고통과 피로를 느끼는 식역(threshold)이 대단히 높고, 대부분의 남성은 여성보다 낮다. 만약 여성이 손에 화상을 입으면, 여성은 손을 버터(butter)에 또는 찬 물에 넣을 수 있고 계속 저녁 식사를 만든다. 여성이 손에 입은 화상과 같은 화상을 입은 남성은 한동안 일을 할 수 없고 - 그리고 무섭게 화를 낸다. 고통을 느끼는 식역의 차이 때문에, 남성은 코감기에 걸렸을 때, 또는 머리가 아플 때, 또는 목이 아플 때, 또는 여성이 무시할 수 있는 작은 병을 앓을 때에 그 자신을 돌보고, 돌봄을 받고 싶어한다. 불감증을 앓는 여성은 물론 이 차이를 그녀가 일할, 보물이 풍부한 광산(rich mine)으로 느낀다. 그녀는 그의 "약점"("weakness")을 조롱하기 위해 이 다른 것을 이용할 수 있고, 이용한다. 그리고 그녀는 남성의 본성에 관해 본질적으로 무지하고 남성에게 동정심이 부족한 것을 보인다.

물론 성은 불감증을 앓는 여성이 분개와 오해를 가장 하기 쉬운 원천들 중 하나이다. 우리는 남성의 공격성을 성에서 분명히 볼 수 있다. 남성은 그의 여성을 전혀 흥분시키지 않는 물건에 쉽게 자극받는다. 그는 각종 광경, 소리, 냄새에 성애적으로 자극받을 수 있다. 그의 부인이 옷을 벗는 것이 그를 흥분시킬 수 있다. 그녀의 향수(perfume) 냄새가 그를 흥분시킬 수 있다. 만약 그녀가 안색이 나쁜 것처럼 보이면, 또는 총명한 것처럼 보이면, 그는 흥분할 수 있다. 남성의 반응을 이해하지 못하는 또는 남성의 반응을 일으키는 많은 원인을 이해하지 못하는 불감증을 앓는 여성은 남성의 욕망(lust)이 선택적이 아니고 모든 대상을 좋아한다고 인간적이 아니고 동물과 같다고 느낀다. 그 때문에, 불감증을 앓는 여성은 남성의 정열(ardor)을 여성을 공격하는 것으로 모욕을 주는 것으로 생각한다.

성교할 때에 남성이 음경을 여성의 질에 공격적으로 삽입하는 것도 여성은 남성이 여성을 모욕하는 것으로 느낀다. 성교하는 동안 정열이 고조될 때에, 음경을 삽입하는 강도는 증가하고, 때때로 일련의 커다란 공격이 된다. 남성이 음경을 여성의 질에 격렬하게 삽입하는 것은 남성의 정상적 성교 행위이다. 이 성교 행위는 물론 정상적 여성에게 매우 바람직한 행위이다. 불감증을 앓는 여성은 남성이 음경을 여성의 질에 격렬하게 삽입하는 것을 두려워하고, 여성의 안정된 상태를 침입하는 행위로, 여성에게 적개적 행위를 하는 것으로 경험한다.

이 사실은 옳다. 남성은 사랑을 공격적 동작으로 표현한다. 남성은 고독하고 싶지 않은, 고독을 없애고 싶은, 사랑하는 사람과 결합하고 싶은 강렬한 욕구를 공격적 동작으로 표현한다. 남성이 사랑을 공격적 동작으로 표현하는 것을 틀리게 이해하는 것은 모든 것을 틀리게 이해하는 것이다.

우리는 남성들이 하는 또는 불감증을 앓는 여성들이 오해하는 특징적 행동들의 긴 리스트를 만들 수 있다. 만약 당신이 자기 탐색(self-inquiry)을 시작하였으면, 당신은 당신 자신의 리스트를 만들었고 리스트를 구성한 많은 문항에 부정적 감정을 느꼈다고 나는 주장하였을 것이다.

그러나 이 부정적 감정의 대부분은 남성의 기본적인, 가장 뚜렷한 특성 - 남성의 공격성에 의해 만들어진다는 것을 나는 강조하고 싶다. 이 특성은 남성을 분명하게 정의한다. 이 특성은 불감증을 앓는 여성이 남성에게 배척받은 것을 분노하는 감정의, 배척받을까 봐 두려워하는 감정의, 배척받은 감정의 뿌리이다.

여성은 이 공격성을 이해할 수 없기 때문에 이 공격성에 적대적(antagonistic to this agression)이다. 그녀는 그녀 자신의 역할과 그녀의 여성적 본성

(feminine nature)을 이해할 수 없기 때문에, 수용할 수 없기 때문에, 그녀는 남성적 공격이 그녀에게 적대적이라고 느끼고, 남성적 공격이 그녀에게 적대적이라는 것을 그녀 자신에게 증명하기 위해 그녀는 모든 기회를 이용한다. 외부 환경을 정복할 수 있는 남성의 힘(strength)은, 남성의 능력(ability)은 그녀가 아무것도 아니라고, 매춘부(drab)라고, 하녀(slavey)라고 느끼게 한다. 그녀는 남성의 본질적 공격성과 여성의 본질적 특성을 그녀에게 불리하게 대조한다.

만약 남성들이 여성을 노예로 만드려고 하면, 여성은 남성의 중심적 힘을, 남성의 공격성을 두려워하고, 증오하고, 부러워하는 것은 정당하다. 남성이 여성을 노예로 만들려고 하는가?

이 문제의 재검토는, 불감증을 앓는 여성이 옳은 시각을 가질 수 있게, 왜곡된 시각을 교정할 수 있게 할 수 있다. (불감증을 앓는 여성은 그녀의 정서의 부정적 힘을 느낄 수 있으면, 왜곡된 시각을 교정할 수 있다.) 남성들이 그들의 공격성으로 우리 사회에서 하는 가장 중요한 것을 우리는 봄으로써, 불감증을 앓는 여성이 옳은 시각을 가질 수 있게 할 수 있다.

"모든 남성은 악몽(nightmares)을 꾼다."

나의 동료, 정신과 의사가 최근에 남성 심리학에 관해 즉석 토론을 하였다. 그 토론 중에 나는 이 말을 들었다. 이 말은 나에게 감명을 주었다. 대부분의 남성은 성년이 되어 결혼할 때에, 양심이 있으면, 이 세상에 내려 놓을 수 없는 거대한 짐을 진다. 대부분의 남성은, 그들의 부인과 자녀에게 사회적 경제적 책임을 지기 위해 그들이 크게 자랑하는 대부분의 자유와 계약을, 조용히 포기한다.

만약 당신의 자녀가 삶의 중요한 물건을, 집을, 의복을, 교육을 박탈당해야 한다면, 당신은 여성으로서 무엇을 할 것인가를 잠시 생각하여라. 만약 당신의 자녀가 먹을 것이 없어 굶는다면, 당신은 감정이 어떨까를 생각하여라. 아마, 당신은 그런 생각을 할 수 있고, 그런 생각에 순간적으로 충격을 받을 수 있을 것이다. 그러나 그 생각은 지나가는 생각이다. 여성은 그 생각을 사실로 받아들이지 않는다. 자녀에게 삶의 중요한 물건을 제공하는 것은 여성의 직접적 책임이 아니다. 여성은 그것을 분명히 오랫동안 걱정하지 않을 것이다.

그러나 그녀의 남편은 그런 생각을, 의식적으로, 무의식적으로, 매일 한다. 그는, 그의 노력이 성공할 것인지 실패할 것인지에 그의 부인과 자녀의 행복, 건강, 삶이 달려 있다는 부담이 많은 생각을 하면서 아침마다 일하러 나가고, 저녁에 잠자리에 들어간다. 궁극적 의미에서, 그는 부인과 자녀를 위해 혼자 모든 책임을 진다.

나는 남성이 이 책임을 심각하게 지는 것을 과장할 수 있다고, 걱정할 수 있다고 생각하지 않는다. 만약 여성들이 남성들과 매우 가깝지 않으면, 여성들은 남성들이 부인과 자녀를 위해 진 짐이 얼마나 무거운지 가끔 잘 모른다. 왜냐하면 남성들은 그것을 조금 말하기 때문이다. 여성들은 사랑하는 남성들이 걱정하는 것을 원하지 않기 때문이다.

남성들은 태고 때부터 그들의 가족을 위해 모든 책임을 졌다. 그러나 나는, 오늘날 시장에서 벌어지는 스트레스와 긴장을 볼 때에, 문명사회의 남성이 원시시대의 남성보다 더 고된 삶을 산다고 가끔 생각한다.

첫째로, 경쟁은 남성 개개인에게 심각한 긴장을 준다. 이 경쟁은 승진을 위한 경쟁이 아니다. 이 경쟁은 그의 일을 경쟁하는 것이다. 모든 남성은 머뭇거리면, 그의 끊임없는 욕동을 멈추면, 그가 쉽게 대치될 수 있고, 대체된다는 것을 안다.

압력이 전혀 없는 고용은 없다. 임원은 작년에 이익을 올린 만큼 또는 경쟁자가 이익을 올린 만큼 이익을 올려야 하거나 그 이상의 이익을 올려야 한다. 임원의 밑에 있는 사람들은 임원이 하는 것을 본다. 임원은 부하 직원의 성과를 자세히 그리고 끊임없이 조사한다.

전문직 종사자 - 의사, 변호사, 교수 - 는 주로 압력을 많이 받는다. 만약 변호사가 개업하였다면 의뢰인을 끊임없이 찾아야 한다. 만약 변호사가 조직에서 일한다면, 변호사는 야망이 많은 동료들에게 또는 법학 전문대학원을 갓 졸업한 젊음의 에너지로 가득 찬 의욕적인 젊은 사람들에게 자리를 빼앗기지 않기 위해 끊임없이 노력하여야 한다. 문제를 일으키는 불행한 많은 사건은 의사의 진료를 망가뜨릴 수 있고 심각한 위협을 할 수 있다. 그 사건들은 치료 능력을 무너뜨릴 수 있다. 만약 교사는 승진하려고 하거나 그의 지위를 고수하려고 하면, 고된 수업 준비 이외에 출판 가능한 일을 오랜 시간 동안 하여야 한다.

사람이 완전한 경제적 안전을 위해 의존할 수 있는 영역은, 사람이 들어갈 수 있는 영역은 없다. 경쟁은, 해마다 끊임없이 업적을 올려야 하는 것은 인생(life lot)이다. 이 모든 것은 남성이 오직 아주 작은 통제(the remotest control)만 할 수 있는, 남성에게 영향을 미치기 때문에 남성이 두려워하는 유령이라는 것을 남성은 안다. 유령은 우리 경제를 특징 짓는 주기적 불경기와 경기 침체에 의해 일어날 수 있는 실직(joblessness)이다.

모든 사람은 악몽(nightmares)을 꾼다.

결혼 계약서(the marriage contract)에 서명할 때에 남성이 맡겠다고 약속한 긴장과 걱정(strain and worry)을 맡을 여성은 거의 없을 것이다. 정상적 정신을 가진 여성은 남성이 맡겠다고 약속한 긴장과 걱정을 맡지 않을 것이다. 많은 여성은 시장(market)에 간다. 그렇지만, 많은 여성은 결혼할 날만 기다리거나 이미 결혼하였다. 자신의 의지에 의해 결혼하지 않는 여성은 거의 없다. 내가 만난, 결혼하지 않는 여성들의 일부는 재능이 있지만 그들의 가족 관계가 복잡한 사람들이다. 결혼한 여성들은 시장에 있는 여성의 의무와 다른 의무를 맡는다. 만약 여성들은 시장에 머무는 것을 원하기 때문에 시장에 머문다면, 그 여성들은 본질적 여성성(essential womanliness)을 잃는다.

남성이 하여야 하는 굉장히 많은 의무(the tremendous duties), 매일 하는 투쟁(daily struggles), 무거운 책임(awful responsibilities)을 여성은 볼 때에 여성은 분노 또는 시기(猜忌 envy)가 아닌 다른 감정을 느끼기 시작할 수 있다. 여성은 여성의 칭송을 받을 가치가 남성에게 있는 것을 보기 시작할 수 있다. 여성이 이해하기 어려운 남성에게, 여성이 사랑하는 남성에게, 여성과 결혼한 남성에게, 여성의 비판을, 질투와 분노를 많이 받아야 할 남성에게 여성의 칭송을 받을 가치가 있는 것을 여성은 보기 시작할 수 있다.

남성은 힘과 공격성으로 우리의 성을 가두어 두려고 하지 않고, 우리를 이용하려고 하지 않고, 그의 두 기본 속성, 힘과 공격성(his strength and his aggression)을 우리가 마음대로 쓰게 한다. 이 사실이 우리가 여성이 되게 하고, 안정감을 느끼며 자녀를 낳게 하고, 자녀를 양육하게 한다. 그는 우리 옆에 항상 영원히 있고, 우리의 생계비를 벌고, 우리를 끊임없이 돌본다. 그가 우리의 안전을 걱정하는 것을 우리는 알고 그래서 우리는 그가 우리를 걱정하는 만큼 우리를 걱정하지 않는다.

일반적으로 소년이 소녀보다 일찍이 자유를 부여받는다. 남성의 공격성은 남성이 구애자로 만들고 여성을 구애받는 자로 만든다. 그러나 나는 이 두 사실을 심하게 분개하지 않은 불감증을 앓는 여성의 호소를 들어야 한다.

그러나 남성의 공격성이 왕성한 때에, 모든 여성은 남성의 공격성의 목표를 살피면서 그런 분개를 정직하게 계속 할 수 있는가? 사회가 남성에게 자유를 많이 일찍이 본능적으로 부여할 때에, 남성은 가정을 책임지기 위해 필요한 큰 자립심(great self-reliance)을 발달시킬 수 있다는 것을 여성은 깨달았을 때에 여성은 남성에게 계속 분개할 수 없다.

남성이 성적 행동을 일반적으로 주도한다는 사실을 여성은 계속 분노할 수 없다. 왜냐하면, 남성의 공격이 여성을 보호하고, 남성의 공격이 여성을 부인과 어머니가 되게 하고, 그리고 남성의 공격이 남성을 구애자로 만들고 여성을 구애받는 자로 만들기 때문이다. 여성이 하찮은 당황(trivial upsets)에 의해, 낮에 일어난 작은 일에 의해, 성적 감정(sexual feeling)에 관심을 굉장히 쉽게 기울일 수 없게 된다는 것을 알고, 만약 여성이 남성의 불안을 감당하여야 하면, 밤에 성을 주도하는 책임을 지면, 무엇이 발생할가를 상상하라. 그런 역할의 전도(轉倒 reversal of roles)가 항상 인간에게 일어나면, 세상의 인구가 크게 감소할 것이다. 여성들은 그들의 남성의 거대한 에너지와 욕동 때문에 신(god)에게 매일 감사하는 것을 배워야 한다.

남성이 평생 동안 그의 부인과 가족에게 봉사하는 것에 의해, 여성을 짜증나게 하는 남성의 작은 행동을, 또는 불감증 때문에 짜증을 내는 여성을 우리 보자. 왜냐하면, 그 여성들은 지금 이해할 수 있기 시작하기 때문이다. 작은 짜증(minor irritabilities), 우쭐대는 행동(cock-of-the walk behavior), 게으름(slackness), 너저분한 복장(sloppiness), 이런 것들은 남성의 하루 동안 쌓인 긴장의 출구이거나 결과이다. 남성은 하루에 겪은 굴욕적인 것(humiliation)을, 또는 패배한 것(defeats)을, 또는 근심 걱정(worries)을 당신에게 직접 말하지 않는다. 남성이 당신에게 보인 것은 남성이 그의 어려운 불안한 투쟁을 당신에게 항의한 것이라고 당신은 남성의 부인으로서 이해하여야 한다. 만약 당신이 남성의 행동을 이 시각으로 보면, 당신은 남성에게 깊이 자리잡은 분노를 품고 있기 어려울 것이다. 우리는 오직 남성을 안락하게, 부담을 적게 느끼게, 근심 걱정을 조금 하게, 악몽을 적게 꾸게 하고 싶을 수 있다.

여성이 이 남성관(this view of male)을 믿는 것은 여성이 여성성(feminity)을 향하여 커다란 한 발을 내딛는 것이다. 여성이 여성의 안전(safety), 행복(happiness), 안정(security)을 얻는 것을 가장 중요한 목표로 정하고, 남성의 공격에 진정한 불빛을 비춰봄으로써, 여성은 남녀 관계를 시작한 때부터 남성을 방어한 것들을 하나씩 제거할 수 있다. 남편의 훌륭한 공격(wonderful agression)이 여성의 진정한 역할을 분명히 규정하고, 방어를 여성에게 항상 분명한 것으로, 바람직한 것으로 만든다. 이것을 여성은 본다.

여성의 변화된 태도가 궁극적으로 여성에게 어떻게 영향을 줄 수 있는지를, 그리고 여성이 변화의 과정을 촉진시키기 위해 무엇을 할 수 있는지를 우리 보자.

제16장

순명의 본질

불감증을 앓는 여성(the frigid woman)이 아동기부터 사용하지 않고 남겨 둔 파괴적 두려움과 틀린 신념(destructive fears and false convictions that have been left over from her childhood)을 제4부에 서술된 방법을 사용해서 포기할 때에, 그리고 불감증을 앓는 여성이 남편을 새로운 눈으로 볼 수 있을 때에, 남편이 마술에 나타난 추상적 힘(abstract power)이 아니고 확고한 그러나 사랑스런 인간(the hard-beset but loving human being)이라는 것을 알 때에 - 이런 것들이 충족되었을 때에, 불감증을 앓는 여성의 안에서 근본적 변화가 일어나기 시작한다.

이 변화는 불감증을 앓는 여성의 의식적 의지의 직접적 산물(a direct product of her conscious will)이 아니다. 오랫동안 서 있는 바리케이드를 갑자기 제거하였을 때에 발생한 조수의 특성을 가진 힘(forces which have the character of a tide)은 불감증을 앓는 여성의 안에서 불가항력(不可抗力 irresistibly)으로 흐르기 시작한다. 불감증을 앓는 여성은 새 힘(new potentiality)을, 감히 꿈꾸지 못한 정서적 풍요(emotional richness)를 감지한다.

그런 과정이 여성의 안에서 일어날 때에, 우리는 그녀가 순명(順命 surrender)할 준비가 되어 있다고 말한다. 순명이 여성의 안에서 출발하였다. 이것은 무엇을 의미하는가?

그것은 넓은 의미로 그녀가 마침내 여성이 될 준비가 되어 있음을 의미한다. 그것은 그녀가 그녀의 생물학적 심리학적 운명(her biological and psychological destiny)을 따를 준비가 되어 있는 것을 의미한다. 그녀는 그녀의 진정한 역할을 정신기능적으로, 정신적으로, 신체적으로 두려워하지 않는다. 그녀는 그녀의 진정한 역할을 저항하지 않고 분노하지 않는다. 이제 그녀는 그녀의 진정한 역할을 즐길 수 있는 준비가 되어 있다. 그녀는 사랑할 준비가 되어 있다.

한 여성은 이 마지막 단계를 올라갈 준비가 되어 있을 때에 강요, 권유, 지도를 받을 필요가 없다. 여성이 진정한 본성에 궁극적 순명을 하는 것은 너무 자연스럽기 때문에 여성은 진정한 궁극적 순명의 여러 현시(顯示 manifestations)를 종종 전혀 의식하지 못한다. 여성의 진정한 궁극적 순명은 느리고, 세포적 수준(cellural)이고, 조수와 같고(tidal), 의식적 의지(conscious will)에 종속되지 않는다.

변화가 우리의 의식 밖에서 대체로 되지만, 그러나 변화가 되는 이 단계의 대부분은 처음 두 단계 - 우리의 정서와 환상을 말하는 단계와 우리의 남편을 재평가하는 단계 - 로 시작된 과정의 일부분(a part of the *process*)이라는 것을 나는 강조하고 싶다. 본성이 의도한 길을 온 마음과 온몸(whole mind and body)이 따라 가고 있는 한 여인은 그녀 안에서 진행되는 과정을 가능한 많이 의식하는 것이 현명하다는 것을 우리는 발견하였다. 그녀 안에서 일어나는 감정의 대부분은 새롭고, 강력하고, 그녀가 전에 경험한, 믿은 것의 대부분과 충돌한다. 새로운 신념, 새로운 통찰, 새로운 전망이 그녀 앞에 열린다. 이 새로운 것의 갑작스런 증가는 혼란스러울 수 있고, 심지어 두려울 수 있다. 그러므로 그녀는 그녀의 좋은 새로운 내면 세계의 성질(the nature of her brave new inner world)을 많이 이해할수록, 철저히, 신속하게 주장할 수 있다.

이 이유 때문에, 이 기법을 시도하는 자는 내가 처음에 말한 대로 매일 정해진 시간에 자신의 마음을 계속 보아야 한다고 나는 강력히 말한다. 매일 정해진 시간에 자신의 마음의 작용을 보는 것은 단순히 보는 것(a simple matter of *watching*) - 우리 자신 안에서 전개되는 과정을 보는 것이고, 무의식의 접근을 축하하는 것(celebrating these advances of the unconscious)이다.

그러나 우리가 끊임없이 관찰하는 자의 역할을 할 때에 우리의 의식적 마음은 보다 더 적극적 활동을 할 준비가 되어 있을 수 있다. 옛 양식이 다시 나타나려는 성향은, 분노, 공포, 환상이 새 형태로 나타나려는 성향은, 우리의 주목을 받을 수 있고, 우리가 그 성향의 진정한 손상을 받을 수 있기 전에 그 성향을 사용하지 않을 수 있다. 그런 후퇴(pullbacks)를 우리는 할 수 있고 흔히 한다. 그런 후퇴를 하지 않을 때까지 우리는 우리 자신을 끊임없이 관찰하는 것을 포기하지 않는 것이 좋다. - 옛 양식의 성향이 나타나려고 하면, 우리 자신을 끊임없이 관찰하는 것이 좋다.

여성이 여성의 진정한 본성에 순명할 준비가 되어 있을 때에 나타나는 내적 성장의 과정은 뚜렸한 양식을 추적하는 것을 우리는 발견하였다. 새로운 감정들의 몇몇은 서로 중첩되지만, 새로운 감정들은 대체로 주어진 순서대로 나타난다. 새로운 감정들은 따로따로 전개되지만, 꽃잎과 꽃봉오리의 관계처럼 관계가 있다. 감정들이 나타나는 일반적 순서를 따라 감정들을 우리

보자!

불감증을 앓는 여성은 그녀의 근거 없는 두려움들을 하나씩 폭발하고, 남성을, 애인을, 모성을 대하는 태도를 탐색하고, 남편에게 새로운 존경을 느낀다. - 모든 이 감정들이 일어날 때에, 그녀의 평생 동안 일어난 불안정감(*restlessness*)은 떠나기 시작한다. 여성은 얼마나 불안하였는지, 얼마나 불만족하였는지를 방금, 인생에서 처음으로 깨닫는다. 여성은 그녀의 인생이 내적으로, 외적으로, 얼마나 위험한지를 느낀다. 여성은 그녀의 인생이 내적으로, 외적으로, 얼마나 위험한지를 항상 느꼈다. 이제 그녀의 깊은 곳에 있는 어떤 것이 이완되고 긴장이 풀린다. 그녀의 깊은 곳에 있는 어떤 것이 이완될 때에, 그녀는 진정으로 여성적인 본질적 속성을, 정신적 안정(spiritual tranquillity)을 경험하기 시작한다.

이 정신적 안정이 오는 것은, 또는 이 정신적 안정의 간접적 조짐이 보이는 것은 그녀가 남편을 깊이 신뢰한 것에서 온다. 그것은 그녀가 남편의 힘을 두려워할 또는 반대할 필요가 없다는 것을 인지한 것을 의미한다. 그것은 그녀가 그녀를 보호하기 위해, 그녀의 여성성을 활짝 꽃피게 하기 위해 필요한 안전한 분위기를 그녀에게 제공하기 위해, 남편의 힘에 의지할 수 있다는 것을 의미한다.

여성의 정신적 안정(feminine tranquillity of spirit)은 아름다움(a grace and a beauty)이다. 여성의 정신적 안정은 행복한 가정의 심리적 초석이다. 여성의 정신적 안정은 여성이 남편의 미덕과 충성(goodness and loyalty)을 신뢰한 것 위에 있다. 여성의 정신적 안정은 그녀 자신을 발견한 여성에게서 발산된다. 여성의 정신적 안정은 그 여성의 주변에 있는 사람들에게 일체감과 힘(unity and strength)을 준다. 그런 어머니의 자녀들은 이 어려운 시대의 신경증적 불안정(neurotic restlessness)을 견디는 힘이 강하다. 그런 정신적 안정을 얻은 여성의 남편은 오아시스로 가는 기분을 갖고 직장에서 집으로 간다. 남편은 부인을 더 안정시키기 위해 애정적 노력(loving efforts)을 두 배로 한다.

불감증을 앓는 여성은 남성을 신뢰할 수 없기 때문에, 일상 생활(tasks of life)이 어렵고, 고통스럽고, 광적(狂的 frenetic)이다. 불감증을 앓는 여성은 모든 일에 책임이 있다고 느낀다. 그녀는 죄책감(guiltily responsible)을 느낀다. 사소한 것들(details and trivia)이 그녀를 압도한다. 그녀는 일체감(unity)을 느끼지 않는다. 그녀는 단순한 일을 하기 위해 - 집안일을 하기 위해, 저녁밥을 짓기 위해, 자녀를 데려다 주기 위해, 자녀를 데려오기 위해, 그녀 자신과, 그녀의 원한(resentment)과, 그녀 자신을 배척하는 것(self-rejection)과 싸워야 한다. 그녀는 모든 일을 크게 본다(Everything *looms*).

새로운 안정의 질(new quality of tranquillity)이 발달하는 것과 함께, 한때 어렵게 보였던 삶의 작은 일들은 단순하게 된다. 삶의 작은 일들은 여성이 하는 일, 집안일, 저녁밥을 계획하고 만드는 것, 자녀가 많은 것을 경험하게 만드는 것(keeping the children busy or in line)은 - 삶이 요구하는 모든 것은 - 귀찮은 짜증나는 성질을 잃고, 쉬운, 즐거운 성질을 얻는다.

정신적 안정(tranquillity)은 긴장이 없는, 고요한, 정신적 평안(serenity)이 되고, 그녀의 정신적 성격의 일부가 될 때에, 여성은 여성성(womanhood)이 굉장히 경이로운 것이고 훌륭한 것임을 깨닫기 시작한다. 우리는 신체가 할 수 있는 경이를, 출산의 경이(miracle of childbirth)를 갑자기 자각함으로써, 이 깨달음으로 안내를 빈번히 받는다.

불감증을 앓는 여성은 임신할 수 있는 그녀 자신의 능력을 항상 싫어하였고 두려워하였다. 임신할 수 있는 능력은 그녀에게 귀찮은, 부담스러운, 저주

(咀呪 curse)이었다. 그녀는 임신하였을 때에 덫에 걸렸다고 느꼈고, 임신한 동안 마음과 몸이 아팠고, 출산하는 날이 가까워왔을 때에 출산을 점점 더 많이 두려워하였다. 그녀는 임신을 여성의 짐으로 본다. 부러운 피조물인 남성은 그런 무서운 의무가 없다. 남성들은 여성을 남성에게 종속시키는 방법으로 임신을 이용한다는 말을 그녀는 정말로 듣지 않았다. 그러므로 그녀는 고민하고, 분노하고, 떤다. 왜냐하면, 그녀는 그녀의 운명을 거부하였기 때문이다.

그러나 그녀는 남편을 새로 평가한다. 그녀는 안정된다. 그녀는 안정을 느낀다. 모성의 경이(miracle of motherhood)를 유아적으로 두려워하는 모든 저항은 사라진다. 여성의 모든 의미와 위엄(meaning and majesty)을 그녀는 갑자기 깨닫는다.

그녀는 종의 전달자(the carrier of the race), 종의 불멸의 작인(the agent of immortality of the race)이 굉장한 특권인 것을 깨닫는다. 어떤 운명이 여성인 것보다 더 풍요하고, 아름답고, 경이(警異 wonder)롭고, 경외(敬畏 awe)로운가!

이것을 깨닫는 것의 중요성을 나는 과장하고 있지 않다(I am not exaggerating the importance of this realization). 여성인 것에 긍지(矜持 pride)와 기쁨을 느끼는 것은 여성다운 여성(feminine woman)의 가장 중심적인 특성이다. 여성의 긍지와 기쁨을 최고로 표현한 그림은 르네상스 시대의 위대한 미술가들이 Madonna를 수없이 반복하여 그린 그림이다. Raphael이 그린 Alba Madonna는 여성성의 본질이 표현되었다. Alba Madonna는 모든 사람이 보고 - 여성을 존경과 칭송(revere)을 하게 여성성의 본질이 표현되었다.

이 깨달음으로, 여성이 삶에서 남성을 부러워하는, 남성의 역활을 부러워하는 마지막 흔적은 사라진다. 남성이 흉내낼 수 없는 여성의 이 경이로운 능력을 갖고, 어떻게 여성이 여성의 역할을 경시할 수 있었고, 남성이 가진 것을 원할 수 있었는가?

이때에 또는 이때 바로 뒤에, 여성은 그녀의 충만한 힘을, 그녀가 그녀의 운명에 순명하였기 때문에 그녀에게 오는 힘을 느끼기 시작하였다. 그녀는 남자와 그녀의 관계에서 약한 지위에 있지 않고, 그녀의 지위가 너무 강하기 때문에 그녀는 그녀의 지위를 이용하지 않기 위해 조심하여야 한다는 것을 깨닫는다. 남성의 가장 깊고 강력한 심리적 욕구들 중 하나는 그의 자녀에 의해 불멸하고 싶은 슬픈 감정이다. 그녀는 그의 이 감정을 부정할 수 있다. 또는 그녀는 그의 이 감정을 만족시키면서 그의 삶을 비참하게 만들 수 있다. 또는 그녀는 그의 이 감정을 그녀의 삶과 그의 삶에서 가장 아름답고 의미 있는 것으로 만들 수 있다.

이 새로운 깨달음이 여성에게 의미하는 것은 내가 전에 치료한 환자에게서 받은 편지에 매우 아름답게 표현되었다. 우리는 오직 2주 동안만 그녀의 문제를 작업할 수 있었다. 왜냐하면 그녀는 다른 지역에서 왔고 New York City에서 오직 2주 동안만 보낼 수 있었기 때문이다. 우리는 작업을 빨리 하였다. 그녀는 그녀의 성인기 삶을 괴롭힌 남성들에게 느끼는 적개심과 그들에게 오해한 것을 표현할 수 있었다. 나는 그녀의 미래에 그녀가 당면할 수 있는 문제와 변화를 간단히 말할 수 있었다. - 내가 그것을 여기에 기술하였다. 나는 6개월 쯤에 그녀에게서 편지를 받았다. 그 편지는 내가 말한 과정(step-by-step process)을 서술하였다. 즉 그 편지는 남편에게 느끼는 그녀의 감정의 변화를, 그녀의 안에서 새로운, 경이로운 평안이 굉장히 빨리 성장하는 것을 서술하였다. 그리고 그녀는 여성의 몸의 경이로운 본성과 여성의 몸이 여성에게 주는 힘과 영광의 느낌(the feeling of power and glory)을 깨닫게 되었다.

그러나 [그녀는 썼다.] 힘의 이 느낌(this feeling of power) 바로 뒤에 겸손의 강한 느낌(an intense feeling of humility)이 빨리 나타났습니다. 제가 그에게 최대의 즐거움을 줄 수 있는 힘을, 제가 그에게서 최대의 즐거움을 박탈할 수 있는 힘을 제가 저의 안에, 저의 몸 안에, 어떻게 가두어 두었는지를 저는 생각하였습니다. 그리고 그 다음에 이 힘을 잘못 사용하면, 끔찍한 사건이 될 것이라는 것을 저는 깨달았습니다. 왜 결혼이 성사(聖事 sacramental)이어야 하는지를 저는 진정으로 지금 처음 느꼈습니다. 남편과 부인의 관계는 우리가 풀 수 없는 출생의 신비가 됩니다. 남편과 부인의 관계는 인간이 이해할 수 있는 한계를 벗어납니다. 이 신비에 참가하기 위해 남편과 부인은 신성화(神聖化 consecration)하여야 합니다. 결혼을 신성하게 생각하지 않는 태도는 신성한 장소에서 비웃는 것과 같습니다.

그녀는 그녀의 중심적 역할을 수용함과 동시에 여성 쪽으로 이동한다. 그녀는 남편의 욕구와 목적과 그녀의 욕구와 목적의 결합(the unity)을 느낀다. 남편과 그녀의 사이에 남아 있는 논쟁은 그녀를 떠난다. 결혼 생활에서 남편과 그녀의 의견의 일치는 그녀의 목표가 된다. 그녀는 논쟁에서 남편에게 지는 것을 이제 두려워하지 않는다. 그녀는 그녀에게 공격적인 또는 굴욕적인 어떤 것을 하라고 남편의 강요를 받는 것을 두려워하지 않는다. 왜냐하면 그녀는 그녀의 안녕이 그녀의 남편에게 가장 소중한 것임을 알기 때문이다. 반대로, 그의 행복과 마음의 평화는 그녀의 첫째 욕구가 된다.

그리고, 지금, 그녀는 여성의 최고의 심리적 기쁨(the greatest psychological joy of woman)을 느낀다. - 그녀는 줄 수 있는 능력이 있다. 우리는 이

것을 "여성의 본질적 이타주의"("essential female altruism")라고 불렀다. 여성의 본질적 이타주의는 모든 여성의 생물학적 본성에 뿌리를 내린 특성이다. 그녀의 마음이 안전한, 그녀들의 역할이 안정된 여성들은 이 이타주의가 고갈될 수 없다. 불감증을 앓는 여성들은 이 기본 특성을 두려워한다. 불감증을 앓는 여성들은 남성들이 그녀들의 주고 싶어하는 욕구를 이용하고 그녀들을 배반할까 봐 두려워한다.

그녀는 그녀의 남편과 자녀에게 아끼지 않고 두려워하지 않고 줄 수 있는 새 능력을 얻을 때에 여성의 외모는 변화하기 시작한다. 일그러진 표정은 이완되고, 불안한 이마의 주름살은 사라지고, 얇은 입술은 부드러워진다. 그녀의 몸은 둥글어지고 부드러워진다. 그녀는 부드러운, 주는 여성성과 연상된 모습을 갖게 된다.

신체적 문제(physical difficulties)가 자주 사라진다. 나는 월경전 통증과 월경 통증(pre-menstrual and menstrual pains) 때문에 평생 동안 심하게 고통을 받았지만 그 신체적 증상을 정기적으로 보이지 않는 여성들을 안다. 나는 신체적 증상을 부정기적으로 보이다가 정기적으로 보이게 된 여성들을 안다. 한 번 또는 두 번 고통이 심한 임신을 하고, 그 임신 뒤에 다시 임신하고 9개월을 불쾌하지 않게, 즐겁게, 행복하게 보낸 여성들을 나는 안다.

이것들은 그녀의 아동기의 것(things of childhood)을 그녀의 진정한 자기(her true self)에게 양보하려고 하는 여성이 기대할 수 있는 결과들이거나 결과들의 일부이다. 자기를 투자한 결과(the return on such an investment of self)는 거대하다. 우리가 자기를 투자한 결과는 우리가 사랑을 준 것에 보답으로 사랑을 받는 것이다. 모든 것을 찾기 위해 모든 것에 순명한 여성이 끝없이 주는 것에 매료된 우리의 남편과 자녀에게서 새 친구들과 옛 친구들에게서 우리가 받는 사랑은 크다.

제17장

성적 순명

정상적 절정감에 도달할 수 있는 능력(the ability to achieve normal orgasm)은 심리적 순명의 신체적 대상(physical counterpart of pychological surrender)이라고 우리는 부를 수 있다. 진정한 불감증(true frigidity)을 앓는 대부분의 사례는, 불감증을 앓는 환자가 낮에 보이는 반항적 유아적 태도(rebellious and infantile attitudes)를 밤에 포기하고 신의 명령에 순명(surrender)할 때에 절정감에 도달할 수 있다. 여성이 절정감에 도달한 것은 그녀가 그녀의 본성(her nature)에 반항하는 마지막 흔적을 포기하고 그녀의 영혼과 몸(soul *and* body)을 바쳐 그녀의 여성성(womanhood)을 수용하였다는 것이다.

절정감에 도달하는 것은 일반적으로 성장 과정의 마지막 단계(the *last* step in the process of growing up)이다. 만약 우리가 실제적 절정감을 경험한 것(the actual orgastic experience)을 우리의 마음속에서 검토하면, 왜 절정감에 도달하는 것이 성장 과정의 마지막 단계인지 아는 것은 어렵지 않다.

여성은 절정감에 도달하기 위해 파트너를 신뢰하여야 한다. 신체적 경험(physical experience)은 자주 너무 근본적이기 때문에 일정 시간 동안 의식을 상실하는 것을 잠시 회상하라. 우리가 아는 바와 같이, 성교할 때에 남성은 행위를 하고 여성은 남성의 행위를 수용한다. 여성이 다른 인간에게 항복하고 수동적 자세를 취하는 것은, 강력한 신체적 경험(seismic physical experience)을 하는 파트너의 의지에 여성이 자신을 맡기는 것은, 여성이 상대방을 완전히 믿어야 한다는 것을 의미한다. 성교(sexual embrace)할 때에 감추어 둔 적개심의 흔적이, 우리의 역할을 두려워하는 것이 분명히 나타날 것이다.

그러나 절정감에 도달하기 위해 우리의 파트너를 신뢰하고 순명할 준비가 된 것보다 많은 정신적 상태가 필요하다. 순명하려는 강한 관능적 의지(sensual eagerness to surrender)가 있어야 한다. 여성이 절정감을 느낄 때에 흥분은 순명의 행위에서 온다(in the woman's orgasm *the exitement comes from the act of surrender*). 나의 몸을 타인에게 맡긴 것에, 타인의 수동적 도구(passive instrument)라고 느낀 것에, 타인의 밑에 팔과 다리를 벌리고 누운 느낌 안에, 나뭇잎이 바람에 쓸리듯이 타인의 열정에 쓸리는 느낌 안에 굉장히 높은 신체적 황홀감(a tremendous surging physical ecstasy)이 있다.

나의 몸을 타인에게 맡겼을 때에 내가 바란 대로 모든 것이 될 수 없고, 순명을 하였을 때에 내가 바란 대로 모든 것이 된다는 보장이 있을 수 없다. 우리는 왜 절정감이 항복 과정의 마지막 단계인지, 순명 과정의 마지막 단계인지를 분명히 느낄 수 있다. 순명하는 쪽으로 이동하고 있는 사람은 순명을 하고 있는 것을 한동안 이해하기 어렵다. 왜냐하면 순명의 전체, 순명하라는 타협할 수 없는 전체가 경험되어야 한다는 요구는 사람을 놀라운 상태에 있게 하기 때문이다.

내가 말한 바와 같이 절정감은 순명의 신체적 면(physical aspect of surrendering)이다. 그러나 신체적 경험과 심리적 경험 사이에 유사성이 있지만, 중요한 차이점도 있다.

신체적 경험과 심리적 경험의 차이는 우리가 절정감을 합리적으로 추구할 수 없다는 것이다. 절정감은 불감증을 앓는 여성의 깊은 심리적 태도에서 발생한 전체적 변화의 마지막 과정이다. 절정감은 일어나려고 할 때에 일어난다. 절정감을 직접적으로 찾는 것, 절정감을 기다리는 것, 절정감을 강요하는 것은 절정감이 발생하지 못하게 하는 가장 확실한 방법이다.

절정감은 강제로 일으킬 수 있다는 생각은 불감증을 앓는 여성의 전형적 생각이다. 불감증을 앓는 여성은 기본적으로 두려워하고, 남편이 그녀를 사랑한다는 것과 그녀 자신의 여성성(femininity)을 기본적으로 불신한다. 그 때문에 그녀는 항상 "통제 상태에 있다"("in control")고 느낀다. 여성은 진정한 절정감을 느끼는 때에 통제를 받지 않는다. 여성은 진정한 절정감을 느끼는 때에, 의도적으로, 기뻐서, 통제를 받지 않고 싶어한다.

이 책의 제4부 "여성이 성숙하기 위해 통과하는 다리"의 앞 장들(preceding chapters)에서 토론한 깊은 내적 변화의 결과로 절정감은 추구될 수 있고 추구되어야 한다가 아닌, 절정감 그 자체가 추구될 수 있고 추구되어야 한다는 망상은, 불감증의 문제를 취급한 또는 결혼한 여성의 역할이나 책임을 다룬 많은 책들에 의해 조장되었다. 최근에 세상에 나온 어느 한 책은 성교하는 동안에 특정 근육을 의식적으로 수축하여, 성적 쾌감을 높이라고 조언하였다. 다른 책들도 성교하는 체위(position)의 중요성을 강조한다. 이 다른 책들의 말하지 않은 또는 말한 신념(contention)은 우리가 절정감을 기계적 수단에 의해 성취할 수 있다는 것이다.

우리가 성교하는 동안 우리의 감각(sensations)에 정신을 집중하는 것은, 우리가 "옳은" 감정("right" feeling)을 느끼고 있는지를 생각하는 것은, 내가 생각할 수 있는 어느 기법보다 진정한 성욕(sexual passion)을 완전히 무너뜨릴 수 있다. 우리는 이 사실을 많은 환자에게서 알았다. 그런 국부적 성감(local sexual sensations)을 대하는 그런 임상적 객관적 태도는 불감증을 앓는 여성이 상황의 통제를 받고 싶은 것(woman's need to be in control of a situation)과 그녀가 그녀의 남성에게 순명할까 봐 두려워하는 것(her fear of surrending herself to her man)을 오직 반영한다. 그녀는 그녀의 성적 반응을 강박적으로 검토함으로써, 욕구를 좌절하는 경험 이외에 더 많은 것을 얻을 수 없다.

우리가 절정감을 경험하기 전에 절정감을 느끼기 위해 취할 수 있는 태도가 있는가? 있다. 우리는 그 태도가 생산적인 것을 알았다. 이 태도는 다음과 같이 요약될 수 있다. 만약 우리가 성적 순명의 목표(goal of sexual surrender)를 진정으로 추구하였으면, 아동기와 청소년기부터 방치한 태도를 노출하면, 절정감을 얻을 수 있는 능력을 반드시 얻는다. 그때가 올 때까지, 성교하는 동안에 우리는 우리의 마음을 완전히 비워야 한다(*one must put the matter out of one's mind entirely*).

절정감을 느낄 수 있는 여성의 능력이 성장하는 것은 자연적 성장이다. 절정감을 느낄 수 있는 여성의 능력은 그녀의 정신적 태도의 방해를 받았다. 그녀의 정신적 태도가 변화하면, 절정감을 느낄 수 있는 여성의 능력은 발달을 다시 계속한다. 절정감을 느낄 수 있는 여성의 능력은 겨울에서 봄이 되는 것 같은 자연적 이동이다. 그녀는 그녀의 남편이 그녀의 성교의 일부가 되게 하기 위해 그녀 자신이 그녀의 남편에게 새 애정과 관심(new tenderness and concern)을 허용하는 것을 점점 많이 발견한다. 그녀는 그녀의 성적 해빙(sexual thawing)이 그녀의 남편에게 쾌감을 주는 것을 보고, 이 과정은 순환적이 되는 것을 보고, 그녀의 남편의 쾌감은 그녀에게 더 많은 쾌감을 주는 것을 느낀다. 그녀는 그의 쾌감을 기억하고, 그를 기쁘게 하는 것을 점점 많이 찾는다. 그의 감각 밖에서 그를 가장 기쁘게 하는 것은 그녀의 쾌락인 것을 그녀가 발견하게 그녀의 탐구는 한다. 이 감정의 상호 나선적 발달(this mutual spiraling of feeling)은 그녀가 그에게 큰 심리적 쾌락을 주겠다는 무의식적 결정을, 그가 그에게 줄 수 있는 기쁨에 순명하겠다는 결정을 하게 한다.

다수의 여성은 신체적 순명을 쉽게 할 수 있다. 무의식이 완전히 안전하다고 느끼기 전에 안전을 점진적으로 느껴야 하지만, 소수의 여성은 신체적 순명을 점진적으로 한다. 어느 사례이든, 특히 후자의 사례에서는, 신체적 순명이 중요하다는 것을 미리 알려 주어야 한다. 성적 해빙은 중단 없이 진행되지 않는다. 성적 해빙은 불감증에서 진정한 여성성으로 직행하지 않는다. 나는 이것을 자세히 설명하고 싶다.

성교(sexual embrace)를 할 때에, 여성은 신체적 감각(physical sensations)이 증가한다. 여성은 신체적 감각이 증가하면, 쾌락을 더 많이 느낀다. 그때에 여성의 무의식적 마음의 일부는 경고음을 자주 듣고, 여성이 즉각적 전진(immediate advance)에서 철수하게 한다.

만약 당신이 이것(this point)을 생각하는 것을 멈추면, 당신은 이것을 우리가 앞에서 토론한 것들에 의해 쉽게 이해할 것이다. 불감증을 앓게 한 경험과 관계는 오래 전에, 흔히 아동기 초기(in very early childhood)에 발생하였다. 불감증을 앓게 한 경험과 관계는 아동이 두려워하게 하였고, 또는 성을 두려워하게 하였고, 또는 우리의 관능적 충동(sensual impulses)에 순명하는 것을 두려워하게 하였고, 또는 강력한 죄책감을 일으켰다. 우리가 우리의 관능(sensuality)을 다시 느끼려고 할 때에 이 비합리적인, 파묻혀 있는 두려움이 다시 일어나려고 한다.

대부분의 사례에서, 이 두려움의 기초인 아동기에 발생한 사건들(childhood incidents)을 파헤치지 않아야 한다. 내가 여기에서 서술한 내적 변화(inner change)를 일으키는 기법을 우리가 추구하여야 한다고 우리가 주장하면, 이 두려움은 마침내 성적 영역에서 작동하지 않게 될 것이다. 그러나 당신은 그런 두려움을 경험하고 있었던 것을 아는 것이 필요하다(It is necessary to know that you *are* experiencing such fears). 일반적으로 말하면, 그런 두려움은 직접적으로 나타나지 않는다. 한 여성은 "제가 지난 밤에 한 새로운 관능적 경험은 나에게 경고음을 일으키고 있다."("That new sensual experience I had last night is causing me alarm")라고 그녀 자신에게 말하지 않을 것이다.

두려움은 관능적 경험(sensual experience)과 분리되고, 간접적으로 표현된다. 여성은 남편에게 다시 짜증을 낼 수 있고, 비판적일 수 있다. 박탈받은 또는 열등하다는 옛 감정은 다시 활기차게 나타날 수 있다. 새 관능적 능력(sensual capacity)은 한번 더 보이지 않을 수 있다. 그 이유는 옛 방어가 새 여성성(femininity)을 방어하고 있는 것이다.

그런 불안 반응은 우리가 관심을 기울이는 것의 진정한 원인을 제시하지 않음을 나는 분명히 말하고 싶다. 우리는 불안 반응을 분석하지 않아야 한다. 또는 우리는 불안 반응을 조사하지 않아야 한다. 불안 반응은 우리가 관능을 즐길 수 있는 능력의 새 진전을 한 것의, 우리가 전보다 순명을 더 완전히 할 수 있는 능력을 얻은 것의 결과라는 것을 우리는 오직 알아야 한다(One merely has to be *aware* that they *are* the result of the new advance in sensuality, the new ability to surrender oneself a bit more completely than formerly). 이런 발전은 궁극적 의미에서 실패할 수 없다.

그런 진전에 전형적 반응을 한 예를 당신에게 들겠다. 환자는 내가 음핵에서 절정감을 느끼는 여성(clitoridal woman)이라고 부르는 유형이었다. 그녀는 절정감을 전적으로 음핵에서 느끼었다. 우리는 내가 제4부에서 제시하는 많은 것을 다루었다. 그녀는 남성에 관한 그녀의 의견을 여성의 것에 관한 그녀의 의견을 말할 수 있었다. 그녀는 남성에 관한 그녀의 의견을 고쳤다. 그녀는 사랑스런 여성의 눈으로 남편을 보기 시작하였다. 그녀는 어느날 굉장히 흥분한 상태로 나에게 왔다. 그녀는 지난 밤 성교에서 인생 처음으로 질적 성감(vaginal sensations)을 느꼈다고 말하였다.

그러나 다음 치료시간에 그녀의 태도는 완전히 달랐다. 그녀는 사소한 일로 그녀의 남편과 싸웠다. 그녀는 내가 여러 치료시간에 그녀에게서 들어보지 못한 남성을 비난하는 분노가 가득 찬 말을 떠들었다.

나는 그녀가 그녀의 감정을 털어놓게 한 뒤에, 그녀의 새 관능적 경험과 그녀가 그녀의 옛 방어로 퇴행하는 것의 가능한 관계를 그녀에게 지적하였다. 그녀는 나의 지적을 믿을 수 없었다. 그녀는 일 주 뒤에 그런 사건이 반복될 때까지 나의 지적을 믿을 수 없었다. 그녀는 질에서 성감을 느꼈고, 기뻤다. 그녀는 그 뒤에 남편에게 화가 났다. 그녀는 그런 부정적 반응을 하지 않으려고 조심하였다. 그 부정적 반응이 나타났을 때에, 그녀는 그 부정적 반응의 의미를 알았기 때문에 그 부정적 반응을 다룰 수 있었고, 남편에게 화를 내지 않을 수 있었고, 남편에게 비합리적 감정을 행동화하지 않을 수 있었다.

나는 위의 것을 지적할 때에 오해받고 싶지 않았고 또는 모순적 사고를 하고 싶지 않았다. 나는 여성에게 그들의 새로운 성감(sexual sensations)

에 강박적으로 집착하라고 조언하지 않는다. 그러나 여성은 그런 새 경험을 감지하지 않을 수 없다. 그런 새 경험 뒤에 신경증적 퇴행(minor neurotic regressions)이 일어날 수 있다는 것을 아는 것이 도움이 된다고 나는 단순히 말하고 있었다.

위에서 내가 말한 것은 내가 중요하다고 생각한 것을 내가 생각하게 한다.

여성성(womanhood)으로 이동하는 과정에서 우리가 "위험한 시점"("the danger point")이라고 부르는 때에 온다. 여성이 그녀의 문제를 해결하기 위해 치료자와 작업할 때에 그녀가 만나는 위험은 그녀의 치료자가 그 문제를 알고 그 문제가 일어날 때에 그녀가 그 문제를 다룰 수 있게 일반적으로 도울 수 있는 사실에 의해 최소화된다. 만약 여성이 그녀의 문제를 그녀 스스로 작업하면, 그녀는 그녀의 잠재적 반응(potential reaction)의 경고를 받아야 한다.

이 위험한 시점(this danger point)은 불감증 때문에 고통받는 여성이 절정감을 처음으로 느낄 때에 일어난다. 그녀의 즉시적 반응은 대단히 강력한 안도감의 하나이다. 그러나 그녀는 이 안도감 뒤에 내가 위에서 서술한 퇴행(regression)을 언제나 한다. 그녀는 이때에 그녀의 진전(advance)에서, 그녀의 남편에서 강력히 물러난다. 그 물러남은 매우 힘이 강하다(the pull-back from her own advance and from her husband is far more powerful). 우리는 "제3부 사랑의 두려움 - 사례 역사"("The Fear of Love-Case Histories")의 몇몇 사례에서, 이 기간이 모든 관계에 굉장히 위태로울 수 있다는 것을 보았다. 정말로, 부인은 이때에 결혼 자체가 위험하게 되는 심한 위기를 갑자기 일으킬 수 있다.

문제의 형식은 언제나 개별적(individual)이다. 그 형식은 특정 여성의 가장 전형적인 신경증적 특성의 과장된 이본(exaggerated version)이다.

만약 여성이 타인의 의견과 동의하지 않고 논쟁적(argumentative)이면, 그 여성은 지금까지 논쟁한 그 이상으로 논쟁을 시작할 수 있다. 만약 그녀의 성향이 우울하게 될 수 있으면, 그녀의 우울(melancholy)은 더 강력하게 될 것이다. 만약 그녀는 비판적이고 불평하는 성격이면, 그녀는 그녀를 정상적 건강한 여성으로 나타나게 할 수 있다.

나는 과장하고 있지 않다. 결혼은 상처받기 쉬운 남편에게 자연적 안심(natural reassurance)을 자주 가져온다. 그 자연적 안심은 부인이 모르는 사이에 부인의 진정한 본성에 접근하게 한다. 부인은 절정감에 도달한다. 그리고 통찰의 도움 없이, 심한 불안 반응은 자리를 잡는다. 심한 불안 반응은 무서운 상황을 도피하고 싶은 강력한 반응을 일으킨다.

물론, 여성이 절정감을 경험한 것(orgasmic experience)은 여성이 어렸을 때에 두려워한 것을 두려워하게 한다. 그 두려움은 여성이 절정감을 두려워하게, 물러나게 한다. 그러나 여성이 이 반응을 하는 동안에 주요 위험은 여성이 여성의 정서적 당황(emotional upset)과 그녀가 방금 성취한 성공적 성적 경험(the successful sexual experience)의 관계를 보지 못하는 사실에 있다는 것을 나는 다시 강조하여야 한다. 왜 그녀는 그녀의 정서적 당황과 그녀가 방금 성공한 성적 경험의 관계를 보아야 하는가? 절정감은 여성이 의식적으로 기다리는 것이다. 그런가? 만약 그녀가 두 경험의 관계를 보지 못하면, 절정감은 놀라운 경험(surprising)이다.

그녀의 정서적 폭발(emotional outburst)은 이 시점에서 내적 공황(inner panic)을 의미한다. 성장 과정에서 여성의 관능(feminine sensuality)을 방어하는 체계가 여러 해 걸려 형성된 것을 생각하라. 여성의 관능은 위험하거나 도덕적으로 나쁜 것이라고 그녀는 학습하였다. 이 방어체계(그녀의 불감증, 그녀가 남성을 배척하는 것 등등)는 그녀에게서 많은 것을 박탈하였지만, 그녀가 마음 속 깊은 태도에서(in some deep manner) 안전을 느끼게 하였다. 그녀는 무의식적 안전(unconscious security)을 계속 느끼기 위해 그녀의 방어를 유지하였다.

그녀는 절정감을 느끼는 순간에 모든 이 방어를 없앴다고 느꼈다. 그녀는 위험에 노출되었다고 느꼈고, 죄책감을 느꼈고, 가상적 적 앞에 발가벗었다고 느꼈고, 가상적 적에게 완전히 순명하라는 유혹을 받았다고 느꼈다. 그녀는, 공황 상태에서, 그녀가 전진한 것(the advance she has been making)을, 남성, 자녀, 여성성을 대하는 그녀의 태도를 재평가한 것(the revaluation of her attitude toward men, children, womanhood)을 망각한다.

그녀는 그녀의 무의식적 두려움의 비합리적 성질을 그녀 자신에게 인정할 수 없다. 그래서 그녀는 그녀의 무의식적 두려움을 억압하고, 관심을 외부로 전환(exterior diversion)한다. 진정한 문제는 언제나 통찰을 잘 방어한 것(an excellent defense against insight)이다.

내가 제시한 불감증을 앓는 여성들의 사례사를 당신은 보면, 그녀가 그녀 안에서 진정한 여성의 성(true feminine sexuality)을 발견한 것 때문에 치료를 받는 것을 당신은 회상할 것이다. 치료자는 치료 초에 안전한 항구를, 여성의 무서운 여성성을 방어하는 것(a protection against the woman's frightening feminity)을 의미한다. 치료자에게 도움을 받으러 오는 것은 일종의 도피이고, 숨을 곳을 찾는 것이다.

여성들은 그런 사례들에서 그녀들의 행동의 성질을 이해하지 못할 때에, 도피를 위험한 쪽으로 할 수 있다. 나는 이때에 다른 남성과 "사랑에 빠진" 여성들(some who "fall in love" with another man)을 안다. 다른 여성들은 그녀들의 남편들과 관계가 굉장히 나쁘고 그리고 이혼을 심각하게 생각하는 것을 발견하였다고 느낀다. 또 다른 여성들은 신체병적 장애를, 때로는 심각한 신체병적 장애를 앓는다. 나는 청소년기에 결핵을 앓은 그리고 신체병적 장애를 앓은 "위기"("danger point")에 다시 무너진 두 여인을 안다. 그녀들의 병은 완전히 멈추었다고 나는 생각하였다.

그런 반응들이 독자에게 주의를 요구하는 것을 나는 물론 안다. 그러나 여기에서 내가 이 사실을 말하는 의도는 독자를 놀라게 하는 것이 아니고 독자에게 경고를 하는 것이다. 경고될 것은 현실에 없다(There is nothing in *reality* to be alarmed about). 감정은 현실이 아니다(feelings are not reality). 그러나 여성은 그녀의 감정대로 행동하지 않는 것을 확실히 하여야 한다. 유일한 위험은 여성이 그녀의 감정대로 행동할 수 있는 것이다.

그러나 우리가 그런 두려움을 어떻게 처리할 수 있는가? 우리는 두려움이 너무 깊기 때문에 두려움을 의식적 마음에 들어가게 할 수 없는가? 이런 질문을 나는 자주 받는다. 답은, 일반적으로 말하면, 당신은 두려움을 적극적 방법으로 처리하지 않아야 한다는 것이다. 두려움은 사라질 것이다. 당신이 하여야 하는 것은 자리를 지키는 것(to sit tight)이다. 무의식은 빠르게 (한 주 안에, 한 달 안에) 가라앉을 것이다.

현실은, 좋은 현실은, 두려움과 관계 없다는 것을 유아적 무의식에 증명할 것이다. 우리가 다시 안정되면, 우리가 추구한 발달을 다시 계속 하면, 우리는 다시 절정감을 느낄 것이다. 이때 경고 반응은 일반적으로 매우 적다. 경고 반응은 일반적으로 서너 번 하다가 사라질 것이다. 우리 마음의 신경증적, 방어적 부분은 방어력을 영원히 잃을 것이다.

모든 불감증은 기본적으로 관계가 있다(all frigidities are basically related). 만약 모든 불감증이 기본적으로 관계가 없다면, 우리는 불감증을 치료하는 일반적 방법을 말할 수 없다. 그러나 만약 불감증을 앓는 개인에게 적용하면, 대단히 가치 있을 수 있는 특별한 방법이 있다는 것을 나는 발견하였다. 만약 이 방법을 사용하지 않으면, 여성성이 충만한 성숙(full feminine maturity)으로 돌아오는 속도가 갑자기 내려갈 수 있고, 멈출 수 있다.

그러나 만약 이 기법이, 내가 서술한, 현재 고통을 일으키는 나의 "문제를 극복하는 것"("feeling through")과 그리고 재평가 과정(revaluative processes)과 결합되지 않으면, 우리는 이 기법에 의지하지 않아야 한다고 나는 다시 한번 말하여야 한다. 이것을 명심하고, 개별 유형이 취할 수 있는 방법을 검토하자.

우선, 우리 남성적 유형(*masculine type*)을 보자. 우리가 우리의 추상적 서술(abstract description)과 우리의 사례 - 역사를 접근하는 방법(case-history approach)을 보았을 때처럼 이 유형의 여성을 만족시킬 수 있는 유일한 방법은 음핵을 자극하는 방법이다. 이 유형의 여성은 자위(self-masturbation)에 의해 또는 그녀의 남편이 수음(手淫 masturbation)하는 것에 의해 절정에 도달한다. 그런 여성은 성교하는 동안 질에서 성감을 느끼지 못하고, 절정감적 반응은 음핵에 전적으로 국한된다. 만약 그녀가 성교할 때에 그녀의 음핵과 남편의 음경을 접촉할 수 있으면, 그녀는 절정감을 느낀다. 대부분의 사례에서 남성의 음경이 여성의 질에 들어오는 것은 남성적 여성에게 관심 없는 것이다. 어떤 남성적 여성은 음경이 질에 들어오는 것을 적극적으로 싫어한다.

우리는 여성들이 음핵의 성애적 최고 상태(erotic primacy of the clitoris)를 어떻게 찾아내는지를 보았다. 여성들은 어렸을 때에 여성이 되는 것을 두려워한 것 때문에 질의 성애적 최고 상태를 강력히 배격하였다. 여성들은 소녀가 유아적 사춘기적 자위행위를 포기하는 때를 오랫동안 지나서도 그 자위행위를 하였다.

여성들은 여성의 성의 의미를 새로 평가하고, 남편에게 애정을 표현하고, 음핵에서 성감을 느끼는 것에서 질에서 성감을 느끼는 것으로 전환할 수 있게 된다. 그러나 성적 만족을 하는 과정은 여러 해 만들어졌고, 음핵에서 최고조에 도달하는 "습관"(the "habit" of clitoral climax)은 확고하게 형성되었다. 여성들은 무엇을 하여야 하는가?

만약 음핵에서 절정감을 느끼는 여성이 성적 만족의 성숙한 형식을 얻고 싶으면, 만약 여성이 지금 사용하는 성적 만족의 형식을 포기할 수 있으면, 그 여성은 도움을 받아 그 목적을 달성할 수 있을 것이라는 것을 우리는 발견하였다. 여성이 지금 사용하는 성적 만족의 형식은 어렸을 때에 성적 만족을 한 형식에 집착하는 것을 의미한다. 물론 그 이유 때문에, 성의 유형을 방어하는 것(a defense against the type of sexuality)은 정신적 성숙을 의미한다. 성적 만족을 하는 덜 성숙한 방식을 포기하기로 단순히 결심한 것은 여성이 여성 안에서 깊은 결심을 하는 것을, 여성성 쪽으로 마지막 발을 딛겠다고 결심하는 것을 의미한다.

반대로 많은 여성은 음핵에서 성적 만족을 포기하는 것을 심한 박탈로 경험하고 크게 분개한다. 그 사례에서, 그녀들이 분개하는 것은 그녀들이 여성성을 방어하는 그녀들의 아동기 방어(childhood defenses against feminity)를 충분히 "느끼지 않은 것"(not sufficiently "felt through")을 의미한다.

우리가 취할 수 있는 방법은 오직 두 가지이다. 우리는 자위행위(the practice of masterbation)를 계속 할 수 있다. 또는 우리는 자위행위를 포기함으로써 일어나는 분개(resentment)를 검토할 수 있다. 만약 여성이 자위행위를 계속 하는 방법을 선택하면, 여성은 질에서 절정감을 느끼는 쪽으로 가는 과정은 속도가 낮게 되거나 정지될 것이다.

그러나 만약 우리가 자위행위를 포기함으로써 일어나는 분개를 자세히 검토하기로 결정하면, 즉 내가 서술한 "감정을 충분히 느끼는" 기법("feeling through" technique)을 사용하기로 결심하면, 분개의 기초는 발견될 것이고, 남성에게 분개하는 것이, 모성에게 분개하는 것이 해결되는 것처럼 분개의 기초는 해결될 것이다. 같은 감정의 대부분이, 더 자세히 말하면, 성과 관련 있는 감정이 밝혀질 것이다.

예를 들겠다. 음핵에 고착한 한 환자(a patient with a clitoridal fixation)는 그녀의 남편에게 느끼는 많은 부정적 감정을 극복하였다. 그녀가 그녀의 남편에게 많은 부정적 감정을 느끼는 것은 그녀가 남성에게 비합리적 질투와 두려움을 느끼는 것과 여성의 가치를 감소한 것에 기초하는 것을 알았다. 그러나 그녀의 병의 진행(progress)은 그녀가 음핵을 자극하는 자위행위를 포기하려고 할 때에 완전히 멈춘 것 같다.

그녀가 어렸을 때에 남성에게 느낀 모든 감정은 돌아왔다. 그녀가 어렸을 때에 남성에게 느낀 모든 감정은 성교 행위에 관한 것이었다. 남성은 운이 좋은 사람이었다. 남성은 위에(on top)있었다. 남성은 삶에서 그렇다. 우리의 문명 사회에서는 여성의 전통적 체위는 아래이다. 여성의 전통적 체위는 품위가 낮은 것, 치욕적인 것("degrading and humiliating")이었다. 여성의 전통적 체위는 여성이 남성의 아래에서 남성을 보는 것을 의미하였다. 삶에서 남성을 위해 고안된 책임 없는 쾌락을 남성은 즐겼다. 남성은 성을 많이 즐길 수 있었다. 남성은 임신할 수 없다. 남성은 월경을 등등을 하지 않는다.

여성은 이 비합리적 감정을 완전히 표현하였고, 이 비합리적 감정이 무엇인지를 보았다. 여성은 어렸을 때에 남성에게 표현하였던 부정적 감정이 반복되는 것을 보았다. "아래에 있는 것"(to be "on the bottom")은 치욕적인 것이고 품위가 낮은 것이라고 그녀가 느낀 것은 그녀가 삶에서 여성의 역할을 하는 것에 관한 그녀의 깊은 근심(deep distress), 두려움(fear), 깊은 분명하지 않은 우울(underlying depression)을 보이는 것임을 그녀는 깨달았다.

환자는 이 비합리적 감정이 다시 나타나는 것을 보고 놀랐다. 그러나 여성이 그녀의 심리적 방어를 전에 작업한 것 때문에, 여성이 성행위에 대한 이 부정적 태도를 없애는 것과, 여성이 여성성을 긍정적으로 보는 것과 여성의 성적 역할을 통합하는 것은 어렵지 않았다. 그때는 그녀가 질에서 절정감을 멀지 않아 느끼게 될 때이었다. 그녀는 그때 한 달 안에 질에서 절정감을 느꼈다.

여성이 깊은 오래 지속하는 쾌락을 얻기 위해 음핵에서 만족하는 것을 의식적으로 포기할 때에, 성적 만족을 얻는 신체의 부위가 음핵에서 질로 점진적 이동을 한다. 이 이동이 더 빨리 일어난 사례를 나는 안다. 그러나 이 이동은 2개월, 3개월, 그 이상 걸린다.

이 유형에 관해 할 말이 더 있다. 음핵에서 성감을 느끼는 여성은 질에서 최고의 성감을 느낄 수 없다. 그녀는 직접적 전문적 상담을 받아야 한다. 그녀가 상담을 받는 것은 그녀를 실망시키지 않는다. 문제는 깊다. 그러나 문제는 거의 확실히 해결될 수 있다. 만약 그 문제를 서너 달 혼자 해결하려고 노력한 뒤에 진전한 것이 너무 없는 것을 발견하였으면, 나는 외부 도움을 받으라고 강력히 권유한다. (부록 1, 303-305쪽, 옳은 도움을 받는 방법을 참고하라.)

완전 불감증의 치료(therapy for *total frigidity*)는 "다시 육아하는 문제"("a problem in rearearing")로 서술되었다고 나는 들었다. 우리는 Patricia Agnew의 사례 역사를 회상하면, 이 구절이 적합한 이유를 쉽게 알 수 있다. 이 종류의 불감증의 원인은 유아기로 거슬러 간다. 유아기 자위행위(infantile masturbation)를 처벌한 것 또는 유아가 일찍이 아버지에게 강력히 고착(fixation)한 것은 여아가 그녀의 성적 감정을 완전히 억압하게 하였다. 여아는 정신-성적 발달의 정상적 시기들(normal stages of psycho-sexual development)을 완전한 방법으로 갈 수 없었다. 그녀의 관능적 성적 부분(sensual and sexual part)은 처음부터 발달하지 않았다.

나의 의견으로는, 여성이 완전한 불감증을 앓을 때에, 우리는 그 여성에게 정신치료를 하여야 한다. 문제의 성적 부분(sexual aspect of the problem)은 때때로 너무 깊기 때문에 개인이 혼자 처리할 수 없다.

그러나 치료가 불가능할 때에 제4부에서 서술된 절차를 채택함으로써 여성의 가치와 행동을 향해 성큼성큼 걸은 여러 여성을 나는 안다. 그녀들 중 몇몇은 절정감을 느낄 수 없었지만, 그녀들의 인격에 영향을 미칠 수 있었던 심리적 변화는 결혼 생활의 행복과 안전(general happiness and security)에 크게 기여하였다. 그녀들 중 몇몇은 절정감을 느낄 수 있었다.

외부의 도움 없이 그녀들의 문제를 접근하고 싶은 또는 접근하여야 하는 불감증을 앓는 여성들에게, 나는, 만약 일반적 성적 발달(sexual development)이 다시 시작하면, 성적 발달은 우리가 말하였던 정신-성적 성장의 시기들(stages of psycho-sexual growth)을 반복한다는 것을 지적하고 싶다. 그런 여성들은 통찰에 의해 관능적 감정(sensual feeling)을 다시 경험할 수 있게 될 때에, 자위를 하는 시기(period of self-masturbation)를 다시 경험할 수 있다. 이 시기가 그녀들의 발달에서 생략되는 것을 회상하라.

성적 불감증의 최종적 해결에 의해 보면, 자위행위는 성적 불감증을 최종적으로 해결한 여인에게 완전히 정상이다. - 자위행위는 남성 같은 또는 음핵에서 절정감을 느끼는 여성이 하지 않아야 한다. 완전 불감증을 앓는 여성은 성장할 때에 빠뜨린 발달의 단계를 메우고 더 발달한다. 그런 사례의 자위행위를 한 죄책감은 해롭다. 개인의 자아는 그런 정서를 극복하는 작용을 시작할 수 있다. 자위행위를 사회가 금지하는 것은 충분하지 않은 정확하지 않은 정보에 부분적으로 토대한다는 것을 현대과학적 발견이 지적한다는 것을, 자위행위를 반대하는 도덕적 감정을 가진 사람이 깨닫는 것은, 때때로 도움이 된다. 사춘기에 또는 유아기에 자위행위(pubertal or infantile masturbation)를 하는 것은 신체적으로 정신적으로 해롭다고 수 세기 동안 믿어졌다. 그러나 자위행위에서 올 수 있는 해(harm)는 자위행위와 연결된 죄책감이 일으킨 심리적 해(psychological harm)인 것이 분명히 설명되었다.

완전한 불감증을 앓는 여성(the totally frigid woman)은 잃은 성을 회복하기 위해 그녀 자신 안에서 발견할 수 있는 모든 관능(any sensuality)이 심리적이든 신체적이든 그 관능이 비록 약하여도, 모든 관능을 격려함으로써 도움을 받을 수 있다. 일광욕에 의해 만들어진 감각적 감정(sensuous feelings), 우리가 들에 또는 나무 밑에 누워 있을 때에 우리 밑에 있는 지구의 중력을 우리가 감각한 감정, 안개 낀 밤에 비치는 달의 부드러운 아름다움, 빗방울이 지붕을 두드릴 때에 난로의 따듯함과 아늑함 - 만약 그녀가 그녀의 몸과 마음이 이 모든 것을 즐길 수 있게 허락하면, 그녀의 몸과 마음은 그녀의 잠자는 관능을 깰 수 있을 것이고, 그녀가 회색의 무감각 상태에서 감각의 영광을 바르게 재평가하는 쪽으로(from her dusty sensationless condition toward a reappreciation of the glory of the senses) 돌아가게 도울 것이다.

(만약 어떤 여성들이 그녀들의 제지[inhibitions]를 또는 예의 범절의 방해[a hindering sense of propriety]를 의식적으로 제거할 수 있으면,) 어

떤 여성들은 제이차적 성감대(secondarily erotic areas)에서 보통의 관능적 경험을 할 수 있는 것을 발견한다. 우리가 함께 작업하는 동안에 한 여성은 그녀의 등을 남편이 쓰다듬는 것을 즐긴 것을 갑자기 발견하였다. 다른 여성은, 만약 그녀가 남편과 침대에 있으면, 그녀는 남편과 키스하는 것을 즐길 수 없었지만, 만약 그녀가 완전히 옷을 입은 상태로 거실에서 있으면, 그녀는 남편과 키스하는 것을 즐길 수 있었던 것을 발견하였다. 셋째 여성은, 만약 남편과 미리 술을 마셨으면, 음핵을 쓰다듬는 것에 매우 강력히 반응할 수 있었다. 각 사례에서, 이 여성들의 관능적 능력은 그녀들이 나와 작업하기 이전에 작용하였다. 그러나 그녀들은 탐색되지 않은 잠재력을 가진 것을, 그리고 그녀들의 관능적 삶을 풍요롭게 하기 위해, 그녀들이 사랑의 궁극적 경험에 가까이 갈 수 있게 하기 위해 이 탐색되지 않은 잠재력이 사용될 수 있는 것을 깨달을 수 있을 때에 그녀들은 성숙으로 첫 임시적 한 발을 내디디었다.

우리가 관찰한 바와 같이 부분적 불감증(*partial frigidity*)은 완전 불감증(total frigidity)과 정상(normalcy)의 사이에 있는 여러 정도의 불감증을 포함한다. 부분적 불감증은 모든 사례에 도움이 될 수 있는 특수한 측정치로 서술할 수 없는 넓은 범위의 성적 반응을 (또는 성적 반응이 없는 것을) 포함한다.

그러나 그녀 자신들이 정상보다 완전 불감증에 가깝다는 것을 발견한 불감증 환자들은 방금 위에서 말한 일반적 기법이 도움이 된다는 것을 자주 발견한다. 만약 그녀들이 위에서 말한 일반적 기법을 꾸준히 사용하면, 그녀들은 정신치료를 받지 않고 절정감에 궁극적으로 도달하는 것을 발견할 것이다. 다른 여성들은 그녀들 자신이 갈 수 있는 거리를 결정한 뒤에 외부의 도움을 받고 싶어할 수 있다.

정상적 성적 관계에 가까이 있는 부분적 불감증을 앓는 여성들은 이 제4부에서 말한 자기발견(self-discovery)의 기법과 자기실현(self-realization)의 기법을 꾸준히 사용할 수 있다.

정신적 불감증(*psychic frigidity*)을 검토하였들 때에 본 바와 같이, 정신적 불감증은 예외다. 이 유형의 여성은 외견상 정상적인 절정을 느낄 수 있다. 그러나 그녀들은 관계를 유지할 모든 남성과 관계를 계속 유지할 수 없다. 그녀들은 부적합한 남성을 반려자로 선택한다. 또는 만약 우연히 남성이 적합하게 되면, 그녀들은 관계를 피한다. 만약 그녀들은 관계를 피할 수 없으면, 성적으로 불감증이 된다.

이런 유형의 불감증을 앓는 여성은 습관화된, 쉽게 만족하는 방법을 거부함으로써 그 자신을 보호할 수 있다는 것을 우리는 알았다. 이런 유형의 불감증을 앓는 여성이 쉽게 얻는 관능은 그녀 자신의 진정한 두려움을 느끼지 않기 위해 사용하는 중요하지 않은 사실이다. 그들은 적합한 이성과 긴밀한 심리적 관계를 맺을 수 있을 때에만, 이 두려움을 파악할 수 있다.

나는 여성이 불감증에서 정서적 성적 성숙으로 옮겨가는 단계를 "과정"("process")이라고 불렀다. 그 과정은 일단 출발하면, 거의 관성(inertia)에 의해 완성된다. 그 과정은 우리의 적은 지성(intelligence)과 특수한 사실만 필요하다.

이 과정을 분명히 하기 위해 이 과정의 단계를 다시 보자.

이 과정은 불감증을 앓는 여성이 숨기는 부정적 정서와 부정적 환상을 표면화함(surfacing of negative emotions and fantasies)으로써 시작된다. 이 정서와 환상은 어렸을 때에 형성된 이성(opposite sex)을 대하는 근본적 태도, 우리의 사랑할 수 있는 능력에 심각한 영향을 주는 근본적 태도,

이성을 두려워하는 것과 오해하는 것을 반영한다. 정서는 모두 표출되면, 해를 받을 수 있는 힘(power for harm)을 상실한다. 왜냐하면 정서는 부분이 또는 전부가 숨어 있을 때에 정서적 힘은 위험하기 때문이다. 정서적 힘은 지성과 판단(intelligence and judgment)에 노출될 때에 비로소 크게 감소하며, 마침내 완전히 사라질 수 있다.

대부분의 부정적 백일몽과 부정적 정서는 노출되면, 둘째 단계에 진입될 수 있다. 이것은 남성의 진정한 본성과 진정한 목표에 의해 남성을 재평가하는 것이다. 남성의 진정한 성질은 기본적으로 공격적이고, 삶의 주목표의 하나는 그의 부인과 가족을 위해 그가 일을 하는 것을 우리는 보았다. 이 관점에서 보면, 남성이 여성과 다른 것은 뚜렷이 보인다. 불감증을 앓는 여성은 그녀의 방어를 내려 놓을 수 있는 것을 알게 된다. 그녀는 남편이 그녀에게 적개적이 아닌 것을 또는 그녀를 노예로 만들고 싶어하지 않는 것을 또는 이용하고 싶어하지 않는 것을, 남편이 그녀가 사랑하는 동맹자인 것을 안다. 그녀는 그녀가 한때 두려워하였던 그의 공격성이 그녀가 여성이 되게 하는 것임을 본다.

그녀가 인격의 깊은 수준에서 깨달은 때에 다음 단계가 자연히 나타난다. 그녀는 평안(tranquillity)을 얻고, 전에 알지 못한 긴장이 없는 평온(serenity)을 얻는다. 이 평안과 평온 뒤에, 그녀는 그녀의 진정한 역할을 수용(acceptance)하고, 순명(surrender)한다. - 그녀는 그녀의 여성적 기능(womanly functions)과 그녀의 남자의 사랑(her man's love)을 기뻐하는 사랑스런, 현명한 부인(a loving and wise wife)인 것을 수용한다.

마지막 단계는 그녀가 그녀의 심리적 성숙(psychological maturation)의 자연적 결과로서 절정감을 느끼는 것(achievement of orgasm)인 것 같다. 그녀는 절정감을 마침내 느꼈을 때에, 어렸을 때에 느꼈던 불안이 다시 일어난 것을 우리는 보았다. 이 불안은 새로 획득한 사랑받을 수 있는 능력을 회피하고 싶은 욕구를 일으켰다. 그러나, 이때에 유일한 위험은 불안한 여성이 그녀의 두려움 때문에 행동을 할 수 있는 것이다. 그녀는 이 반응을 경고받으면, 대비하고, 통찰을 더 함으로써, 불안을 기다림으로써, 그녀는 두려움이 점진적으로 마침내 완전히 사라지는 것을 알게 된다.

이 일반적 단계는 회복될 수 있는 과정의 윤곽이다. 나는 이 방법에 다른 방법을 추가할 수 없다. 나는 이 방법이 많은 여성에게 작용하는 것을 보았다. 나는 여성에게 작용하는 다른 방법을 모른다.

인내(patience)와 신념(faith)은 정서적 성숙(emotional maturation)을 하기 위한 필수 조건이다. 모든 특정 개인이 성숙 과정에 놓인 다리를 건너갈 수 있는 때를 모든 사람은 말할 수 없다. 그러나 대부분의 여성은 성숙 과정에 놓인 다리를 건너갈 수 있다. 아무도 그것을 의심할 수 없다. 앞에 건너간 여성들은 그것을 지극히 분명하게 보여준다.

제18장

남성의 역할

여성이 불감증에서 성숙한 여성성으로(from frigidity to mature femininity) 성숙하는 과정에 놓인 다리를 건너가겠다고 결심할 때에, 남편의 태도, 감정, 반응은 매우 중요할 수 있다.

남성은 부인의 불감증에 책임이 없다는 것을 우리는 발견하였다고, 즉 불감증은 그가 그녀를 만나기 오래 전에 발병하였다고 나는 일찍이 말하였다. 그러나 그녀가 그녀의 문제의 책임을 가정하기 시작할 때에 새로운 종류의 책임이 그에게도 맡겨진다는 것을 그는 이해하여야 한다. 적어도 그녀가 그녀의 문제의 책임을 가정하기 시작할 때에, 그가 예상하는 것과 반대로, 그는 이 책임을 완전히 지고 싶어하지 않을 수 있다. 그의 부인이 성숙하려는 것에 그가 대단히 부정적인 태도를 취하는 것을, 그녀가 성숙하는 것을 그가 원하지 않는 것을 그는 발견할 수 있다.

그런 시기에 남성의 역할이 남성에게 매우 어렵게 나타나게 한 요소들을 남성이 이해하는 것이 매우 필요하다. 만약 이 계획이 성공하려면, 그의 부인이 그녀 자신의 반응을 이해하여야 하듯이, 그는 그의 반응을 이해하여야 한다.

그의 반응들의 주요소들은 무엇인가?

첫째로, 불감증을 앓는 여성의 남편은 일반적으로 그의 부인에게 느끼는 많은 분노를 억압하였다. 이것은 물론 우리가 잘 이해할 수 있다. 그는 인생, 사람, 사랑, 성을 대하는 그녀의 대단히 강한 부정적 감정을 가장 많이 받은 자이었다.

우리가 본 바와 같이, 불감증을 앓는 여성은 그녀의 문제를 타인에게 책임을 전가하는 경향이 강하다. 그녀의 남편은 의심할 바 없이 그와 같은 비합리적 책임의 전가를 그녀에게서 많이 받았다. 그는 불감증의 모든 다른 신경증적 구성 요소들의 주요 희생자(main victim of all the other neurotic components of frigidity)이었다. - 그는 그녀가 모든 남성을 질투하는 것과 불신하는 것의, 가사(household duties)에 관한 끝없는 그녀의 불평의, 모든 여성이 일상 생활에서 하는 하찮은 일(trivia of every woman's everyday life)을 잘 처리할 수 없는 그녀의 무능력의 주요 희생자이었다.

그는 그녀의 싸움과 불평을 그리고 그 이외에 많은 정서적 욕구좌절(emotional frustration)을 수용하여야 하였다. 불감증은 정직을 또는 진정한 인간 관계적 온정(real interpersonnal warmth)을 허용하지 않는다. 남성은 정상적 양의 애정을 받지 않고 많은 정서적 욕구좌절을 수용하여야 하였다. 그의 성적 욕구좌절(sexual frustration)도 크다. 우리는, 음핵에서 절정감을 느끼는 여성의 사례에서, 성교(act of love)가 남성에게 힘이 많이 들 수 있고 지루할 수 있는 것을 보았다. 반응을 하지 않는 파트너와 성교하는 것은 굉장히 처량하게 될 수 있다.

남성이 불감증을 앓는 부인(frigid wife)과 성교하는 것은 남성에게 영향을 분명히 준다. 그는 결혼 생활의 틀 안에서 그의 평형 상태(equilibrium)를 유지하기 위해 태도들을 형성하고, 방어들을 발달시킨다.

이 방어들 중 일부는 심리적(psychological)이고, 다른 일부는 외적(external)이다.

그가 사용하는 주요 심리적 방어는 일반적 철수(general withdrawal)이다. 그는 그의 결혼 생활의 불행한 환경을 돌보지 않는다(he pulls back from "caring" about the unhappy circumstances of his married life). 그는 그의 부인이 그를 공격하는 것에 또는 그의 부인의 일반적 불평에 반응하지 않을 수 있다. 그는 그들의 성생활의 실패에 반응을 하지 않을 수 있다. 그가 문제에서 철수하는 것(his withdrawal from the problem)은 그가 그의 부인과 성교를 할 수 없게 하는 발기부전(actual sexual impotence)에 의해 뚜렷하게 될 수 있다. 또는 그는 그의 부인이 성교를 거부하는 것에 대한 반응(in response to his wife's rejection of sex)으로 성교할 때에 기계적 태도 성교(a purely mechanical attitude toward intercourse)를 취할 수 있다. 그는 성교를 빨리 끝낼 수 있다. 그는 식사를 빨리 하는 것처럼 성교를 빨리 할 수 있다.

그가 그의 가정생활을 외적으로 방어하는 방식(his external defenses against his home)은 그가 그의 가정생활에서 철수하는 것일 수 있다. 그는 그의 사회 활동을 남성의 사회클럽 또는 운동클럽을 중심으로 재조직하고 클럽 구성원("the boys")과 많은 시간을 보낼 수 있다. 그는 그가 같이 있고 싶어하는 사람들과 동아리를 만들고 저녁에 술집(bars)에서 정기적으로 술을 마시기 시작할 수 있다. 그는 저녁에 그를 그의 집 밖으로 나오게 하는, 그의 집 안에서 즐길 수 없는, 그를 즐겁게 하는 일들을 꾸밀 수 있다.

우리의 결혼 생활과 가정생활이 만족스럽지 않다면, 그런 방어를 하는 것은 물론 조금도 비난받을 일이 아니다. 그와 같은 방어는 남성이 인생에서 보상적 쾌락(compensatory pleassusres out of life)을 얻게 허용함으로써 결혼 생활을 유지하게 할 수 있다.

한 남편은 이것을 여러 말로 최근에 나에게 말하였다. 그는 "만약 저의 확고한 관점(a firm stand)이 저 자신 안에 없었다면, 결혼생활은 오래 전에 파괴되었을 것입니다. 만약 일이 조금이라도 잘 되면, 저는 그녀에게서 물러나야 한다고, 그녀가 저에게 말한 것을 심각하게 받아들이지 않아야 한다고 저는 결심하였습니다. 만약 그녀가 저에게 공격한 것의 반을 믿었으면, 저는 살 수 없었습니다. 성은 재미없습니다. 우리 사이에 무엇이 남아 있었습니까? 저는 집 밖에서 사회생활(social life)을 하였습니다. 적어도 저는 삶에서 작은 재미를 얻습니다. 저는 주로 집에 없기 때문에 저는 그녀를 많이 지루하게 하지 않고, 그녀는 저를 많이 지루하게 하지 않습니다."라고 나에게 말하였다.

그러나 의미 없는 결혼생활에서 의미 있는 즐거운 결혼 생활로 전환(to turn from a meaningless one into a deeply meaningful and joyful one)되는 기회가 결혼 생활에 부여되어도, 그 결혼 생활은 그 방어들과 그 보상적 활동들(compensatory activities)이 지속될 위험이 있다. 그의 부인이 여성이 되려고 노력하는 것을 돕고 싶어하는 남편은, 오직 겉모습만 존재하는 결혼 생활을 만들고 싶어하는 남편은, 그 자신의 태도를 정직하게, 용기 있게, 철저히 검토하여야 한다.

그의 앞에 놓여 있는 길은 모든 수단을 사용하더라도 깨끗이 정돈된 또는 장애물이 없는 길이 되지 않을 것이다. 그의 부인이 변화하려고 노력하여도, 그 변화는 초기에 자주 알 수 없다. 새로운 또는 흥분할만한 또는 아름다운 것이 그런 불확실한 출발부터 발달할 수 있기를 왜 그는 희망하여야 하는가? 그를 너무 자주 너무 철저히 거부하였고 좌절시킨 여성에게 그는 정서적으로, 성적으로 돌아가기 위해 어떤 동기를 발달시킬 수 있는가? 그의 강한 감정은 그가 결혼 생활을 완전히 무너지지 않게 하는, 적어도 결혼 생활의 겉모습을 유지할 수 있게 하는, 위험한 내적 외적 평형(a precarious inner and outer equilibrium)을 느끼게 한다. 그는 그의 부인이 지금 시작하고 싶어하는, 내적 긴 험난한 여행(inner odyssey)을 완료하는 것을 보기 위해 그의 태도를 바꾸어야 한다는 것을 일반적으로 분개한다.

그런 때에 남편은, 그가 그의 부인에게 처음에 사랑에 빠졌을 때에 그가 생각하였던 결혼의 그림과 사랑의 그림에 관해 깊이 생각함으로써, 그의 방어적 태도를 자주 바꿀 수 있다는 것을, 우리는 발견하였다. 그는 관계의 이미지(image of a relationship)와 관습에 타성이 된, 그의 지금의 감정(the custom-staled and defeated feelings)을 비교하여야 하고, 그와 그의 부인이 창조적으로 공유하는 삶에 관한 그의 첫 희망(his first hopes)과 그가 지금 하는, 현재의, 시간을 허비하는 사랑이 없는 활동의 공허한 현실(the empty realities)을 비교하여야 한다.

이런 종류의 기억과 사고는 남성이 건강하게 적극적으로 분노할 수 있게 하고, 그의 부인에게 분노하지 않게 할 수 있다. 이런 종류의 기억과 사고는 잃었던 모든 것을 보상하고 싶어하는 부인에게 남성이 분노하지 않게 할 수 있고, 그가 패배된 삶을, 순종하는 의미가 뚜렷하지 않은 삶을 수동적으로 수용한 것과 그 삶에 쉬운 적응을 한 것 때문에 그 자신에게 분노하게 할 수 있다. 그런 분노는 그의 내적 분위기를 맑게 할 수 있기 때문에 좋다. 그런 분노는 그가 뒤로 돌아가, 그의 진정한 욕망을 새로 달성하게 한다. 왜냐하면 그 자신의 남성성의 가치(worthy of his manhood)를 항상 느끼는 남성은 내가 방금 말한 종류의 사랑의 절반(a half existence in love)을 받아들이지 않기 때문이다.

만약 그들의 부인들이 의식적으로 열망하는 여성성의 가능성(potentialities of womanhood)을 그들은 숙고하려고 하면, 그들은 그들의 부인들이 의식적으로 열망하는 여성성을 다시 일으킬 수 있다는 것을 우리는 알았다. 진정한 여성성의 특징을 만드는, 굉장히 인상적인, 행복을 느끼게 하는 자질을 나는 이 책에서 보이려고 하였다. 여성이 사랑할 때에 얼마나 많이 주고 있는가를, 얼마나 지지를 할 수 있는가를, 얼마나 깊은 온정과 이해를 할 수 있는가를 나는 이 책에서 보이려고 하였다. 그리고 우리가 사랑받는, 정서적으로 안정된 여성의 반응과 간접적이라도 비교할 수 있는 반응이 성 자체에 없는 것을 나는 이 책에서 보이려고 하였다. 만약 남성이 그의 결혼 생활의 이 중요한 시점에서 그가 진정으로 원하는 것을 밝힐 수 있고, 그리고 그가 진정으로 원하는 것을 기다릴 수 있는 인내심을 발달시킬 수 있으면, 그는 보상을 가장 완전히 받을 것이다.

인내는 대단히 중요하다(patience is *very* important). 그는 한동안 인내하여야 한다. 그리고 그는 여정의 종점에서 받을 보상(reward)을 특정한 시점에 명심하여야 한다. 그는 그의 부인이 성숙한 여성(womanhood)이 되는 먼 길에서 만날 심리적 문제를 철저히 인지함으로써 크게 도움을 받을 수 있다.

여성이 성숙(feminine maturity)하는 길은 직선의 길이 아니다. 여행자는 그녀가 길을 빨리 가고 있는 것 때문에 자주 놀라게 되고, 그녀가 전에 하던 신경증적 방어를 하게 된다. 그 시점에, 남편은 그녀가 후퇴를 영구히 하지 않았다는 것(she has not pulled back for good)을 분명히 하여야 한다.

우리가 본 바와 같이, 여성이 가장 강력한 불안을 느끼며 후퇴를 잘 하는 것은 그녀가 진정한 절정감을 처음 느낀 것이다. 그러나 퇴행이 여러 주 동안 또는 더 긴 동안 지속되어도, 퇴행은 일시적이라는 것을 남편은 한 번 이상 깨달아야 한다. 이때에 남편이 돌보는 것(solicitude of her husband)은, 남편이 그녀를 사랑하는 것을 그녀가 알고 안심하는 것(reassurance)은, 그녀가 그녀의 문제를 최종적으로 극복하는 중요한 요인(the main factors in her final victory over her difficulty)일 수 있다.

많은 정신과 의사는 남편의 역할이 부인의 완전한 회복에 중요하다는 것을 말할 수 있을 때마다 남편에게 말한다. 정신과 의사가 남편에게 그 말을 한 뒤에, 부인을 돕기 위해, 부인의 어려운 투쟁을 돕기 위해, 남편의 자원을 동원할 수 없거나 동원하지 않으려고 하는 남편은 지극히 드물다. 남편의 도움이 결정적인 사실을 부정한, 불감증을 극복한 여성을 나는 모른다.

그의 부인을 대하는 그의 결정적 태도를 바꾸는 것 (또는 그가 예전에 그녀에게 느낀 것을 탐색하고 그 느낌을 다시 느끼게 하는 것) 이외에, 어떤 방식으로 그는 그의 부인이 성숙하려고 투쟁할 때에 그의 부인에게 도움이 될 수 있는가?

그가 배양하여야 할 주요 덕목은 감수성(sensitivity)이다. 그가 배양하여야 할 주요 덕목은 그녀가 그를, 자녀를, 주변 사람들을 대하는 태도의 변화를 그가 지각하는 감수성이다. 그녀는 남성을 평생 불신하는 것과 두려워하는 것을 제거하려고 하고 있다. 그녀는 부드러우려고, 따듯하려고, 베푸려고 노력하고 있다. 그녀가 노력하고 그 노력을 인정받는 것(recognition)은 신이 그녀에게 주는 것(manna)과 같은 것이다. 여러 면에서, 그녀는 겁에 질린 아동(frightened child)과 같다. 오직 모든 것을 수용하는 것(total acceptance)만이 그녀에게 더 전진하고 싶은 용기를 줄 수 있다.

내가 말하려는 것의 간단한 예를 들겠다. 나의 여성 환자와 그 여성 환자의 남편의 관계는 5년 결혼 생활에서 슬프게도 악화되었다. 그들은 연애 시절에 서로 자주 의미 있는 선물을 주는 습관이 있었다. 그러나 지금은, 그들은 생일 날에도 서로를 위해 선물을 사기보다 "집을 위해"("for the home") 선물을 샀다.

우리의 치료 과정에, 부인은 추운 겨울 날 사전 계획한 것이 아닌, 순간적 충동에서, 밝은 노랑 목도리를 사서 그날 밤에 남편에게 선물하였다. 그가 그 선물을 받고 느낀 첫 충동은 웃음이었다는 것을 나는 그에게서 들었다. 그는 옷을 보수적으로 입었다. 밝은 색 목도리는 그의 취향에 맞지 않았다.

그 선물은 그의 부인의 새 감정의 표현이라는 것을, 그 선물은 그의 부인이 그에게 새 관심을 보이는 것임을, 그의 부인이 그에게 새 관심을 보이기 시작하려고 하는 것임을 알았기 때문에 그는 웃지 않았다. 그는 웃지 않았고, 그녀에게 부드럽게 키스하였고, 다음날 그 목도리를 목에 두르고 사무실에 갔다. 그는 그날 밤 집에 올 때에 그의 부인이 좋다고 말한 특별한 모양의 은색 고급 손목 시계를 샀고, 그 손목 시계를 그의 부인에게 선물하였다. 그는 "그녀는 혼란스런 듯이 고개를 숙이었고 그리고 저를 쳐다보았고, 두 팔을 벌려 나를 안았고, 오랫동안 울었습니다."라고 나에게 말하였다. 물론 그 눈물은 깊은 해빙의 시작이었다. 그녀의 인생의 이 시점에서 그가 그녀의 욕구를 지각하고 반응한 것(his sensitivity to his wife's need)은 결정적 요소이었다. 그때부터 그녀의 발전은 크게 가속되었다.

이 변화하는 시기에 남편들은 그들의 부인의 욕구에 민감하게 반응하여야 한다고 내가 남편들에게 조언할 때에 나는 하나를 경고하여야 한다. 위선(insincerity)이나 인위적인 것(artificiality)은 전혀 작동하지 않을 것이고, 해로울 수 있다. 여성은 매우 직관적(intuitive)이다. 여성은 여성을 조작하려는 모든 거짓 행동을 간파할 수 있다. 만약 당신은 사랑을 느끼지 않으면, 당신이 사랑을 표현하는 것은 현명하지 않다. 그의 부인에게 진정한 감정을 느낄 수 없는 남성은 자기 탐색(self-inquiry)을 주로 하여야 한다. 그는 과거 불행한 시절에 그의 안에 쌓인 분노와 상처가 너무 커서 혼자 다룰 수 없다는 것을 알고 발견할 수 있고, 이 비타협적인 감정(intransigent feelings)을 심리상담자(counseor)와 또는 정신과 의사와 대화하고 싶어할 수 있다.

나는 그의 부인을 돕겠다는 입에 발린 말(lip service)을 하고, 꽃 가게에 들러 주 1회 꽃 배달을 주문한 한 남성을 안다. 3개월 동안 꽃 배달을 받고, 그녀는 "정성들이는 장례식을 위해 꽃은 충분합니다."("enough for an elaborate funeral")라고 말하고, 꽃을 보내는 것을 멈추라고 간청하였다.

다른 남성은 여러 해 그의 부인과 함께 사교활동을 하지 않았고, 그의 부인이 그녀의 가사에서 가끔 벗어나야 한다는 말을 들었다. 그러므로 그는 그의 부인과 함께 갑자기 지루하게 돌아다녀야 한다고 주장하였다. 그 나이트클럽, 영화관을 돌아다닌 것은 그녀(Elsa Maxwell)를 지치게 하였다. 그의 부인은 본질적으로 수줍어하였고 철수하였고, 물론 그녀는 그가 그녀의 진정한 욕구를 강제로 인위적으로 접근하는 것을 분개하였다.

여성들은 남성의 이런 종류의 몸짓을 남성이 여성을 조롱하는 것(mockery)으로, 남성이 여성에게 잠재적 적개심을 표현하는 것으로 생각한다. 물론 여성들은 사치품을, 외출을, 선물을 좋아한다. - 그러나 오직 여성들은 사치품을 제공한 자, 선물을 준 자, 외출하게 만든 자에게 고마움을 표현할 때에만, 사치품을, 외출을, 선물을 좋아한다. 제1의 법칙은 우리가 느끼는 것을 하는 것이고, 느끼지 않는 것을 하지 않는 것이다. 어떤 사람은 진정한 애인의 적합한 혼합은 80%의 남성적 공격성과 20%의 여성적 감수성이라고 말하였다. 공식은 이 혼합율을 많이 추천하였다.

남편들과 부인들이 학습하여야 하는 중요한 것은 그들이 그들의 깊은 사고를, 문제를, 감정을 공유하는 것이다. 부부가 여러 해 일반적 철수를 하는 것은 모든 종류의 의사소통을 피상적으로 만들었다. 대화에 의한 중요한 접촉은 거의 모두 포기되었다. 부인이 그녀 자신의 문제를 정면으로 돌파할 결심을 남편에게 말하였을 때에, 부부는 깊은 소통의 길을 수립할 새 기회를 가졌다. 만약 남편이 이 새 기회를 잡을 수 있고, 그들의 속 마음을 고독하게 습관적으로 나타내지 않는 것을 포기하면, 그는 그의 부인과 그들의 모든 관계를 끝없이 도울 수 있다.

모든 것은 그런 대화에서 토론될 수 있다. 비록 우리는 상대방에게 상처를 주는 비난(recrimination)이나 "고백"("confessions")을 회피하여야 한다. 우리의 정서적 또는 현실적 문제(emotional or reality difficulties)에 관한, 우리의 고독(loneliness), 계획(plans), 성공(successes), 두려움(fears), 희망(hopes)에 관한 대화는 여성을 깊이 감동하게 한다. 만약 남성이 그의 진정한 내적 생활을 그의 부인과 공유하는 것을 학습할 수 있으면, 그 학습은 그의 부인이 여성의 역할의 중요성을 한 번 더 알게 할 것이고, 그 학습은 남편에게 진정으로 중요한 것들을 그녀가 알게 할 것이다.

내가 지적한 바와 같이 불감증을 앓는 여성은 남성이 진정으로 무엇과 같은지를 거의 모른다. 기본적으로 여성들은 남성을 걱정하지 않는 또는 두려움 없는 "힘"("powers")으로 본다. 여성들은 남편의 진정한 감정을 남편에게서 들을 때에, 그녀들의 기본적 태도를 대단히 크게 변화시킨다.

한 여성은, 그녀가 결혼 이후 오랫동안 가졌던 그녀의 남편에 관한 그녀의 개념이 그녀가 그에게 들은 정서적 고백(emotional confession)에 의해 완전히 바뀌었다고 나에게 말하였다. 그녀의 불감증이 그들 사이의 문제의 원인이라는 것을 그녀가 마침내 깨달았다고, 그녀는 그녀 자신이 변화하겠다는 결심을 하였다고 그녀는 그에게 말하였다. 그는 그녀가 말하는 것을 조용히 들었다. 그는 그녀가 말을 끝냈을 때에 잠깐 조용히 있었다. 그리고 그는

"저는 당신이 없어서 많이 외로웠습니다."라고 낮은 목소리로 말하였다. 이 정직한 의사소통(honest communication)은 그녀의 모든 신경증적 방어(all her neurotic defeses)를 넘어 그녀에게 도달하였고, 그녀의 결심이 그에게 굉장히 중요하였다는 것을, 그녀가 진정으로 두려워한, 진정으로 거부한 남편이 굉장히 인간적인 것을, 굉장히 필요한 것을 그녀에게 간단히 직접적으로 알렸다.

그의 부인의 변화하겠다는 결심이 그에게 가져올 보상(rewards)을 그는 그가 그의 부인과 진정한, 개인적인 교환(real, personal exchanges)을 할 때에 가장 자주 얻기 시작한다. 그가 그 자신을 점점 많이 표현하고, 그녀가 그에게서 안전하다고 강력히 느낄 때에, 그는 그녀의 방어적 외관(defensive exterior)의 아래에 언제나 있는 평안(depths of tranquillity)을 만나기 시작한다. 그는 그녀가 그에게 줄 수 있는 그녀의 커다란 능력(great capacity)을 느끼기 시작한다. 그는 그가 받고 싶어하는 것을 그에게 줄 수 있는 커다란 능력이 그녀에게 있는 것을 느끼기 시작한다. - 그는 우정(companionship)과, 지지(support)와, 대가를 요구하지 않는 그러나 필요한 사랑(love)이 그녀에게 있는 것을 느끼기 시작한다. 이 방법으로 새로운, 깊은 상호성(mutuality)이 발달하고, 상호성이 발달하지 못하게 방해한 두려움을 제거하면, 두 사람 사이에 진정한 결혼 생활은 번영한다.

결혼 생활의 심리적 면에서처럼 성적 면에서도, 감수성(sensitivity)은 부인을 돕고 싶어하는 남편에게 핵심 단어(key word)이다.

내가 만난 모든 불감증 때문에 고통받는 사례의, 남편과 부인의 성생활은 세월이 지날수록 지극히 상대가 나를 어떻게 보는가에 관심이 많은 것(extremely self-conscious one)이 되었다. 부인은 그녀에게 있는 모든 생식기 감각(genital sensation)과 그녀에게 없는 생식기 감각을 잘 안다. 그녀의 만성적 실패감(chronic sense of failure)은 그녀가 그녀 자신의 반응을 응시한 것에 있다. 이 자기에 관심을 기울이는 것(self-concern)은 성적 사랑의 기계적 면(mechanical aspects of sexual love)을 강조한 책들을 읽은 것 때문이었다. 그 책들은, 만약 그녀가 옳은 자세를 취할 수 있으면, 또는 옳은 동작을 할 수 있으면, 또는 알맞은 때에 알맞은 근육을 수축할 수 있으면, 또는 남편에게 옳은 기법을 가르치면, 절정감에 도달할 수 없는 문제를 해결할 수 있다는 틀린 희망을 주었다.

남편은 그런 상황에서 부인의 과도한 자기애(hyper-narcissism)에 반응하지 않을 수 없다. 그는 그 자신이 즐기기 전에 그녀의 경험을 의식하는 성향이 있다. 이것은 성행위(sex act)가 두 사람을 불안하게, 지루하게 만드는 이유들 중 하나이다.

우리가 성교할 때에, 우리의 육체는 황홀감(raptures)을 느낀다. 파트너에게 쾌감을 느끼게 하는 절묘한 감각(exquisite sensation)은 심리적이며, 우리의 쾌락을 고조시킬 때에만 중요하고 우리의 쾌락을 감소시킬 때에 중요하지 않다.

그러므로 성교할 때에 남편이 부인의 쾌감을 또는 쾌감의 부족을 의식하지 않는 것은 매우 중요하다. 사실, 두 사람은 오점 없이 잘 행동할 수 있는 상태에서 성교를 시작할 수 있어야 하고, 성적 감각(sexual sensation)은 기본적으로 자기 중심적(self-centered)이고, 이기적(selfish)이고, 중요하다는 건강한 자연적 견해(healthy natural view)를 가져야 한다. 상대방에게 지나치게 관심을 갖는 것은 성교를 하고 싶은 자발성(lusty spontaneity)을 모두 빼앗을 수 있다.

이것은 남성에게 새 관념일 수 있다. 부부의 성생활에 관한 대부분의 책은 성행위의 상호 의존(mutuality)을 강조한다. 부부의 성생활에 관한 대부분의 책은 부부 중 하나가 다른 하나의 반응에서 쾌락을 경험하는 것을 열정적으로 말한다. 불감증이 나타날 때에 이 상호 의존은 웃음거리(mockery)가 될 수 있다.

만약 절정감이 일어날 때까지 절정감에 관심을 기울이지 않을 수 있다고 부드럽게 말을 그러나 불감증을 위로하는 말을 남편이 불감증을 앓는 부인에게 하면, 불감증을 앓는 부인은 행복을 느끼게 될 것이다. 그녀가 그녀의 첫 절정적 경험을 느끼기 전에 그녀는 행복을 느끼는 상태에 있어야 한다고 나는 지적하였다. 이 태도가 남편의 태도라는 것을 남편이 확인하는 것은 부인을 안심시키는 것일 수 있다. 그러면, 부인은 그녀 자신의 국부적 감각에 신경증적 고착을 하지 않고 "이기적" 황홀감("selfish" ecstasy)을 즐기는 것을 허용할 것이다. 여성이 타인을 즐겁게 하는 여성적 역할을 탐닉하는 것(indulging the deeply feminine role of *giving* pleasure)은 여성에게 기쁨이 될 수 있다.

전희(前戱 foreplay)에 관해 말하겠다. - 전희는 우리가 오해를 가장 많이 하는 단어들 중 하나이다. 많은 남성과 여성들은 전희를 오직 의무이기 때문에 하는 것(duty-bound interval)이라고 생각한다. 남성은 오직 의무이기 때문에 성교를 하는 때에 애무(physically caressing)와 키스로써 여성을 흥분시키려고 한다. 이 기계적 해석(mechanistic interpretation)은 여성이 남성보다 성적 반응이 느리다는, 여성을 흥분시키는 것은 남성의 의무라는 자주 인용되는 말에 기초한다.

이 전희의 특별한 개념은, 성적 문제가 있는 여성들과 관계가 있는 경우에 확대되어야 한다고 나는 생각한다. 우리가 살펴본 바와 같이 여성의 불감증은 특별한 심리적 문제에 의해 발생한다. 이 성적 문제를 기계적 접근으로만 해결하려는 방법은 실패하게 되어 있다.

불감증을 앓는 여성들의 남편들은 전희를 신체적 문제로 보기보다 심리적 문제로 보라고 조언을 받는다.

만약 당신이 성장하는 소녀의 발달단계를 회상하면, 당신은 성장하는 소녀가 청소년기에 최고조에 도달하는 것을 회상할 것이다. 청소년기에 소녀는 진정한 사랑을 하기 위해 긴 낭만적 꿈을 준비한다. 여성은 낭만에 관한 이 꿈을 항상 꾼다. 전희가 잠자는 낭만적 감정을 일으킬 때에 가장 성공적이다. 여성은 치료가 되지 않는 낭만주의자이다.

그러나 낭만은 여성에게 무엇을 진정으로 의미하는가? 낭만적 감정은 어떻게 올라올 수 있는가?

여성의 남편의 전체 정서가 여성에게 다정하게 사랑스럽게 꽂히는 것을 여성이 느낄 때에 낭만적 감정은 여성에게서 일어난다. 여성은 낭만을 느낀다. 삶의 다른 목표와 욕구와 의무가 잠시 동안 단념될 때에 여성은 낭만을 느낀다. 그런 상황에서, 여성은 긴장을 이완하고, 일을 하여야 할 때에 일을 하지 않고 빈둥거리며 그녀의 영혼을 초청하고, 사랑이 중요하다는, 삶에 의미와 아름다움을 부여하는 물건이라는 깊은 신념에 정신을 집중한다. 모든 여성은 가슴의 핵심에서 사랑을 위해 모든 것을 주고 싶어한다.

물론, 낭만의 그런 기분(a mood of romance)은 냉소를 느끼는 또는 냉소를 받으면 부끄러워하는 사람에 의해 갑자기 날조될 수 없고, 또는 창조될 수 없다. 남성은, 여성을 성공적으로 달래기 위해, 여성의 사랑의 꿈(her dream of love)을 믿어야 하고, 여성의 사랑의 꿈을 공유하여야 한다.

부부가 일상 생활의 목표 중심적 활동을 한동안 하지 않고 쉬게 하는 것은 이 낭만적 분위기를 만든다. 가정주부는 화려한 저녁 외출에 반응을 할 것이다. 야회복을 입은 것은 가정주부가 돈을 아끼며 가정 일을 하는 것을 쉬게 한다. 예복을 입은 남편의 모습은 그녀의 사랑의 컵을 가득 차게 할 수 있다. 샴페인 몇 잔과 오케스트라에 맞춰 춤을 추는 것은 완전한 마법이다.

소풍을 같이 가는 것도 부인의 낭만적 감정을 일으킬 수 있다. 그러나 물론 자녀를 데리고 가지 않아야 한다. 소풍은 화려하게 진행되어야 한다. 좋은 포도주는 필수품이다. 남성은 좋은 소풍 장소를 미리 알아 놓아야 한다.

나는 쿠루즈 여행을 하는 동안에 불감증의 장벽을 무너뜨린 여러 여성을 안다. 쿠루즈 여행은 낭만적 환경을 훌륭하게 나타낼 것 같다. 쿠루즈 여행을 할 수 있는 경제적 여유가 있는 남편은 쿠루즈 여행을 애정 목록에 넣어라.

남편들과 부인들은 그들의 삶에 휴가 시간을 배정하여야 한다고 나는 생각한다. 아무리 의도가 좋아도, 삶의 의무와 책임은 우리를 공격한다. 삶의 의무와 책임은 우리가 신선미를 갖지 못하게 한다. 한 주 동안, 가능하면 한 달 동안 오직 둘이 지내는 것은 결혼 생활의 생기와 의미를 다시 일으킬 수 있다.

한 여성이 불감증을 앓고 그 불감증이 문제를 일으키지만, 그 한 남성이 그 한 여성과 같이 있는 것은 그 한 남성이 그 한 여성을 변함없이 사랑하는 증거이다. 만약 그의 부인이 관계의 책임을 졌던 것을, 그가 예전에 절망한 것을 그가 망각하게 되면, 그녀가 그녀의 목표를 달성하게 그녀를 도우라고 그녀가 그의 진정한 남성성에게 요청하면, 그의 여성성이 제공할 수 있는 만큼 풍부한 보상(rewards)을 그는 받을 것이다.

제19장

사랑에 관한 전설

나는 사랑을 또는 성 관계를 기계적으로 접근하는 것을 반대하는 확고한 입장(a firm stand against any mechanical approach to love or love-making)을 이 책에서 취하였다. 이 입장은 사랑에 관한 정신의학적 견해이다. 불감증은 심리적이므로 심리적으로 해결이 되어야 한다는 전제에 이 입장은 기초한다.

피아노나 화학이 학습되어질 수 있는 것처럼 사랑은 학습되어질 수 있는 예술 또는 과학이라는 전제에 기계적 접근은 기초한다. 정신의학적 관점에서 보면, 사랑의 기술(art of love)은 본능적이다. 만약 완전한 자유인이 사랑을 하고, 사랑을 받으면, 그 완전한 자유인은, 준비를 하지 않아도, 정교한 기술에 의해 사랑을 실행하는 자가 된다.

나는 이 관점을 설명하는 일화가 생각난다. 결혼 전에 들은 조언(premarital advice)과 성적 행복(sexual happiness)의 상관 관계를 알기 위해 결혼한 부부들을 조사하는 한 사회학자가 그 일화(anecdote)를 나에게 말하였다. 그 사회학자는 행복한 결혼 생활을 하는 건강한 한 부부에게 질문을 하는 때이었다. 그때에 그 사회학자는 남편에게 질문하였다.

"당신의 부모는 당신에게 조언을 하였습니까?"

"네."

"부모 중 누가 당신에게 조언을 하였습니까?"

"아버지가 조언을 하였습니다."

"아버지가 당신에게 조언을 간단히 하였습니까?"

침묵 "네. 아버지는 조언을 간단히 하였습니다." 침묵 "아버지는 조언을 자세히 하였습니다."

"아버지는 당신에게 무엇을 말씀하셨습니까?"

"당신은 아버지의 말씀을 듣고 싶습니까?"

"네. 만약 당신이 말씀을 하고 싶으시면, 저는 그 말씀을 듣고 싶습니다."

"'모든 것은 저절로 된다.'('Everything goes')라고 아버지는 말씀을 하셨습니다."

그러나, 이 사람과 같은 자유로운 성격의 사람은 우리 사회에 드물다. 일반적으로 많은 지시(instruction)가 필요하다. 성을 금기하는 것(taboos against sexuality)은 서구 문명의 특징이었다. 그러므로 사랑의 기술(art of love)은 사회가 만든 무지(無知 ignorance)를, 미신(迷信 superstition)을, 제지(制止 inhibition)를 극복하는 기술인 것 같다.

여기에 내가 문제(the matter)를 보는 방법이 있다. 이 책의 제4부 "여성이 성숙하기 위해 통과하는 다리"에서 사용하는 방법으로 또는 치료에 의해 우리는 마침내 심리적 성숙에 도달하였고, 그러므로 질에서 절정감을 느끼는 것(vaginal orgasm)이 차단되지 않을 때에 성교에 관한 기법적 지식을 검토하는 것은 유익하다. 그런 관점을 갖기 이전에 그런 전설은 자기 의식을 제지하는 것(an inhibiting self-consciousness)이 된다.

성적 관계의 자발성(spontaeity in sexual relations)은 상실되지 않아야 한다는 것을 이 분야에 관심이 있는 사람들은 일반적으로 동의한다. 결혼 생활은 엄격한 양식을 모든 생활 영역에 부과하는 경향이 있다. 만약 세상 일이 잘 진행되면, 그런 일상화(routinization)는 필요하다. 예를 들면, 같은 시간에, 같은 장소에서, 같은 방법으로 매일 아침 식사를 하는 것은 많은 사람에게 필요하다. 만약 우리가 같은 시간에, 같은 장소에서, 같은 방법으로 성교하는 것을 허용하면, 우리는 유니콘(unicorn)을 가둘 것이고, 성교의 매력을 노출시켜 사라지게 할 것이다.

다양성(variety)은 결혼 생활(married love)이 자주 요구하는 양념이다. 성교를 다양하게 하는 것은 큰 노력이 필요하지 않다. 성교의 다양성이 중요하다는 것을 지각하는 것과 몇몇 사실의 지식이 필요하다.

성교의 다양성을 유지하는 한 방법은 동일한 시간에 성교를 하지 않는 것이다. 대부분의 가정의 저녁 시간은 한 양식을 따르는 경향이 있다. 저녁 밥을 만들고, 설겆이를 하고, 자녀는 자러 간다. 텔레비젼을 보거나 손님과 대화한다. 성교가 끝났을 때에 졸립기 때문에, 그 날의 마지막 순간은 반드시 사랑하는 시간인 것을 거부하는 많은 남성과 여성을 나는 안다.

그러나 이것은 필수적인 것을 편리한 것으로 만든다. 사랑은 너무 아름답고 너무 중요하다. 그 때문에 사랑은 길이 들 수 없다. 만약 사랑은 열쇠 수리공(locksmiths 무단출입)을 보고 웃을 수 있으면, 사랑은 침실의 잠긴 문 뒤에서 매주마다 한 번 또는 2주에 한 번 이루어질 수 있다. 자녀는 숙제를 하여야 하거나 텔레비젼의 프로그램을 보아야 한다. 어쨌든 어머니와 아버지가 동시에 시간을 보내고 사랑을 하는 것을 자녀가 아는 것이 좋다.

설겆이는 적어도 사랑을 한다는 명목으로(in the name of love) 가끔 잠시 미룰 수 있다. 텔레비젼 프로그램은 달콤한 잠(a delicious sleepiness)

을 자지 않고 볼 정도로 좋은 것은 거의 없다.

욕망(desire)은 합리적 이유 없이 일어난다. 남성들은 여성들보다 외부 자극(outside stimuli)에 주관적이다. 남성들은 여성들보다 외부 자극에 제지되지 않는다. 그러므로 성교는 갑자기 남성에 의해 빈번히 시작한다. 그러나 여성도 성 충동(urge)을 느낄 때에 열정적 성교(a passionate interlude)를 시작할 수 있고, 열정적 성교를 피하지 않아야 한다. 여성이 열정적 성교를 시작하는 것은 좋다. 그녀의 남편은 그녀가 열정적 성교를 시작하는 것을 좋아한다.

부부는 그런 즐거운 한가한 밀회 시간(delightfully offhour trysts)에 서로 상대의 반응에 민감하다고 나는 생각한다. 모든 남성과 여성이 깨달아야 하는 것은, 만약 남성과 여성이 피곤하거나 다른 할 일이 있으면, 성교를 하지 않겠다고 말하는 것은 지극히 정당한 것이다. 그러나 거절(nay-saying)은 부드러워야 한다. 만약 거절이 부드럽고, 성교를 제의한 자(the partner who makes the advance)가 상처를 입으면, 성교를 제의한 자는 거부받은 감정을 검토하여야 하고, 성교를 제의한 책임을 져야 하고, 거부받은 감정을 처리하여야 한다. 그런 감정을 간직하는 것은 우리가 성교 제의를 두려워하게 한다. 성교 제의를 두려워하는 것은 자발성을 유지하는 좋은 기법들 중 하나인 관계를 박탈할 것이다. 욕구를 만족시키기 위해 상대방에게 불행한 표정을 지음(sulking)으로써 또는 다른 형태의 심리적 협박(psychological blackmail)을 함으로써 성교 제의를 강요하는 것은 무감각(insensitive)한 것이고, 사랑하지 않는(unloving) 것이다. 열정이 강력한 사람(ardent one)은 쉬는 것이 훨씬 쉽다. 밀회 시간이 곧 올 것이다. 당신이 당신의 욕망을 말한 사실은 당신의 사랑을 받는 사람에게 일정 시간 뒤에 작용한다.

많은 남성은 밤중(in the middle of the night)에 깨었을 때에 성교할 준비가 되어 있는 것을, 음경이 발기된 것을 발견한다. 많은 여성은 잠에서 깨어나 사랑의 품에 안긴 것을 흐릿하게 느끼는 것을 좋아한다. 잠에서 깨어난 몸은 자주 대단히 관능적(sensual)이다.

성교하는 시간의 변화는 여러 방법으로 전달될 수 있다. 성교하는 시간의 변화를 아는 것은 바람직하다. 많은 노력이 필요하지 않다. 우리가 잠을 자기 위해 준비를 하는 하루의 끝 시간은 성교를 하는 기본 시간이다. 습관적 밀회 시간(customary trysting hour)이 항상 새롭게 되는 흥분의 질을 유지하기 위해 밀회 시간을 가끔 전환하는 것이 필요하다.

성의 자발성(spontaneity of sex)을 유지하는 다른 기본 기법은 성교하는 체위(position)를 다양화하는 것이다. 대부분의 관계에서 선호되는 한 체위가 일반적으로 발달한다. 만약 한 체위가 항상 선택되면, 단조로운 반복이라는 감정은 성교 상황에 침투할 수 있다. 이 느낌이 성교 상황에 침투하는 것을 우리는 경계하여야 한다.

이 사실은 옛날부터 인지되었다. 이 사실을 물리치려는 노력은 여러 세기를 거치는 동안 이 주제의 거대한 양의 책이 세상에 나오게 하였다. 힌두 문학, 그리스 문학, 로마 문학, 페르시아 문학은 성교 체위(sexual positions)와 그 비판을 기록하였다. 만약 우리가 성 도서관을 이용할 수 있다면, 그리고 고대 성 문학이 취급한 성교 체위를 알고 싶으면, 우리는 연구할 수 있다. 그러나 지나치게 자세한 연구를 하면, 우리는 피곤하게 될 수 있고, 병을 앓게 될 수 있고, 어리석게 될 수 있고 - 멍청하게 될 수 있다. 성에 관한 직접적 조언을 하는 대부분의 현대 서적은 자료를 고대 서적에서 얻는다.

대부분의 부부가 이용하는 기본 체위는 오직 5개이다. 당신이 그 기본 체위를 사용하려고 할 때에 또는 당신이 평소에 사용하는 체위를 사용하지 않고 다른 체위를 사용하려고 할 때에, 당신이 이상하게, 어색하게 느끼지 않게 하기 위해, 그리고 체위가 너무 진기하기 때문에 당신이 부끄러움을 느낄까 봐, 당황할까 봐, 죄의식을 가질까 봐 나는 그 기본 체위들을 서술하려고 한다.

첫째 체위는, 물론, 복부-복부(면 대 면)체위(ventro-ventral [face to face] position)이다. 이 체위는 남성이 위에 있고 여성이 무릎을 세우고 아래에 있는 체위이다. 청교도적 양육을 받은 사람이라도 이 체위를 반대하지 않는다. 왜냐하면, 이 체위는 우리 사회에서 정통적으로 사용하는 체위이기 때문이다.

이 체위는 만약 적절히 사용되면, 성적 결합의 가장 좋은 체위(the best position for sexual union)이다. 이 체위는 음경이 질의 속에 깊이 침투하는 것을 허용한다. 이 체위는 남성이 여성보다 자유롭게 운동할 수 있게 하지만, 남성과 여성이 골반을 자유롭게 운동할 수 있게 하기 때문에, 남성과 여성이 다양한 성적 운동을 할 수 있게 한다.

이 체위에 관한 오래 된 그러나 적합한 농담이 있다. 합창단의 한 소녀가 합창단의 여인에게 그 여인이 생각하는 신사의 정의를 질문하였다. 그 여인은 즉시 "그 자신의 팔꿈치에 의지하는 사람"("one who leans on his elbows")이라고 대답하였다. 남성들은 이 사실이 적절할 수 있다는 것을 기억하여야 한다. 무거운 남성의 체중은 대단히 정욕적인 여성일지라도 매우 싫증을 느끼게 할 수 있다. 만약 성교하기 전에 여성의 엉덩이 밑에 베개를 놓으면, 우리는 이 체위의 즐거운 변형을 얻을 수 있다. 만약 베개가 허리의 잘록한 부분 쪽으로 놓이면, 음핵과 음경의 마찰에서 좋은 느낌을 받는 여성들은 여성의 엉덩이 밑에 베개를 놓은 체위(the contact)가 효과를 쉽게 나타내는 것을 알 것이다. 만약 베개가 앞 쪽에 놓이면 음경이 질의 뒷벽을 누르는 것에서 많은 관능을 얻는 여성을 많이 흥분시킬 것이다.

일반적으로, 이 정통적 체위에서, 여성은 그녀의 다리를 벌려 위로 올린다. (다리를 아래로 펴는 것은 남성이 음경을 질에 넣는 것을 어렵게 한다.) 질의 뒷벽을 음경이 자극하는 것을 즐기는 여성은 그녀의 두 다리로 파트너의 엉덩이(hips)를 감는다. 성교를 시작하는 초기에 음핵을 자극받았기 때문에 흥분된 여성들은 그들의 두 다리를 오무릴 수 있다. 이 체위에서, 남성은 무릎을 반 꾸부리어 여성의 엉덩이에 붙인다. 만약 이 체위가 오랫동안 지속되면, 이 체위는 남성에게 불편한 느낌을 준다. 만약 남성이 여성의 한쪽 다리에 몸을 붙이고 질에 약간 비스듬한 각도로 음경을 삽입하면, 이 체위는 남성이 덜 힘이 든다. 이 체위는 여성이 자유로운 다리를 오무리게 한다. 이 체위는 여성의 외음부(vulva)의 대부분을 음경이 접촉하게 한다.

다음 중요한 체위는 남성과 여성이 위와 아래의 역할을 바꾸는 것이다. 이 체위에서 여성은 위에 있고 남성은 아래에 있다.

많은 부부는 이 체위를 이용하고 싶어하지 않는다. 남성은 "여성이 된 것"("feminized")을 느낄 것이고, 여성은 "남성이 된 것"("masculinized")을 느낄 것이다. 남성과 여성은 주로 성교하는 체위와 관계가 있으면, 남성이라는 것의 상대론적 개념(relativistic concepts)과 여성이라는 것의 상대론적 개념은 남성과 여성에 적용될 수 있다. 이 사실은 환경에 의해 달라질 수 있다. 예를 들면, 여성은 신체적으로 대단히 작을 수 있고, 남성은 대단히 클 수 있고, 대단히 무거울 수 있다.

이 체위는 변화를 위해 채택될 수 있고, 또는 성교하는 순간에 여성이 남성보다 에너지가 많기 때문에 채택될 수 있다. 위에 있는 파트너가 운동의 주요 역할을 한다. 이 체위는 여성의 애정을 표현할 수 있다. 만약 남편이 관능을 느끼지만 피곤하면, 남편이 남성적 공격성의 평상시 양을 일으키지 않아도, 여성이 남편에게 기쁨을 줄 수 있다. 그런 수동적 역할은 남성을 때에 따라 흥분시킬 수 있고, 그리고 남편은 그 체위를 즐겨야 한다.

이 체위에서, 여성은 양 다리를 남편의 양쪽 허리에 놓고 남편의 위에 앉을 수 있다. 이 경우, 남편의 음경은 여성의 질에 깊이 삽입될 수 있다. 이때 특별히 즐거울 수 있다. 왜냐하면 여성은 성교의 책임을 지기 때문에 음경이 자궁경관(子宮脛管 cervix)을 누르는 것보다 더 많이 누르는 것을 느끼게 할 수 있기 때문이다. 이 체위에서도, 여성은 그녀의 두 다리를 남편의 옆에 놓고 남편 위에 엎드릴 수 있다. 또는 여성은 남편의 다리 사이에 엎드릴 수 있다. 이 두 체위에서 여성은 음핵을 음경에 가까이 가져올 수 있다. 이 체위는 물론 이 방식으로 흥분하는 여성을 즐겁게 한다.

또 다른 성교방식은 남성과 여성이 마주 보고 옆으로 눕는 체위이다. 이 체위는 여성이 일반적으로 가볍기 때문에 여성의 한 쪽 다리가 남성의 허리 위에 놓인다. 이 체위는 남성이 음경을 질에 비스듬한 각도로 삽입하는 것을 허용한다. 성교하는 동안 이 체위를 유지하고 싶으면, 머리와 어깨 밑에 베개를 놓는 것이 좋다.

다음 체위는 배부-복부 체위(dorso-ventral position)이다. 이 체위에서, 남성의 음경은 여성의 뒤에서 질 안으로 들어간다. 만약 옆으로 누운 상태에서 성교가 이루어지면, 이 체위는 모든 체위들 중에서 가장 "편한"(most "restful") 체위이다. 이 체위를 이 분명한 이유 때문에 우리는 임신 중 성교할 때에 이 체위를 선호한다.

이 체위는 자주 남성을 굉장히 흥분하게 한다. 이 체위는 순수한 성욕의 "동물성"("animality" of pure lust)을 암시한다고 생각되지만, 왜 이 체위가 남성을 굉장히 흥분하게 하는지 나는 정확히 모른다. 이 관념은 동물이 사용하는 우리가 잘 아는 체위라는 사실에 의해 자극받을 수 있다. 또는 남성과 여성이 면 대 면(face to face)을 하지 않는 사실이 개인적 요인을 성교(sexual embrace)할 때에 제거할 수 있고, 성교에 원시적 비개인적 성격(primordial and impersonal character)을 부여할 수 있다. 이것이 남성이 여성보다 이 체위를 즐기는 이유일 수 있다. 남성의 성욕(sexual natures being)은, 우리가 본 바와 같이, 여성의 성욕보다 남성의 생리(biology)에 뿌리를 깊이 내렸다. 그러나 이 관념은 오직 우리가 공상한 것이라는 것을 나는 강조하여야 한다.

배부-복부 체위(dorso-ventral position)는 여성이 두 손으로 의자나 벽을 붙잡고 무릎을 꿇거나 또는 서서 상체를 앞으로 구부리는 체위라고 우리는 생각할 수 있다. 이 체위는, 만약 남성이 의자에 앉고, 여성이 그 남성의 무릎 위에 앉는다면, 남성과 여성의 운동을 허용하지 않지만, 쉽게 만들어질 수 있다.

내가 여기에서 끝으로 말하고 싶은 일반적 체위는 남성과 여성이 서서 하는 체위(standing position)이다. 이 체위는 특별히 남성의 힘이 많이 드는 체위이다. 남성은 음경을 여성의 질에 삽입하기 위해 그리고 그 삽입 상태를 유지하기 위해 무릎을 조금 구부려야 한다.

이 기본적 체위들은 우리의 기분이 고조될 때에 우리가 채택할 수 있는 중요한 성교 체위(major sexual positions)라고 나는 생각한다. 고대 문학에 서술된 "수많은"("hundreds") 체위의 대부분은 이 기본적 체위들의 변위(variations)이고, 현대 부부가 사용할 수 있는 체위가 아니다. 그런 뉘앙스에 지나치게 몰두하는 것은 병적 상태(morbidity)를 나타내는 것이라고, 성적 성숙을 하는 것과 거리가 먼 사람은 근본적으로 발기 불능 상태에 있다는 것을 고백하는 것일 수 있다고 나는 생각한다.

내가 이 체위들에 관해 말하고 싶은 것이 하나 더 있다. 남성들은 모든 체위에서 절정감을 일반적으로 얻을 수 있지만, 많은 여성은 좋아하는 체위로 성교할 때에 절정감을 완전히 만족스럽게 얻는다. 이것은 심리적 성적 성숙과 완전히 일치한다. 우리는 여성이 그것을 조금이라도 분노하거나 흥분하지 않아야 한다. 우리는 이 사실을 우리의 사랑하는 파트너에게 알리는 것은 절대적으로 바람직하다. 만약 당신 둘이 좋아하는 체위가 아닌 다른 체위로 성교를 하지만, 당신이 최고조에 도달할 준비가 될 때에 당신이 원하는 체위로 그는 물론 돌아온다.

정신과 의사는 성에 관한 다양한 질문을 환자에게서 받는다. 여기에 개인들이 가장 많이 알고 싶어하는 여러 영역이 있다.

(1) 성교 빈도(*Frequency of intercourse*)

성교의 빈도에 관한 원칙은 없다. 고대부터 무엇이 "정상적"("normal")인지를 암시하는 것은 있었지만, 성교의 빈도에 관한 원칙은 없다. 회교의 교조 Mohammed는 주 1회 성교하는 것이 가장 좋다고 말하였다. Martin Luther는 주 2회 성교하는 것이 "부인에게도 그 자신에게도 해가 되지 않는다."라고 말하였다.

사회학적 연구(sociological studies)를 많이 하는 오늘날에 물론 성교 빈도의 통계적 규준(the statistical norm for frequency of intercourse)을 찾으려고 끝없이 시도하였다. The Margaret Sanger Research Bureau는 1933년에 통계를 발표하였다. 조사한 10.000개의 사례는 성교를 주 1회부터 주 3회 하였다. - 4%는 성교를 매일 1회 이상 하였다. Kinsey는 성교 빈도가 남편의 나이에 크게 달려 있다는 것을 발견하였다. 21세와

25세 사이의 남성은 성교를 주 3회 이상 하였고, 31세와 35세 사이의 남성은 성교를 주 2회 이상 하였고, 41세와 45세 사이의 남성은 성교를 평균 주 1.5회 하였고, 56세 이상 남성은 성교를 평균 주 1회 이하 하였다.

물론, 이 연구들은 개별 사례의 커다란 편차를 보인다.

성교의 빈도는 전적으로 개인적 문제라고 나는 생각한다. 중요성을 판단하는 유일한 기준은 두 파트너가 그들의 성교 회수에 완전히 만족하는가이다. 만약 파트너 하나가 불만족하면, 두 파트너는 그 주제를 솔직하게 토론하여야 한다. 파트너에게 거부받은 감정은 침묵 속에서 발달하게 두 파트너는 허용하지 않아야 한다.

외적 환경 (임신, 직업을 걱정하는 것, 병을 앓는 것 등등) 때문에 성교하는 비율이 한동안 내려가거나 성교를 하지 않는 기간이 언제나 있을 것이다.

(2) 여성의 성욕의 편차(*Variations in woman's sexual desire*)

지금까지 한 대부분의 연구들이 결정할 수 있는 것은 편차(variations)이다. Kathrine Davis는 1.000명의 결혼한 여성에 관한 연구에서, 그리고 Marie Stokes, Therese Benedek, 등등이 한 연구들은 여성의 성욕이 월경 주기(menstrual cycle)에 변하는 것을 가리킨다. 많은 여성을 연구한 Hannah와 Abraham Stone에 의하면, "대부분의... 그들의 성애적 충동(erotic impulses)은 월경을 시작하기(the onset of menstrual flow) 며칠 전에, 또는 월경 끝난 직후에 증가한다고 말한다. 물론 성애적 충동이 월경 끝난 직후에 증가하는 것은 월경 기간 동안 금욕한 것에 기인한다." Stokes는 성욕의 둘째 상승이 월경 주기와 월경 주기의 중간(the middle of the menstrual month)의 어떤 시점에 있다고 보고하였다. 성욕의 주기

(cycle of desire)에 분명히 개인차가 있다. 여성은 그녀 자신의 특별한 리듬을 스스로 잘 결정할 수 있다.

이 문제에 관해 학습할 것이 많다. 호르몬 분비(hormonal secretion)와 여성의 성(female sexuality)과 여성성(femininity)의 관계는 Therese Benedek에 의해 연구되었다. 그 연구는 그녀의 책 *Psychosexual Functions in Women*에 있다. 이 책은 기법적 책(technical book)이다. 그러나 이 주제에 관심이 있는 모든 사람은 매력 있는 자료를 발견할 것이다.

지금까지 알려진 바로는 남성에게 욕구의 주기가 없다.

(3) 성교의 시간(*Time of love-making*)

성교의 시간은 전적으로 개인적 문제이다. 성교하는 시간은 부부마다 다르고, 성교할 때마다 다르다. 성교 시간의 가변성(variability)은 성교의 자발성 변인(spontaneity factor in intercourse)에 추가될 수 있다.

성교 시간의 길이를 지배하는 기본 원칙은 오직 하나인 것 같다. 만약 절정감이 요구되면, 파트너가 절정감에 도달하는 것을 남성이 보는 것이다. 이것은 부인이 그녀의 최고조(climax)에 도달할 때까지 남편이 그의 최고조를 연기하여야 하는 것을 가끔 의미한다. 대부분의 남성들은 절정감에 도달하는 순간을 통제하는 것을 학습할 수 있고, 그러므로 그들의 부인들이 절정감을 준비할 때까지 기다릴 수 있다.

남성과 여성이 동시에 절정감에 도달하는 것(orgasm in unison)은 최고조의 가장 바람직한 형태라고 우리는 믿는다. 그러나 내가 아는 많은 남성과 많은 여성은 파트너가 최고조에 도달하는 때보다 직전에 또는 직후에 최고조에 도달하는 것을 선호하였다. 어떤 사람들은 최고조에 도달하였을 때에 파트너의 운동 때문에 정신이 흩뜨러졌다고 말한다. 또 다른 사람들은 파트너의 흥분을 완전히 즐겼다고, 그리고 파트너의 흥분을 더 완전히 경험할 수 있게 소량의 자아(a modicum of ego)가 남아 있는 것을 좋아하였다고 말한다.

어떤 여성은 남편이 절정감을 한 번 느낄 때에 절정감을 두 번 이상 느낀다. 대부분의 남성들은 성교할 때마다 오직 절정감을 느낀다. 만약 여성이 최고조에 도달하기 전에 남성이 사정하면, 여성은 만족할 때까지 그녀의 운동을 자주 계속한다. 그러나 많은 남성의 귀두(龜頭 glans penis, head of the penis)는 절정감 직후에 대단히 민감하게 된다. 그 사례에서, 여성은 그녀의 만족을 다음 성교할 때까지 연기하여야 한다. 만약 여성이 운동을 계속하면, 그리고 비록 남편이 발기할 수 있고, 성교를 계속 할 수 있어도, 그 운동은 남편이 불쾌감을 느끼게 할 수 있다.

(4) 성교의 제한(*Limits to love-making*)

남편과 부인의 사이에서 이루어지는 모든 성적 행동이 "불건강한"("unhealthy") "나쁜"("wrong") 행동인지를 나는 자주 질문받는다. 나는 특정 성과학자(sexologists)와 다르다는 것을 알지만, 특정 성적 행동은 불건강한 나쁜 행동이라고 생각될 수 있다고 나는 생각한다. 그러나 이 문제에 관한 긴 토론은 우리를 심리학적 도덕적 분야에 들어가게 한다. 그 분야는 이 책에 적합하다고 나는 느끼지 않는다. 성교로 종결이 되지 않는 모든 성적 행위가 성적 표현의 주방법이 되면, 그 모든 성적 행위는 퇴행적 행위(regressive)이고, 유아적 행위(infantile)이라고 나는 말한다. 그러므로 파트너와 기쁘게 공유할 수 없는 모든 성적 해위를 요구하는 것은 퇴행이다.

소위 "다형성 도착" 쾌락("多形性 倒錯" 快樂 "polymorphus perverse"

pleasure)은 전희의 면(前戲面 aspect of foreplay)이다. 다형성 도착 쾌락은 그 쾌락으로 종결되지 않는다. 성의 구강기적(oral) 특성, 항문기적(anal) 특성, 수음적(手淫的 onanistic) 특성, 가학-피학적(sado-masochistic) 특성은 미숙한 인격의 특징(a hallmark of the immature personality)이다. 그런 미숙의 틀림 수 없는 징후는 (또는 나쁜 심리적 병[downright psychic illness])은 파트너가 진심으로 승인하지 않는 성의 모든 형태(any form of sexuality)를 파트너에게 요구하는 것이다.

(5) 피임(*Contraception*)

피임을 할 것인지 하지 않을 것인지는 각자가 스스로 결정하여야 할 개인적 문제(personal matter)이다.

피임의 책임이 여성에게 있고, 여성은 성교할 가능성이 조금이라도 있을 때에, 성교할 준비를 하여야 한다. 성교할 준비가 되지 않은 상태에서 성교를 하게 된, 그래서 피임 기구를 질 안에 넣기 위해 성교 과정을 중단하여야 하는 여성처럼 성적 흥분(sexual excitement)을 감소시키는 것은 없다. 만약 이 상황이 결혼 생활에서 반복 일어나면, 이 상황은 여성이 그녀의 여성의 역할을 아직 수용하지 않는 분명한 표시이다. 당신이 피임 기구를 수용하는 것은 당신이 피임하는 책임을 받아들이는 것이다. 여성에게 부정적 욕구가 있고 다른 욕구는 없다. 왜냐하면 이것은 성교를 방해하거나 또는 침해하기 때문이다. 남편은 이 종류의 만성적 태만(chronic remissiveness)을 부인의 해결되지 않은 문제(an resolved problem of his wife)로 해석하는 옳은 사람이다.

부록 I

많은 여성은 앞에 기술된 방법으로 그들의 불감증이 정복될 수 있다는 것을 발견할 것이다. 그러나 여성들의 일부는 이 기법을 사용함으로써 도움을 받을 수 있지만, 외부의 도움(outside help) 없이 그들의 목적을 달성할 수 없다. 나는 이 책 처음부터 끝까지 치료적 지원(therapeutic aid)을 요구하는 사람의 종류와 문제의 종류를 나타내려고 하였다. 외부의 도움을 받고 싶어하는 사람은 외부의 도움을 받는 사실을 부끄러워하지 않고 외부의 도움을 찾는 것을 주저하지 않는 것을 나는 나타내려고 하였다. 내가 이 책을 쓰는 중요한 이유들 중 하나는 많은 여성들에게 지금까지 알려지지 않은 가능성을 보이는 것(to open vistas)이었다. 만약 당신이 이 책을 읽는 것이 당신이 성숙한 여성이 되는 길을 출발하게 하였으면, 책의 중요한 기능은 성취되었다.

외부의 도움이 우리에게 필요한 지를 우리는 어떻게 결정하는가?

모든 사례에 적용될 통상적 원칙(rule of thumb)은 없다. 우리의 일부는 이 문제를 훈련된 치료자와 다루고 싶어한다고 결론내릴 수 있다. 우리의 다른 일부는 혼자 출발할 수 있고, 그러나 자기 탐색(self-exploration)이, 고통스런 정서와 태도와 환상의 표면이 너무 어렵고, 복잡하다는 것을 알 수 있고, 정통한 지도를 찾으려고 결심할 수 있다. 우리의 또 다른 일부는 먼 길을 혼자 갈 수 있지만, 만약 이 분야의 훈련된 전문가와 상담하지 않으면, 최종 목적에 도달할 수 없다.

만약 우리가 외부의 도움이 필요하다고 결론을 내리면, 우리가 외부의 도움이 필요하다고 결론을 내릴 때에, 우리는 이 분야의 자질을 갖춘 사람을 어떻게 발견하는지를 알아야 한다. 아래에 있는 정보는 당신이 이 분야의 자질을 갖춘 사람을 찾을 수 있게 당신을 도울 것이다.

당신의 가족의(your family physician)는 당신에게 가장 많은 도움을 줄 수 있다. 당신의 가족의는 시간이 있으면, 당신을 직접 상담할 수 있고, 당신이 당신의 목적에 도달할 수 있게 하는 통찰을 할 수 있게 할 수 있다. 그러나 당신의 가족의는 너무 하는 일이 많아 당신을 상담하고 싶어도 당신을 상담할 수 없는 것을 당신은 틀림없이 알게 될 것이다. 그 경우에 당신의 가족의는 당신을 당신에게 도움을 줄 수 있는 자질을 갖춘 다른 사람에게 또는 적합한 기관에 의뢰할 것이다.

만약 당신이 당신의 가족의(your own physician)에게서 의뢰를 받을 수 없으면, 당신이 당신의 지역사회에서 당신에게 도움을 줄 수 있는 사람을 아는 것이 중요하다.

당신의 문제에 관해 당신에게 적합한 상담을 할 수 있는 전문가는 세 종류가 있다. 그 세 종류는 정신과 의사, 임상심리학자, 사회사업가이다.

당신의 지역사회에 있는 병원은 당신에게 당신이 사적으로 상담할 수 있는 전문가의 이름을 말할 수 있다. 그런 병원에 외래상담소(outpatient counseling clinics)가 있을 수 있다. 그 외래상담소에서는 유능한 정신치료자가 상담할 수 있다. 당신의 병원은 만약 그런 상담을 할 수 없으면, 당신이 도움을 받을 수 있는 곳을 알려 줄 것이다.

당신에게 당신이 이용할 수 있는 자원 중 하나는 "가정지원기관"("family agencies")이다. 당신은 가정지원기관을 신뢰할 수 있다. 가정지원기관은 모든 종류의 가정 문제를 돕는다. 가정지원기관은 결혼상담을 능숙하게 할 수 있는 사회복지사가 상담한다.

미국의 많은 지역사회는 상담을 하는 곳이 많이 있다. 그러나 심리학적 도움을 받을만한 곳은 드물다. 만약 당신의 의사나 당신의 지역사회에 있는 병원이 당신을 도울 수 없으면, 당신은 도움을 받기 위해 큰 도시로 가야한다. 만약 당신이 가까운 곳에 있는 정신과 의사의 이름을 알고 싶으면, American Psychiatric Association, 1270 Sixth Avenue, New York, N.Y.에 편지하라. American Psychiatric Association은 당신에게 정보를 줄 것이다.

부록 II

여성의 정신적 불감증을 다룬 책은 없다. 그러나 아래에 열거된 책들은 우리가 여성의 정신적 불감증을 철저히 이해할 수 있게 할 수 있다. 나는 여성의 정신적 불감증을 다룬 책들을 두 범주, 즉 일반 대중에게 잘 알려진 책과 전문적 책으로 나누어 열거하였다.

일반 대중에게 잘 알려진 책은 모든 사람이 이해할 수 있다. 내가 열거한 전문적 책은 일반적으로 의사의 저서이다. 그러나 그 전문적 책의 대부분을 지식이 있는 일반인은 이해할 수 있다.

대중에게 잘 알려진 책

The Art of Loving, Erich Fromm (New York: Harper, 1956).

A Marriage Manual, Hannah and Abraham Stone (New York: Simon and Schuster, 1952).

Modern Woman-The Lost Sex, Lundberg and Farnham (New York: Harper, 1947).

Marriage, Morals and Sex in America, Sidney Ditzion (New York: Bookman Associates, 1953).

Psychology of Sex Relations, Theodor Reik (New York: Rinehart, 1945).

The Christian Interpretation of Sex, Otto Piper (New York: Scribner, 1941).

전문적 책

Factors in the Sex Life of Twenty-Two Hundred Women, K. B. Davis (New York: Harper, 1929).

Female Sexuality, Marie Bonaparte (New York: International Universities Press, 1953).

The Psychology of Women (Vols. 1 and 2), Helen Deutsch (New York: Grune and Stratton, 1944-45).

Psychsexual Functions in Women, Therese Benedek (New York: Ronald Press, 1952).

역자 후기

이 책의 제목은 The Power of Sexual Surrrender이다. 이 책 제목은 우리 말로 번역하면, "성적 순명의 힘"(性的 順命의 힘)이다. 순명은 우리가 하늘의 명령을, 자연의 명령을, 신의 명령을 거역(拒逆)하지 않고 순종(順從)하는 것이다. 순명이라는 말은 종교적 의미가 많다. 종교가 없는 독자는 순명이라는 단어가 낯설 것이다. 우리는 순명하면, 건강하고 장애가 없다.

이 책, 제2부는 불감증의 심리학(The Psychology of Frigidity)이고, 제3부는 사랑의 두려움 - 사례 역사(The Fear of Love-Case Histories)이다. 제3부는 불감증을 앓는 사례의 역사를 보여주고 있다. 제4부는 여성이 성숙하기 위해 통과하는 다리(The Bridge to Womanhood)이다. 제4부는 불감증 환자가 불감증에서 벗어나 성숙한 여성이 되는 과정에 관한 설명이다. 성숙한 여성이 되는 과정을 통과하는 것은 성적 순명이다. 그래서 나는 우리에게 낯설지 않은, 제2부의 제목인 불감증의 심리학을 이 책의 제목으로 정하였다. 그리고 나는 - 성적 순명은 힘이다 - 라고 부제를 붙였다. 이 책 전체는 불감증의 원인이 무엇인지, 그리고 불감증을 어떻게 벗어나는지를 설명하고 있다. 이 책의 목표는 성숙한 여성이 되는 것이다. 여성이 성숙하는 것은 여성이 성적 순명을 하는 것이다. 여성은 성적 순명을 하기 위해 성숙 과정을 통과한다.

모든 사람은 절대적 기준에서 보면 정도의 차이는 있지만 장애가 있다. 성적 능력이 정상에 가까운 사람이 있고, 정상에서 많이 벗어난 사람이 있다. 불감증이 심한 사람이 있고, 가벼운 사람이 있다. 그것은 개인이 출생한 뒤에 경험한 것에 기초한다. 그래서 여성은 이 책의 독자가 되고 모든 남성은 이 책을 읽으면 여성을 잘 이해할 수 있다.

영어 문장을 써넣는 것이 문장 이해에 도움이 된다고 생각될 때에 나는 영어 문장을 써 놓았다. 나는 한글 한자 영자를 혼용하였다. 이것도 독자의 이해를 돕기 위한 것이다.

정신병, 신경증, 등 정신과 관계가 있는 병은 인생 초기에 발병한다. 부모가 자녀를 낳고 돌봄을 게을리 하고 자녀에게 치명적 상처를 주기 때문에 자녀는 인생 초기에 정신적 문제가 발생한다. 인생 초기에 발생한 정신적 문제는 삶을 사는 동안에 자연 치유가 될 수 있지만, 많은 사람은 병이 점진적으로 악화된다. 그래서 정신적 병은 만성적(慢性的)이다. 만성적 병은 치료 기간이 장기적(長期的)이다. 정신과 관계가 있는 병은 마음(心 psyche)의 병이다. 마음(心)의 병은, 정신과 관계가 있는 병은, 약(medication)으로, 침(鍼)으로, 치료되지 않는다. 병을 앓게 한 근원적 돌봄을 치료자와 환자가 검토하고, 치료자는 옳은 돌봄으로, 환자는 틀린 마음을 깨달음으로 병을 치료하고 극복한다. 불감증은 마음의 병이다. 불감증은 정신치료(psychotherapy)에 의해 치료된다.

단어 Surrender는 항복이 아니고 순명이라고 알려준 김연 선생에게 나는 감사한다.

이 책을 출판하는 소정영 사장과 이 책 출판에 관심을 기울인 출판사 모든 직원에게 나는 감사한다.

나는 나와 같이 이 책을 번역한 나의 아들 경기가 정신치료에 계속 열정을 갖기를 기대한다. 그리고 이 책 번역 출판에 관심을 가진 나의 딸 미기에게 고

마음을 느낀다. 또 이 책을 인내를 갖고 조언을 하고 교정을 해준 아내에게 감사한다.

2017년 11월 10일

홍성화

역자 약력

▶▶ 홍성화(洪性華)

- 서울대학교 사범대학 교육심리과 졸업
- 서울대학교 교육대학원 교육심리전공 졸업
- 서울대학교 학생지도연구소 연구생
- 서울대학교 학생생활연구소 조교
- 서울대학교 대학원 심리학과 박사과정 수료
- 스위스 C. G. Jung Institute, training candidate
- 대구대학교 대학원 특수교육학과 졸업(문학박사)
- 영남대학교 심리학과 교수
- 영남대학교 학생생활연구소 소장
- 미국 University of Michigan Medical Center, Department of Psychiatry, Division of Child and Adolescent Psychiatry 방문교수

현재
- 심리상담사 1급(한국심리학회 공인)
- 영남대학교 명예교수
- 서울심리상담원 원장
- 한국정신치료학회 이사

역서
- 융심리학
- 동화심리학
- 분석심리학
- 정신치료의 문제
- 정신치료입문
- 가족치료
- 정신치료개설
- 비행청소년은 치료된다
- 정신분석적 치료

▶▶ 홍경기(洪京基)

- 서울대학교 의과대학 졸업
- 국립정신건강센터 정신건강의학과 전공의

현재
- 정신건강의학과 전문의
- 국립정신건강센터 소아청소년정신과 전임의

불감증의 심리학

- 성적 순명은 힘이다 -

초판인쇄일 : 2018년 5월 21일
초판발행일 : 2018년 5월 30일
저　　자 : Marie N. Robinson, M.D.
옮 긴 이 : 홍성화·홍경기
펴 낸 이 : 소정영
펴 낸 곳 : 하나醫學社
주　　소 : 서울시 서대문구 거북골로 7-7 하나빌딩 1층
출 판 등 록 : 제25100-2013-000061호(1988. 4. 1)
전 화 번 호 : (02)730-2555, 2556
팩　　스 : (02)730-2557
이 메 일 : hanampc1@naver.com
홈 페 이 지 : www.hanampc.co.kr

정가 : 19,000원

• 역자와의 합의로 인지 생략
• 잘못된 책은 구입처에서 교환해 드립니다

ISBN 979-11-85696-55-3 13510